Wunschlos glücklich

Eine Reise in die Tiefen unseres Bewusstseins

Torsten Brügge

Wunschlos glücklich

Eine Reise in die Tiefen
unseres Bewusstseins

Theseus Verlag

Besuchen Sie Theseus im Internet: www.Theseus-Verlag.de

Bibliografische Information der Deutschen Bibliothek
Die Deutschen Bibliothek verzeichnet diese Publikation in der deutschen Nationalbibliografie; detaillierte bibliografische Daten sind im Internet über http://dnb.ddb.de abrufbar.

Originalausgabe

Lektorat: Michael Stürzer

Umschlaggestaltung: Morian & Bayer-Eynck, Coesfeld, www.mbedesign.de
unter Verwendung eines Fotos © Peter Haigh/Getty Images
Gestaltung und Satz: Ingeburg Zoschke
Druck: Clausen & Bosse, Leck
Printed in Germany

ISBN 3-89620-311-8
ISBN 978-3-89620-311-3

Gedruckt auf alterungsbeständigem Papier mit chlorfrei gebleichtem Zellstoff.

Dieses Buch ist
meiner geliebten Lehrerin
Gangaji gewidmet,
meine Dankbarkeit für
ihre Unterstützung
ist ohne Ende.

Inhalt

Einleitung

Wir alle sehnen uns nach echter Erfüllung. Meist suchen wir außerhalb von uns danach: in Wohlstand, in Beziehungen, im Beruf, in verheißungsvollen Träumen vom großen Glück. Im Laufe der Zeit machen wir die Erfahrung, dass diese Suche uns immer wieder frustriert. Nichts kann den dauerhaften Frieden bringen, den wir uns erhoffen. Der Grund ist einfach: Wir haben bisher nur in den oberflächlichen Schichten unseres Seins gesucht. Mit diesem Buch unternehmen wir eine Forschungsreise in die Tiefen unseres Bewusstseins.

Dabei geht es nicht um philosophische Theorien und spirituelle Konzepte, sondern um den Versuch, auf radikale Weise jene Glaubensmuster zu sprengen, die uns suggerieren, wir seien ein getrenntes Ich, das sich darum bemühen müsste, Glück und Erfüllung in der Zukunft zu erlangen. Dieses Buch ist eine Einladung, die Konditionierungen des persönlichen Ich zu durchschauen und hinter uns zu lassen. Wir entdecken unser ursprüngliches Wesen: Stille, Frieden, Erfüllung.

Wonach sehnen wir uns wirklich? Was ist echtes Glück? Wodurch entsteht Leiden? Wie lassen sich Glück und Frieden jetzt, in diesem Augenblick, entdecken?

Im ersten Teil des Buches untersuchen wir mit Hilfe von Fragen und Experimenten, wie unser Geist funktioniert. Wie er sich mit einem scheinbaren persönlichen Ich identifiziert. Welche Glaubenssätze unsere Weltsicht und unsere Selbstbilder prägen und wie wir uns davon befreien können. Im Laufe dieser Untersuchung wird sich der Fokus unserer Wahrnehmung weiter ausdehnen: Von den Inhalten des Bewusstseins, mit denen wir uns normalerweise beschäftigen, gelangen wir zum direkten Erleben des Bewusstseinsraumes selbst.

Ein weiterer Zugang zu der Weite unseres wahren Wesens wird im zweiten Teil beschrieben: das Feuer der direkten Erfahrung. Wir erforschen die kollektiv verbreiteten Strategien des Ich, das unmittelbare Erleben von Gefühlen zu vermeiden und damit die Identifikation mit uns als getrenntes Wesen aufrechtzuerhalten. Wir erschließen Wege, allen inneren Erfahrungen, angenehm oder unangenehm, direkt und offen zu begegnen, nicht urteilend und still.

Der letzte Teil spricht diejenigen an, die ihre Erkenntnis innerer Freiheit vertiefen wollen. Was unterstützt Selbsterforschung? Wie steht es mit spirituellen Lehrern und Lehren? Welche Potenziale birgt ein spiritueller Weg – und welche Gefahren? Es geht um Herausforderungen, Missverständnisse und Stolpersteine.

So vielschichtig der Inhalt sein mag, jedes einzelne Wort, jede Übung, einschließlich all dessen, was zwischen den Zeilen steht, dient nur einem einzigen Zweck: Ihnen zu ermöglichen, sich der friedvollen Stille des Seins gewahr zu werden. Diese Stille ist bereits in diesem Moment als unser innerstes Wesen gegenwärtig. Das wunschlose Glück, nach dem wir uns so sehr gesehnt haben, hat auf seine Wiederentdeckung gewartet: genau hier, genau jetzt.

Teil eins

Vom bedürftigen Ich zum erfüllten SEIN

1.
Glückseligkeit ist unsere Natur

»Glückseligkeit ist die wahre Natur des Menschen.« Das ist eine der Kernaussagen des indischen Weisen Sri Ramana Maharshi* (alle mit Sternchen versehenen Namen und Begriffe werden im Glossar erklärt). Es ist eine erstaunliche Behauptung. Sie stellt alles auf den Kopf, was wir normalerweise über Glück und Erfüllung zu wissen meinen. Wir verstehen uns eher als jemand, der Mangel leidet und eine Liste von Wünschen mit sich herumträgt. Die Liste ist voller Dinge und Erfahrungen, die wir noch zu brauchen meinen. Irgendwann, wenn alle Sehnsüchte erfüllt sind, wenn wir angekommen sind am Ende des Regenbogens, glauben wir, das Glück zu finden – samt der Gewissheit, dass es bleibt.

Es ist genau umgekehrt. Tatsächlich ist die Erfüllung, die wir suchen, bereits hier anwesend. Genau in diesem Moment. Wenn wir sie nicht wahrnehmen, liegt das nur daran, dass sie verdeckt ist. Und was verdeckt die Erfüllung? All unsere Gedanken und Wünsche, die vorgeben, wir müssten an einem anderen Ort und in der Zukunft nach Glück suchen. Aber Glück besteht nicht darin, dass unsere Wünsche erfüllt werden. Es offenbart sich von allein, wenn wir unsere Wünsche los sind. In diesem Augenblick merken wir, dass wir bereits jetzt wunschlos glücklich sind. Glückseligkeit ist nichts, das erreichbar wäre, indem wir uns anstrengen. Sie ist unsere Natur. Die Suche kann uns nicht dorthin bringen. Sie entfernt uns davon. Wünschen und Suchen verdecken unsere wahre Natur.

Die Weisen, Heiligen, Erleuchteten aller Zeiten haben das erkannt und sagen uns: Wenn wir glauben, wir seien getrennt von

Glück und Frieden, irren wir. Wenn wir überzeugt sind, Erfüllung gäbe es an anderer Stelle, zu einem anderen Zeitpunkt, dann gleichen wir Fischen im Ozean, die nach Wasser verlangen.

Das Beeindruckende an den Weisen war und ist, dass ihre Aussagen auf Erfahrung beruhen. Und diese Erfahrung war ihnen anzusehen. Sie war spürbar in ihrer Gegenwart. Es waren Menschen, die nicht nur kluge Worte sprachen, sondern eine Aura des Friedens, der Liebe und der Klarheit ausstrahlten. Manchmal – wie bei Buddha* oder Jesus – machte das einen so tiefen Eindruck, dass ihr Einfluss einige tausend Jahre überdauerte und uns heute noch inspiriert.

In der Vergangenheit scheinen solche Menschen rar gewesen zu sein. Die befreiende Erfahrung der natürlichen Glückseligkeit wurde nur wenigen zuteil. Heute gibt es Anzeichen dafür, dass immer mehr Menschen Einblick in diese grundlegende Natur erfahren. Ihr Leben wird durch diese Einsicht radikal befreit.

Dieses Buch ist ein Ausdruck dieser Möglichkeit. Und es ist eine Einladung, diese Erfahrung selbst zu machen.

Zwischen der Botschaft, dass Erfüllung unser innerstes Wesen ist, und unseren Gedanken, die uns etwas ganz anderes sagen, existiert eine tiefe Kluft. Für die meisten Menschen ist die Möglichkeit der Befreiung zunächst nur Theorie. Sie fühlen sich eher unruhig als in Frieden, eher bedürftig als erfüllt, eher gefangen als befreit.

Tatsächlich leben die meisten von uns in einem Gefängnis. Die Gitterstäbe bestehen aus Gedanken und Glaubensmustern. Wir befinden uns in einem Zustand kollektiver Trance. Unser Verstand spult immer wieder dieselben Gedanken ab. Durch die pure Wiederholung sind wir von ihrer Realität überzeugt. Doch sie konstruieren eine Scheinwelt. Sie suggerieren, wir seien Einzelwesen, die Mangel, Frustration und Angst erleiden müssen. Die von Generation zu Generation weitergegebenen Glaubensmuster haben uns mehr im Griff, als wir vermuten – zumal sie uns nicht bewusst sind. Doch jetzt können wir sie durchschauen. Wir können erkennen, dass sie bloße Illusion sind. Und dass die Wahrheit dahinter zugleich einfach und großartig ist: Sie ist der Frieden und das Glück unserer innersten Natur.

2.
Der Schmied unseres Unglücks

Der Wunsch, glücklich zu sein, ist der Kern aller menschlichen Wünsche. Für dieses ersehnte tiefe Glück existieren viele Bezeichnungen. Mancher mag es inneren Frieden oder echte Erfüllung nennen, andere sprechen von Wahrheit, Freiheit oder Einssein. In einem spirituellen Kontext wird es vielleicht als Sehnsucht nach Einheit mit Gott oder als Wunsch nach Erleuchtung zum Ausdruck gebracht. Wie auch immer die Bezeichnungen dafür ausfallen, wir suchen nach etwas, das verlässlicher ist als die übliche Achterbahn von Begeisterung und Enttäuschung, Vergnügen und Frustration.

Die Sehnsucht nach wahrhaftigem Glück spüren die wenigsten Menschen unmittelbar als ein inneres Brennen oder Verlangen ihrer Seele. Vielmehr verknüpfen wir diese Sehnsucht ungeheuer schnell mit ganz konkreten Vorstellungen und Erwartungen. Wir haben feste Überzeugungen davon, wie das Leben und die Welt aussehen müssten, damit wir dauerhaftes Glück erfahren können. Solche Überzeugungen melden sich als schlichte Gedanken: »Um glücklich zu sein, brauche ich genügend Geld und Freiraum.« »Wenn mein Ehepartner sich ändern würde …« »Wenn ich mehr Anerkennung bekäme, wäre ich zufrieden.«

Derartige Überzeugungen haben eine starke Kraft. Häufig sind wir uns ihrer nicht einmal bewusst, sondern erleben sie als unterschwellige, scheinbar unumstößliche Grundüberzeugungen. Einige dieser Grundsätze sind biologisch verankert und sind entstanden, um unser Überleben zu sichern. Andere haben wir von unseren Eltern übernommen, oder wir haben sie uns in der Auseinandersetzung mit Schule, Medien oder weiteren prägenden Instanzen angeeignet. Eines aber ist allen gemeinsam: Es sind Glaubensmuster darüber, welche Dinge, Situationen und Erfahrungen zu Glück führen. Diese Überzeugungen binden das Erleben wirklicher Erfüllung an Objekte, seien sie materiell oder aus dem inneren Erleben, und sie geben damit vor, dass Glück be*ding*t sei.

Die Suggestivkraft dieser Glücksvorstellungen ist überaus machtvoll. Vergleichbar einem geschickten Hypnotiseur, der seine Klienten in einen schlafähnlichen Zustand versetzt, indem er unentwegt wiederholt: »Du bist jetzt ganz müde und fühlst dich schwer – ganz schwer.« So reden uns unsere Erwartungen ein, dass wir zu unserem Glück etwas bräuchten. Der Schlaf, in den diese Suggestionen uns versetzen, ist allerdings keineswegs erholsam. Im Gegenteil, es ist ein unruhiger, rastloser Schlaf. Die Schwere, die wir spüren, ist nicht die angenehme Schwere der Entspannung, sondern die Last unerfüllter Sehnsüchte und unerreichbarer Ziele. Unser Verstand gibt sich als selbstloser Heiler aus. Er verspricht uns Gesundheit und Glück. Doch in Wirklichkeit ist er ein Stümper. Seine jämmerliche Hypnose versetzt uns in eine Trance der Unzufriedenheit. Wir erleben keinen seligen Schlummer, sondern einen schlechten Traum. Die meisten von uns befinden sich mitten in diesem Alptraum – ohne zu ahnen, dass es tatsächlich nur ein Traum ist.

Doch wie sähe es aus, wenn wir aus dem Traum aufwachen würden? Wie fühlten wir uns, wenn wir plötzlich die Augen aufreißen würden, von der Couch aufstünden und den Hypnotiseur mit seinen ewig gleichen Sätzen wie »Du bist jemand, dem etwas fehlt« sich selbst überließen? Es gibt Menschen, denen dieses Aufwachen geschah. Sri Ramana Maharshi erkannte: »Glückseligkeit ist die Natur des Menschen.« Buddha entdeckte, dass das »Ende allen Leidens« möglich ist. Jesus sprach davon, dass das »Himmelreich inwendig in uns ist«.

Das sind erwachte Perspektiven. Alle Glaubensmuster, die uns etwas anderes weismachen wollen, verdunkeln in Wirklichkeit die Wachheit, die wir bereits jetzt sind. Sie verdecken den natürlichen Frieden und verhindern die Entdeckung der Freiheit unseres wirklichen Seins.

Die Trance und Verdunklung ist nichts, was uns von außen übergestülpt wird. Bei unserem Meisterhypnotiseur handelt es sich weder um einen anderen Menschen noch um eine fremde, bedrohliche Macht. Es ist unser eigener Verstand, der uns in einen leidvollen Dämmerzustand der Unzufriedenheit versetzt. Es sind die Gedanken in unserem Kopf, die wir uns in einer Art Autosuggestion so lange selbst wiederholen, bis wir sie für wahr halten. Um aufzuwachen, müssen wir uns der Tatsache stellen: Unsere eigenen Gedanken sind der Schmied unseres Unglücks.

Wahres Glück ist schon hier. Um es lebendig zu erfahren, ist es hilfreich zu durchschauen, was uns unser Hypnotiseur Dr. Wunsch anderes einzureden versucht: Was glauben wir zu brauchen, um glücklich sein? Sicherheit, Gesundheit, eine harmonische Beziehung, eine besondere Stellung in der Gesellschaft oder bestimmte sexuelle Erfahrungen?

Die folgenden Abschnitte laden dazu ein, uns darüber klar zu werden, an welche Ideen und Vorstellungen von bedingtem Glück wir glauben. Es ist ein Exkurs in den konditionierten Geist, eine Erforschung der Glückskonzepte, von denen wir beherrscht werden. Sind wir uns ihrer nicht bewusst, vertrauen wir ihnen blind und unterwerfen uns ihrer Macht. Sie lullen uns ein, machen uns falsche Versprechungen und führen uns in die Irre einer endlosen, unbefriedigenden Suche nach einem fernen Ziel.

Solange wir glauben, für unser Glück müssten Bedingungen erfüllt werden, leben wir in einem Gefängnis aus Gedanken. Eine Möglichkeit der Befreiung besteht darin, die Gitterstäbe – unsere Gedanken – gründlich zu untersuchen. Und je genauer wir sie erforschen, desto deutlicher werden wir sehen: Sie sind bloße Fiktion, eingebildete Hirngespinste. Sie haben absolut keine Substanz. Ja, sie existieren nicht einmal! Wenn wir das erkennen, lösen sich sämtliche Mauern unseres Gefängnisses von alleine auf und wir stellen fest, dass wir schon immer frei waren.

Biologisch geprägte Wünsche – Selbsterhaltung, sexuelle Fortpflanzung, soziale Anerkennung

Lassen Sie uns die Beschaffenheit des Gitters betrachten: Einige seiner Bestandteile entstammen einer uralten evolutionären Prägung. Sie dienen dem Überleben und der Fortpflanzung des Individuums und der Gattung. Dem Erhalt und der Vervielfältigung der Genmuster unseres Körpers.

Die Prägung der Selbsterhaltung zeigt sich beispielsweise in reflexhaftem Handeln: Unser Körper möchte sich schützen und springt beiseite, wenn ein Auto heranbraust. Das Bedürfnis nach Schutz und Sicherheit für unseren Körper ist ein natürlicher biologischer Instinkt. Daran ist nichts verkehrt. Doch unser Verstand verknüpft den Drang zur Selbsterhaltung mit unserem Idealbild von Glück: »Wenn ich ein großes Haus hätte oder in jener Gegend wohnen könnte, wäre ich zufrieden.« »Wenn ich genug Geld hätte, könnte ich sicher leben.« »Wenn ich nur gesund wäre, ginge es mir gut.« Solche Gedanken sind uns allen bekannt. Die Wunschvorstellungen, die aus dem Antrieb der Selbsterhaltung erwachsen, suggerieren uns, ein Leben in materieller Sicherheit und mit physischem Wohlbefinden sei der Schlüssel zum Glück. Wir glauben vielleicht, es handele sich hierbei um selbstverständliche und unabdingbare Wünsche. Aber in Wahrheit werden Erfüllung und Glück damit an die biologischen Zielstellungen des Körpers gekoppelt. Und das verführt uns dazu, an bedingtes Glück zu glauben. Es gibt wunderbare Gegenbeispiele. Vielleicht haben wir solche Menschen sogar selbst persönlich kennen gelernt. Sie sind nicht reich und vielleicht nicht einmal gesund. Und doch strahlen sie eine Zufriedenheit und Seelenruhe aus, die manchem wohl situierten und kerngesunden Menschen fehlt. Wie ist das möglich? Weil es einen tieferen Frieden in uns gibt, der vollkommen unabhängig vom Zustand unseres Körpers ist. Es ist der Frieden des Seins.

Neben den Wünschen nach Selbsterhaltung gibt es jene, die mit Selbstbehauptung und Status innerhalb eines sozialen Gefüges zu tun haben. Vielleicht suchen wir Sicherheit und Anerkennung durch einen gehobenen Platz in der Gesellschaft. Die soziale Zugehörigkeit scheint uns Erfüllung zu verheißen: »Hätte ich einen angesehenen Beruf, die Anerkennung der Kollegen, den passenden Partner und eine Familie – dann könnte ich endlich glücklich sein.« Auch diese und ähnliche Ideen haben wir bislang vielleicht für unsere ureigenen persönlichen Wünsche gehalten. In Wahrheit sind auch sie biologisch geprägt. Ein vorteilhafter Platz innerhalb der Gruppe sichert beziehungsweise erleichtert das Überleben und die Fortpflanzung. Und auch hier kommt erneut die konditionierte Koppelung zum Tragen: Soziale Zugehörigkeit wird mit Glück gleichgesetzt. Wenn wir dem nachspüren, merken wir schnell, wie einengend solche Glaubensmuster sein können. Wir begeben uns durch sie in die Abhängigkeit von der Zuwendung und Anerkennung anderer. Wir machen uns zu Sklaven gesellschaftlicher Normvorstellungen. Das hat wenig mit einem Leben in authentischer Freiheit zu tun.

Eine dritte Kategorie von Wünschen, die ihre Herkunft in den Mechanismen der Evolution haben, sind sexuelle Wünsche. Ihre Funktion ist es, die Weitergabe der eigenen Gene zu sichern. Doch unsere Gedanken machen auch daraus die Vision vom großen Glück. »Wenn ich die Partnerin hätte, die sexuell zu mir passt, wenn ich eine funktionierende Familie hätte, wenn ich meine erotischen Fantasien endlich ausleben könnte – dann wäre ich glücklich.« Solche Sehnsüchte kennen wir sicherlich alle. Wieder macht uns ein biologischer Impuls glauben, es müssten bestimmte Bedingungen gegeben sein, um tief greifendes Glück und echte Befriedigung zu erfahren. Sexualität zu leben und Kinder zu haben können wunderbare Erfahrungen sein. Doch vermutlich haben wir auch alle die Frustration und den enormen inneren Druck erfahren, die Glückserwartungen in diesen Lebensbereichen mit sich bringen können.

Kurz: Sowohl Wünsche im Bereich der Selbsterhaltung, der sozialen Zugehörigkeit als auch der Sexualität spiegeln uns vor, Glück sei an diese biologisch geprägten Ziele gebunden. Doch ist das wirklich wahr? Hat uns die Jagd danach wirklich zu tief greifender Erfüllung und zum Glück geführt? Oder handelt es sich nicht vielmehr um eine Straße ohne Ende?

Die Behauptung dieses Buches ist: Die Versprechen dieser Glückskonzepte sind eine große Täuschung. Wir irren uns zutiefst, wenn wir an bedingtes Glück glauben. Wir brauchen keine Bedingungen und Voraussetzungen. Im Gegenteil: Unser Warten und Sehnen hält uns in einem quälenden Schmachten gefangen und verhindert das Erleben des wahrhaftigen Glückes in diesem Moment.

Wir alle haben schon lebendige Erfahrungen von Erfüllung gemacht, die frei von Bedingungen ist. Jeder Mensch erlebt solche Momente in seinem Leben: Ein kurzes Aufwachen aus der üblichen Trance der Wünsche, ein Moment natürlichen Friedens, eine kurze Entspannung vom Suchen, ein Augenblick der inneren Stille, in dem eine mysteriöse Schönheit aufscheint. Dies kommt einem kurzen Augenaufschlag des Hypnotisierten auf der Couch gleich. Doch meist geschieht dies unbewusst. Die Wirkung der Hypnose ist damit nicht aufgehoben. So bleiben die verdeckenden Konzepte für die meisten Menschen ein großes und hartnäckiges Hindernis. Die tief eingeprägten Glaubensmuster fallen erst dann von uns ab, wenn wir sie vollständig durchschauen.

Die Gesamtheit der täuschenden Glaubensmuster über bedingtes Glück können wir »konditionierten Geist« nennen. Der Begriff »konditioniert« stammt aus der Psychologie und bedeutet »erlernt«. Hier verwenden wir ihn in einer umfassenden Bedeutung. Er meint sowohl biologisch geprägte als auch sozial erlernte Verhaltensweisen und Glaubenssätze. Der Begriff »Geist« deutet darauf hin, dass diese Konzepte sich vor allem als Gedanken und innere Vorstellungen ausdrücken und ihre Kraft in diesem mentalen Raum ausüben.

Der »konditionierte Geist«, das sind all jene Glaubensmuster, die wir im Laufe unseres Lebens verinnerlicht haben – von unserer Familie beeinflusst, unseren Freunden und Vorbildern, von der Gesellschaft, ihren zeitgemäßen Wertvorstellungen und ihren Medien, von der Religion und ihren Erlösungsvorstellungen.

Was wir uns davon angeeignet haben, halten wir zunächst für unsere höchstpersönlichen Überzeugungen. Aber nichts davon ist persönlich. Es sind die Kräfte der kollektiven, täuschenden

Konditionierung, die in jedem menschlichen Wesen ihre Kraft ausüben. An sich ist nichts an ihnen auszusetzen. Sie sind Teil der menschlichen Kultur. Doch wenn wir darüber einschlafen und nicht merken, dass es sich lediglich um übernommene Vorstellungen handelt, dann halten wir diese Ideen und Bilder für die Wirklichkeit. Und vor allem empfinden wir das uns daraus vermittelte Bild von uns selbst als real. Wir fühlen uns dann als ein Einzelwesen, getrennt von Erfüllung und abgeschnitten von Glückseligkeit. Und dann haben auch sämtliche konditionierten Wünsche und Glücksvorstellungen die Macht, uns diese Täuschung überzeugend zu verkaufen. Dann scheint Glück nur in der Zukunft und an einem anderen Ort möglich zu sein. Für diese schlechte Trance zahlen wir einen hohen Preis: Wir werden blind für die Schönheit dieses Augenblicks, taub für den Klang der Stille hier und jetzt und gefühllos für den seligen Frieden unseres wahren Seins.

Unsere Wünsche an den Körper: Ewige Gesundheit und Schönheit

Wir können noch mehr über die Kraft der konditionierten Ich-Ideen herausfinden. Sie beziehen sich nämlich nicht nur auf äußere Situationen und Lebensumstände, sondern wirken sich auch auf Erwartungen aus, die wir an unser inneres Erleben stellen. Wir werden uns die Wünsche anschauen, die mit unserem Körper, unserer Gefühlswelt und schließlich unserem Intellekt zu tun haben.

Die folgenden Selbsterforschungsfragen (in den Kästchen) stellen eine Möglichkeit des kurzen Innehaltens und Nachspürens dar. Wir können sie lesen und lauschen, welche Antworten in unserem Geist auftauchen. Wie immer sie auch ausfallen mögen, wir brauchen sie weder zu zensieren, noch müssen sie besonders weise oder spirituell sein. Die Antworten sind ein Ausdruck der kollektiven, konditionierten Glaubensmuster, die wir alle mit uns herumtragen. Es ist sehr hilfreich, uns ihrer bewusst zu werden und uns dadurch aus ihrem Bann zu befreien.

Wie müsste Ihr Körper aussehen, damit Sie glücklich wären? Wie sollte er sich anfühlen?

Wenn wir ehrlich sind, tauchen schnell einige Verbesserungswünsche auf: Unser Körper könnte etwas besser in Form sein, etwas schlanker, muskulöser, das Haar voller, die Nase gerader, die Augen strahlender, die Haut klar und rein. Unser Körper sollte sich gesund anfühlen und keine Schmerzen haben, keine Verspannungen oder Verschleißerscheinungen. Er könnte auch leistungsfähiger sein, sportlicher, kraftvoller, energiegeladen und nicht müde oder erschöpft. Er sollte sich zugleich beweglich, leicht und stark anfühlen – und das am besten rund um die Uhr.

Vermittels solcher Ideen verknüpfen wir unser Glück mit einem in die Zukunft projizierten Idealzustand unseres Körpers. Wir hoffen, wenn er nur gesund, vital und entspannt genug wäre, nicht beeinträchtigt durch Anspannung oder Schmerz, dann wäre das Leben leichter. Unser Geist verspricht uns, Gesundheit und körperliches Wohlbefinden wären die Basis für echtes Glück. Der Jugendwahn und die hochschießende Wellness-Welle sind ein Ausdruck dieser Glaubensmuster.

Auch wenn wir es an dieser Stelle vielleicht noch anzweifeln mögen, doch Gesundheit hat mit echtem Glück nichts zu tun. Es gibt eine Ebene vollkommenen Heilseins in uns, für die es bedeutungslos ist, in welchen Zustand sich unser Körper befindet oder wie er sich anfühlt.

Unsere Wünsche an die Gefühle: Immer gut drauf sein

Meist meinen wir, dass Glück irgendwie ein gutes Gefühl wäre. Oder zumindest, dass unser Glück davon abhängig wäre, wie wir uns fühlen. Das klingt durchaus plausibel, aber es stimmt nicht. Sehen wir uns die nächste Frage an.

Wie müssten meine Gefühle und Stimmungen sein, damit ich glücklich wäre?

Vermutlich wünschen wir uns, dass unsere Gefühle immer leichter und heiterer Natur sind. Zumindest sollen sie angenehm sein. Wir meinen, wenn unsere Stimmung möglichst positiv sei, wären wir glücklich. Wut, Ärger, Verletzung, Trauer, Angst und Verzweiflung sollen lieber außen vor bleiben. Wenn unser Gemüt frei von solchen dunklen Gefühlen wäre – dann. Wenn wir dauerhaft gute Laune, Offenheit und Herzenswärme spüren könnten – das, so meinen wir, wäre der Schlüssel zum Glück.

Diese Gedanken kommen im Gewand der Wahrheit daher. Doch tatsächlich sind sie nur ein Ausdruck jener kraftvollen unbewussten Glaubensmuster, die uns in einen leidvollen Zustand führen. Warum und wie gelingt ihnen das? Weil sie das Glück einzig an angenehme Erfahrungen koppeln und mit diesen Glücksvorstellungen eine aufreibende Jagd nach positiven Gefühlen eröffnen. Negative Gefühle werden abgelehnt. Das ist eine alte und sehr machtvolle Konditionierung. Wir streben Erfahrungen wie Freude, Heiterkeit, Liebe an und wollen sie festhalten. Unangenehme Gefühle wie Angst, Wut, Scham oder Hoffnungslosigkeit versuchen wir zu meiden. Wir sind überzeugt, dass Letztere für das Erleben von Erfüllung und Glück hinderlich sind. Dieses Spiel von Jagd und Flucht ist uns so selbstverständlich geworden, dass wir vollkommen aus den Augen verloren haben, wie einseitig und begrenzt unser Verstand sich das Glück der Gefühle ausmalt.

Der Buddhismus kennt dafür drastische Begriffe. Das unablässige Streben nach positiven Erfahrungen wird »Gier«, das Ablehnen von negativen Empfindungen wird »Hass« genannt (womit nicht die Emotion des Hasses gemeint ist, sondern der Widerstand gegenüber unerwünschten Gefühlen). Und die buddhistische Lehre besagt, dass es gerade diese Tendenzen unseres Geistes sind, die unser Leid erzeugen.

Auf den ersten Blick mag das nicht einleuchten. Das eine haben zu wollen und das andere abzulehnen scheint das Natürlichste der Welt zu sein. Doch wir übersehen, dass die Welt der Gefühle immer in dualistischen Gegensätzen auftaucht. Leicht ist nicht ohne schwer denkbar, Kraft nicht ohne Schwäche, Angenehmes nicht ohne Unangenehmes zu finden. Das eine ganz zu haben und vom anderen dauerhaft frei zu sein ist unmöglich. Die scheinbar so erstrebenswerte Gefühlsmedaille hat immer zwei Seiten. Das einseitige Vermehren des Positiven und die totale Verbannung des Negativen kann nicht funktionieren. Und das muss es auch nicht. Denn das Glück, von dem wir hier reden – die natürliche Erfüllung des Seins –, ist kein Gefühl. Es ist der *stille Bewusstseinsraum,* in dem Gefühle auftauchen, vorüberziehen und wieder verschwinden. In diesem Raum treten sowohl positive, neutrale als auch negative Stimmungen auf. Doch der Raum selbst bleibt von diesen Schwankungen unberührt. Solange wir allerdings, den konditionierten Glaubensmustern folgend, verbissen das Lichte einfangen wollen und gegen das Dunkle ankämpfen, sind wir vollkommen auf die Objekte innerhalb des Raumes fokussiert. Wir spüren die allen Gefühlsbewegungen zugrunde liegende Weite nicht mehr.

Im 9. Kapitel »Hingabe – die rückhaltlose Annahme aller Erfahrungen« werden wir diese Mechanismen von Verlangen und Ablehnung noch genauer untersuchen.

Unsere Wünsche an den Verstand: Rationale Allwissenheit

»Ich weiß, dass ich nichts weiß«, ist ein berühmter Satz des griechischen Philosophen Sokrates. Dies scheint auf den ersten Blick eine merkwürdige Aussage. Denn in der Regel möchten wir alles Mögliche über den Verstand begreifen. Zumindest wollen wir rauskriegen, wie die Unwägbarkeiten unseres Lebens so effektiv wie möglich unter Kontrolle zu bringen sind. Doch dieser Satz des Sokrates weist auf eine überraschende Perspektive hin: Weisheit hat nichts mit dem Sammeln von Kenntnissen und Wissen zu tun. Weisheit zeigt sich in einer Offenheit des Geistes, die sich der Begrenztheit des Verstandeswissens bewusst ist. Sie offenbart sich in der Hingabe an das Nicht-Wissen des gewöhnlichen Denkens, das postuliert, unsere persönlichen Meinungen und Kenntnisse wären die höchste Wahrheit.

> *Fragen Sie sich: Was will ich noch wissen oder verstehen, um besser leben zu können?*

Antworten darauf könnten so klingen: »Wenn ich verstehen würde, warum ich in bestimmten Situationen Angst habe, dann könnte ich sie besser bewältigen.« Oder: »Wenn ich genügend Fachwissen hätte, würde ich mich kompetent und sicher fühlen.«

Die Antworten auf diese Frage können noch so unterschiedlich sein, sie haben eines gemeinsam, nämlich die Hoffnung, mit Wissen und Verständnis mehr Kontrolle über das zu erlangen, was wir unser Leben oder unser Schicksal nennen. Umfassende Kenntnisse, das Wissen um Gesetzmäßigkeiten oder das richtige theoretische Verständnis von Sachverhalten scheinen uns Sicherheit zu verheißen. Am liebsten wäre uns Allwissenheit. Damit, so glauben wir, könnten wir all jene Lebenssituationen bewältigen, die uns verunsichern und die wir als bedrohlich empfinden. Für technische Fähigkeiten mag der Verstand ein brillantes Instrument darstellen. Und auch wissenschaftliche Forschung ist ohne intellektuelles Verständnis nicht möglich. Uns geht es hier allerdings um jenes Bestreben des Verstandes, das durch rationale Kontrolle innere Erfüllung erreichen möchte.

Doch so wird es nie funktionieren. Unser Verstand ist zu beschränkt, um den freien Strom des Lebens vorauszuberechnen. Und so können wir die Unsicherheit des Nicht- oder Nicht-genug-Wissens niemals aus unserem Leben verbannen. Die gute Nachricht lautet: Wir sind auch gar nicht auf umfangreiches Wissen oder konzeptionelles Verstehen der Welt angewiesen. Wenn wir erkennen, dass alles intellektuelle Verstehen-Wollen immer unzureichend bleibt, kann sich unser Wunsch nach rationaler Kontrolle entspannen. Wenn der Zwang von uns abfällt, ständig für die Geschehnisse unseres eigenen Lebens und der Welt eine erklärende Theorie parat haben zu müssen, wird unser Geist von ganz alleine still. So still, dass eine tiefere Intelligenz durchscheinen kann. Es ist die Intelligenz des *reglosen Gewahrseins*. Eine gedankenfreie, allumfassende Geistesklarheit, die zugleich höchste Weisheit verkörpert. Sie kann den Verstand als Instrument nutzen, ohne von ihm beherrscht zu werden. Es ist diese tiefe Ruhe und Gelassenheit eines stillen Geistes, die wir in Wirklichkeit suchen. Sie ist schon jetzt hier. Wir erkennen sie, wenn wir bereit sind uns auf das Nicht-Wissen einzulassen.

Konzepte über Glück – der verborgene Antrieb von Fantasie und Handlung

Unabhängig davon, welche Vorstellungen wir von Glück haben, wir glauben, dass es von gewissen Bedingungen abhängig ist. Von äußeren Umständen oder inneren Erfahrungen. Die Glückskonzepte binden Erfüllung somit an das Vorhandensein von Objekten. Die Objekte gelten als Ursache. Das Erleben von Glück scheint dann ihre Wirkung zu sein. Diese Dynamik können wir als den Glauben an *objektgebundenes Glück* bezeichnen.

Doch dieser Glaube ist nichts anderes als ein gewaltiger Mythos. Die Suche nach solcher Art Glück ist vergeblich. Sie gleicht dem Versuch, uns einen Ausschnitt des Himmels aneignen und ihn kontrollieren zu wollen. Es ist, als würden wir mit beiden Händen einen Kreis formen und durch diesen Kreis hindurch in den Himmel über uns schauen. Das ist nun unser kleiner Himmel. Vielleicht ist er gerade schön blau und klar. Wunderbar! Zur vollkommenen Idylle fehlt nur noch ein zartes Wölkchen. »Wenn so eine kleine weiße Wolke in meinem Himmelsabschnitt wäre, das wäre perfekt.« Wir suchen uns eine solche Wolke daraufhin in anderen Bereichen des Firmamentes außerhalb unseres kleinen Himmels. Und tatsächlich, wir entdecken eine am Horizont – und nun versuchen wir, sie mit magischer Geisteskraft in unseren Himmelsabschnitt zu bewegen. Manchmal scheint uns das sogar zu gelingen, und prompt definieren wir das Ganze als Erfolg, den wir natürlich unseren aktiven Bemühungen zuschreiben. In Wirklichkeit ist das Ergebnis nur dem Zufall beziehungsweise dem Wind zu verdanken. Treibt stattdessen eine dunkle Wolke in unseren Himmelsausschnitt, versuchen wir verzweifelt, den unerwünschten Störfaktor fern zu halten. Auch das gelingt nur dann, wenn uns der Zufall in Gestalt des Windes zu Hilfe kommt. Wie sehr wir uns auch anstrengen mögen: Der Himmel lässt sich nicht beeinflussen. Die Wolken folgen ihren eigenen Bahnen. Jeder Versuch, unseren persönlichen Himmel zu kontrollieren, ist ein sinnloses Unterfangen, das früher oder später in Frustration mündet.

In dieser Metapher ist das vollkommen offensichtlich. Doch auch in unserem persönlichen Leben bemühen wir uns auf diese Weise vergeblich um unser Glück, indem wir es an bestimmten Objekten festmachen und versuchen, das Auftauchen oder Verschwinden dieser Objekte zu kontrollieren.

Das eine Gefühl wollen wir haben, das andere nicht. Ein schöner Gedanke erscheint wertvoll, ein negativer dagegen sollte besser verschwinden. Wir strengen uns an, mühen uns ab, sträuben uns und kämpfen. Wir sind einer Art unbewusstem primitiven Aberglauben verfallen, der uns vormacht, bestimmte Objekte hätten die besondere Macht, uns Glück herbeizuzaubern, und andere würden Unglück verheißen – nach dem Motto: »Mit der Feder eines Adlers könnte ich fliegen, aber der Anblick einer Schlange wird mich töten.« So praktizieren wir einen magischen Kult des Herbeizauberns und Verbannens. Uns entgeht dabei vollkommen, dass es sich bei den Objekten nur um Gedanken und innere Bilder handelt und dass diese keineswegs das halten, was wir uns von ihnen versprechen, oder uns das antun, was wir befürchten.

Doch die Macht dieser Vorstellungen ist groß. Immer wieder schweift unsere Sehnsucht ab in jene Gefilde, in denen wir das Glück zu finden meinen.

Fragen Sie sich: Zu welchen Glück versprechenden Fantasien schweift mein Geist ab? Und in welchen Situationen geschieht das? Wann und wie beschäftigt sich mein Geist mit Gedanken über objektgebundenes Glück?

Vielleicht während einer Busfahrt in die Stadt. Wir schauen aus dem Fenster, und unter den vielen Menschen draußen taucht plötzlich jemand auf, der uns äußerst attraktiv erscheint. Unser Geist verliert sich in angenehme Fantasien, wie schön es doch wäre, die sympathische Frau oder den gut aussehenden Mann kennen zu lernen. Was für eine aufregende Begegnung das wäre. Vielleicht sehen wir uns schon mit ihr oder ihm als Paar einen romantischen Waldspaziergang machen. Oder wir gehen unserer alltäglichen Arbeit nach, die uns gerade langweilt, und unsere

Gedanken schweifen ab in die Zukunft. Wir malen uns aus, was wir nach Feierabend unternehmen werden. Wir könnten rausfahren, ins Kino gehen, Freunde treffen. Das würde uns gut tun – und nicht dieser öde Alltagskram hier. Oder wir schlendern durch die Fußgängerzone, werfen einen Blick in die Schaufenster und stellen uns vor, welche Freude wir mit einem Paar neuer Schuhe hätten. Sofort fühlen wir uns ein wenig attraktiver. Und dann ist da noch dieser neue Laptop. Einfach cool.

Natürlich beschäftigt sich unser Geist auch mit Angst besetzten Fantasien. Vielleicht sehen wir einen Rollstuhlfahrer. Wir stellen uns vor, dass uns das auch passieren könnte. Das wäre schrecklich – denken wir. Also besser gar nicht weiter darüber grübeln, und wir kehren wieder zu den reizvollen Fantasien zurück.

»Der Geist«, sagte der Buddha, »ist schneller als der Blitz.« Wobei mit Geist die Gesamtheit der Gedanken, Gefühle und inneren Bilder gemeint ist. Blitzschnell reagiert der Geist auf einen äußeren Reiz und entwirft binnen kürzester Zeit ganze Fantasiewelten. Jeder Tagtraum macht das deutlich. Sekundenschnell erleben wir uns an einem anderen Ort, zu einer anderen Zeit.

Zunächst scheint es so, als wären solche Fantasien ziemlich bedeutungslose Erscheinungen: »Das ist doch normal, dass man sich was Schönes vorstellt, wenn man unzufrieden ist.« Doch wenn wir genauer hinsehen, stellen wir fest, wie tief greifend und umfassend solche Vorstellungen unser Bewusstsein beherrschen, wie zahlreich sie auftauchen und sich unablässig wiederholen. Wir versetzen uns selbst in eine Trance, indem wir wieder und wieder unsere Glücksfantasien im Geist durchspielen, bis sie unsere innere Welt vollständig dominieren. Und genau das ist der Grund, weshalb sie einen solch mächtigen und zwingenden Einfluss auf unsere Entscheidungen und Handlungen, ja, auf die grundlegende Ausrichtung unseres Lebens ausüben.

Warum glauben wir, uns einen bestimmten Lebensstandard leisten zu müssen? Warum geben wir uns solche Mühe, anziehend oder interessant auf andere zu wirken? Weshalb ist uns das Bild einer harmonischen Familie so wichtig? Warum sind wir so darauf bedacht, guter Laune zu sein? Weshalb ist es uns so wichtig, auf keinen Fall dumm dazustehen, sondern möglichst souverän und geistreich zu wirken?

Motor all dieser Verhaltensmuster sind diese unbewussten Glücksvorstellungen. Wir beschäftigen uns tagtäglich damit. Unzählige Gedankenkreise drehen sich um dieses Thema. Sie sind unsere ständigen Begleiter. Regelmäßig hegen und pflegen wir so die Trance und verlieren uns in endlosen Fantasien über unser zukünftiges Glück. Und unser gesamtes Verhalten ist darauf ausgerichtet, sie in die Wirklichkeit umzusetzen. Doch halten sie ihre Versprechungen? Oder stellen sie nicht vielmehr ein inneres Sprechen dar, das aus lauter *Ver*sprechern besteht?

3.
Mogelpackung Wunsch

Unsere Wünsche versprechen uns viel. Voller Hoffnung stellen wir uns eine Zukunft vor, in der das heiß Ersehnte eintritt. Jetzt müssen wir darben, aber später, wenn unsere Wünsche in Erfüllung gehen, wird alles ganz anders sein. Dann endlich werden wir das Leben wirklich genießen können. Doch halten diese Wunschvorstellungen ihre Versprechen tatsächlich ein?

Manchmal haben wir das, was wir uns sehnlich gewünscht haben, tatsächlich bekommen. Wenn wir auf einen solchen Moment zurückschauen: Wie lange hat das Gefühl der Erfüllung angehalten?

Jeder von uns kennt solche Augenblicke. Ein Wunsch geht in Erfüllung. Wir halten in Händen, wonach wir uns lange gesehnt haben. Endlich haben wir es uns leisten können. Endlich haben wir die schicke Wohnung, das nagelneue Auto, den Traumurlaub. Wir finden den idealen Job, den begehrten Partner. »Ein Traum wird wahr.« Der Moment der Wunscherfüllung scheint alles wunderbar zu verwandeln.

Aber dann: Wie schnell verliert das lang ersehnte Glück seinen Zauber wieder? Wie rasch verblasst doch die prickelnde Freude? Und die Faszination des Erlangten verebbt allmählich ganz und gar. Wie lange dauert es, bis das Glücksgefühl, das an ein Objekt und Bedingungen gebunden war, wieder schal und leer wird?

Am deutlichsten ist dieser Prozess auf der materiellen Ebene zu erkennen. Für kurze Zeit genießen wir unsere neu erstandenen Besitztümer intensiv, erfreuen uns am Reiz des Neuen – dann landen sie in einer Ecke. Das Gleiche spielt sich auf allen

Ebenen ab. Die Anerkennung anderer Menschen macht uns stolz und selbstbewusst – doch nicht lange. Dann tauchen die alten Zweifel wieder auf, und von neuem beginnt die Suche nach Bestätigung. Verliebtsein versetzt uns in einen ekstatischen Rausch. Doch nach einigen Wochen oder Monaten verfliegt auch diese Magie, und die ursprüngliche Faszination weicht schließlich alltäglicheren oder gar problematischen Erfahrungen. Schon suggerieren unsere Gedanken, es wäre Zeit für ein neues Abenteuer. Eine neue Liebe, sich wieder frisch verlieben, das wäre toll. Aber wie lange wird das anhalten? Dasselbe Phänomen gilt auch für spirituelle Erfahrungen. Wir haben ein inspirierendes Erlebnis in der Meditation oder in der Begegnung mit einem spirituellen Lehrer, eine Zeit lang sind wir »esoterisch high« und denken: »Das muss es sein.« Kaum haben wir die Erfahrung festgezurrt, mutiert das High zum Down, und dieselbe Meditation, dieselbe Lehrerin scheint bald nicht mehr halb so interessant und viel versprechend zu sein.

Dieser Kreislauf spielt sich immer nach dem gleichen Muster ab. Wir sind überzeugt, dass uns das Erreichen dieses Ziels und die Erfüllung jenes Wunsches glücklich machen werde, dass es uns dann viel besser gehen würde und wir endlich zufrieden sein könnten. Angetrieben durch diese Idee, setzen wir all unsere Energie ein, um das Ersehnte zu bekommen. Gelingt es uns, das Objekt unserer Begierde zu erobern, sind wir für einen Tag, einen Monat, vielleicht sogar etwas länger glücklich und zufrieden. Wir genießen das neue Accessoire, das Schwindel erregende Gefühl, den gelifteten Zustand. Das bewunderte Objekt, die ersehnte Erfahrung selbst scheint eine Art magischen Glanz zu verstrahlen, der die Erfüllung bewirkt. Doch auch dieser Glanz stumpft ab, und der anfängliche Zauber weicht früher oder später einem schalen Geschmack.

Doch dieser Achterbahn von Begeisterung und Enttäuschung zum Trotz bleibt unser konditionierter Verstand hartnäckig bei seiner Gewohnheit, dem nächsten Glück verheißenden Objekt nachzujagen.

Wie kommt es, dass unser Verstand so schnell reagiert und auf ein neues Wunschprogramm umschaltet? Die Antwort: Er will uns ablenken und uns vor dem Gefühl der elementaren Enttäuschung schützen. Schon die vielen kleinen und großen Reinfälle, die uns im Laufe unserer Suche nach Glück widerfahren, sind im Grunde zutiefst enttäuschend und frustrierend. Wir verzehren uns nach dem ersehnten Objekt – das allein ist qualvoll –, und verfehlen wir unser Ziel, schmerzt uns das zweifellos. Doch wenn wir bekommen, was wir wollen, und trotzdem feststellen müssen, dass es uns keine dauerhafte Erfüllung gibt, erzeugt das eine weit schmerzhaftere Desillusionierung. Gleichzeitig will sich unser Verstand diese Frustration nicht eingestehen. Er glaubt ja an die magische Welt der Wünsche und tut alles, um deren Einsturz zu vermeiden. Er verdrängt die Enttäuschung, beißt die Zähne zusammen und nimmt das nächste vielversprechende Objekt ins Visier.

Damit vermeidet er aber die wortwörtliche *Ent-Täuschung*. Denn das Ende der Täuschung würde offenbar, wenn wir den ewigen Kreislauf des Wünschens als das erkennen, was er tatsächlich ist: unbefriedigend und leidvoll. In der Regel erwacht die Bereitschaft zur Selbsterforschung erst dann, wenn wir schon in allen möglichen Richtungen unterwegs waren und immer wieder unbefriedigt, mit leeren Händen dastanden. Erst durch die ständige Frustration unserer Wunschkonzepte kommt es schließlich zu einem tieferen Hinterfragen der gewöhnlichen Denkmuster. Dann können wir in uns die Bereitschaft entdecken, den Schmerz der Enttäuschung und des Versagens wirklich zuzulassen, ohne uns gleich mit der nächsten Suche abzulenken. Dieses Innehalten eröffnet uns die Möglichkeit zu echter Befreiung.

Der Mythos schöner Fantasien

Der Mechanismus unserer inneren Wunschmaschine läuft in der Regel reibungslos. Wir hegen die Hoffnung, dass das Wünschen uns irgendwann dauerhafte Erfüllung bringt. Mehr noch: Wir sind der Überzeugung, dass das Wünschen selbst schon Erfüllung in sich birgt. Das, was wir Vorfreude nennen, fußt auf diesem Glauben. Unser Verstand suggeriert uns, die Beschäftigung mit einer Wunschfantasie sei an sich schon etwas Befriedigendes. Aber stimmt das? Was ist unsere Erfahrung, wenn wir Fantasien darüber nachgehen, was uns glücklich machen könnte?

Vielleicht empfinden wir bei diesen Tagträumen ein Gefühl von Freude und Entspannung. Unser Geist hat die erstaunliche Fähigkeit, durch innere Bilder und Vorstellungen Wohlgefühle auszulösen. Im positiven Denken wird das zur Methode erhoben, etwa mit der Hilfe von Affirmationen. Und in der Tat ist eine positive Vorstellung auf den ersten Blick angenehm. Sehen wir jedoch genauer hin: Im Moment des Wohlempfindens genießen wir die Auswirkung der Affirmation. Das Affirmieren selbst ist zur Ruhe gekommen. Wenn wir uns selbst sagen: »Es geht mir gut, ich bin ganz gelassen«, kann das spürbar entspannen. In der Entspannung selbst können wir uns die Wiederholung der Formel sparen. Ständig zu wiederholen »Es geht mir gut …, es geht mir gut …«, wäre eher weitere Anstrengung. Dasselbe gilt, wenn wir uns vorstellen, im Urlaub am Strand zu liegen und das Meeresrauschen zu hören. Ist die Fantasie nur intensiv genug, fühlen wir uns wohl. Im Genuss dieses behaglichen Gefühls selbst müssen wir das innere Bild nicht länger aufrechterhalten. Die entspannende Wirkung genügt uns völlig.

Die Tatsache, dass das Affirmieren im Moment des Genießens innehält, wird meist übersehen. Wir halten die positiven Vorstellungen für die Ursache der Glückserfahrung. Warum aber nutzen sie sich dann ab? Derselbe positive Gedanke, der uns eine Zeit lang zu Entspannung und Optimismus verholfen hat, büßt mehr und mehr an Kraft und Wirkung ein. Irgendwann greift der Mechanismus nicht mehr. Die Kraft des inneren Bildes hat sich verbraucht, ähnlich wie der neue Wagen, der uns anfangs durch den puren Anblick entzückt hat. Jetzt benötigen wir einen neuen Kick. Und auch dessen Zauber wird rasch wieder verfliegen.

Uns die Erfüllung unserer Wünsche in der Fantasie auszumalen hat zwei wesentliche Aspekte: Zum einen nutzen sich diese Affirmationen schnell ab und bringen keine dauerhafte Befriedigung. Zum anderen ist mit der Produktion solcher Vorstellungen immer eine innere Anstrengung verbunden. Ein künstliches Bemühen des Denkapparates, Mehrarbeit in der inneren Fabrik für synthetische Gefühle. Sehr deutlich wird die Anspannung, die in den Wunschfantasien steckt, wenn wir an dem Glauben festhalten, unser Glück wäre wirklich von der Erfüllung der Wünsche abhängig. Mit den nächsten Fragen können wir das untersuchen:

Lassen Sie folgenden Gedanken in sich aufsteigen:

»Ich brauche einen Partner, um glücklich zu sein.«

Wie fühlen Sie sich damit?

Wir können auch etwas anderes für »Partner« einsetzen: Urlaub, Geld, eine andere Wohnung, mehr Selbstbewusstsein, ein besseres Aussehen, tiefere Meditationserfahrungen. Etwas, das uns das lang ersehnte Glück bescheren würde. Wir können damit experimentieren, indem wir mit ganzer Kraft an diesem Gedanken festhalten.

»Um glücklich zu sein, brauche ich …«

Halten Sie intensiv an diesem Gedanken fest, und spüren Sie in sich hinein:

Was nehmen Sie dabei in Ihrem Körper wahr? Was nehmen Sie an Gefühlen wahr?

Wenn wir dem Mythos erliegen, dass Erfüllung erst in der Zukunft zu erreichen ist, und nur unter bevorzugten Umständen und mit ausgewählten Personen – dann entsteht in unserem Geist eine Spaltung. Auf der einen Seite dieses Spaltes glänzt die Vorstellung eines Idealbildes, ein Modell der vollkommenen Erfüllung. Auf der anderen Seite des Spaltes, der Schattenseite, steht das innere Bild eines Zustandes, der nicht gut genug ist. Ein Hier und Jetzt mit Defiziten. Ein Ich mit Mängeln.

Sind wir beispielsweise der Auffassung, ein schönerer Körper würde uns stolz und glücklich machen, und verleihen wir diesem Wunsch Kraft, indem wir ihn fleißig wiederholen, dann produziert unser Geist keineswegs nur Bilder des angestrebten Idealzustandes (wie die Prediger des positiven Denkens postulieren).

Zugleich bewertet unser Geist nämlich den jetzigen Zustand als unbefriedigend. Das, was jetzt ist, erscheint unzulänglich, dürftig, vielleicht sogar verachtenswert. Bereits das pure Wünschen spaltet in ein »Was ist« und in ein »Was sein sollte«. Je mehr mentale Energie in Form von Aufmerksamkeit wir diesem Wunsch schenken, desto mehr wird aus dem inneren Zwiespalt ein innerer Kampf. Wir geraten in einen unbewussten Krieg, der das Ziel verfolgt, unser von Mängeln behaftetes Selbstbild auszurotten und unserem Idealbild zur Herrschaft zu verhelfen.

Können wir diese Disharmonie in uns wahrnehmen, wenn wir an einem Wunschgedanken festhalten? Im Körper macht sie sich vielleicht als Enge oder Druck bemerkbar. In unseren Gefühlen können wir sie als Aura der Minderwertigkeit spüren oder als Furcht, dem Idealbild nicht zu genügen. Vielleicht fühlen wir auch den Selbsthass oder die Verzweiflung, die das Abwerten des jetzigen Zustandes mit sich bringt.

Eines wird dadurch klar: Das Wünschen an sich hat weder befriedigenden noch beglückenden Charakter. Das scheint nur so. In Wahrheit ist es einengend und leidvoll. Es schürt einen inneren Kampf, der das Gefühl von Mangel und Bedürftigkeit erzeugt und verstärkt.

Jeder Wunsch ist eine Mogelpackung. Der erste Eindruck ist zwar verlockend, weil er Entspannung verspricht. Doch beim Auspacken erleben wir eine böse Überraschung.

Die glühende Kohle in der Hand

Eine buddhistische Metapher beschreibt das Leiden in einem einfachen Bild: Ein Mensch steht da und hält eine glühende Kohle in seiner Faust. Er hält die Kohle fest umklammert, als sei sie etwas sehr Wertvolles. Die Kohle verbrennt die Haut, ja, sogar das Fleisch seiner Hand. Er merkt es nicht, so verbissen versucht er, seinen vermeintlichen Schatz festzuhalten. Was muss passieren, damit er die Kohle loslässt? Nicht viel: Er muss nur die Glut fühlen. Sobald ihm der Schmerz bewusst wird, lässt er los. Und das ist nicht einmal aktives Tun. Es ist ein natürlicher Reflex.

Also, die Kohle glüht. Der Wunsch ist mit Energie aufgeladen. Die Suche nach Glück ist heiß. Das Gefühl des Brauchens brennt in der Seele.

»Um glücklich zu sein, brauche ich …«

Halten Sie an diesem Gedanken fest:

Was fühlen Sie bei dieser Wunschvorstellung?

Lassen Sie diesen Gedanken wieder los: Wie fühlt es sich an, wenn die Vorstellung für einen Moment zur Ruhe kommt?

Unser Denken strickt endlose Geschichten aus all den Idealvorstellungen, wie es sein könnte oder nicht sein sollte, was anders werden müsste, was noch gebraucht wird und was auf keinen Fall sein dürfte. Gedankenketten von Plänen, Zielen und Wünschen, die sich ständig in unserem Kopf wiederholen.

Vielleicht haben wir bis hierhin eine Ahnung davon bekommen, wie anstrengend und schmerzhaft das Festhalten an diesen Vorstellungen ist. Vielleicht können wir auch wahrnehmen, wie erleichternd und friedlich es sich anfühlt, für einen Moment vom Abspielen dieser Schallplatten abzulassen. Um aus dem Trancezustand der ewigen Unzufriedenheit zu erwachen, genügt es manchmal, uns eine einfache Frage zu stellen.

Wie ist es ohne den Gedanken an ein Ziel? Wie ist es ohne die Vorstellung, etwas sollte anders sein, als es jetzt gerade ist?
Wie ist es ohne einen Gedanken an Vergangenheit und Zukunft?
Was zeigt sich in diesem Augenblick ohne Wunsch?

Spüren Sie die Entspannung, wenn Sie sich diesem Anhalten öffnen? Spüren Sie den Frieden, wenn der Kampf zwischen dem »was ist« und dem »was sein sollte« zur Ruhe kommt?

Können Sie wahrnehmen, wie einfach und erfüllend es ist, wenn Sie keinem äußeren Objekt mehr hinterherjagen und kein unerwünschtes Objekt aus Ihrer Erfahrung verbannen?

Wenn bei diesen Fragen nur ein winziger Moment der Freiheit durchscheint, nur ein Hauch von Entlastung spürbar wird, genügt das vollkommen. In diesem Moment des Innehaltens teilt sich uns das *natürliche Sein* mit. Es zeigt sich als friedliche, entspannte Gegenwärtigkeit. In einem solchen Moment öffnet sich die Hand, die die glühende Kohle des Wünschens umklammerte, von selbst. Und dann wird offenbar, dass in Wahrheit nichts verletzt oder verbrannt worden ist. Der schmerzhafte Kampf zwischen dem von Mängeln behafteten Selbstbild und dem Ideal war nur die Spukgeschichte eines schlechten Traumes. Wenn wir aufwachen, merken wir, dass sich diese quälenden Gedanken ins Nichts verflüchtigen. Jetzt scheint die tiefe, bedingungslose Glückseligkeit wieder durch. Das friedvolle Sein war nur verschleiert. Es hat geduldig darauf gewartet, dass sich unser Bewusstsein von der Anstrengung des Wünschens entspannt.

4.
Erfüllung unmittelbar

Wenn uns zunehmend klarer wird, dass unsere Glücksvorstellungen lediglich aus Gedanken bestehen, wenn wir merken, dass sie nur ein mentales Muster sind, eine Wiederholung der immer gleichen Glaubenssätze, dann durchschauen wir ihren Automatismus und ihre falschen Versprechungen. Und dann eröffnet sich die Möglichkeit eines tieferen Erforschens. Dieses Erforschen kann zu einer Ebene in uns vordringen, die nicht durch Glaubenssätze und Konzepte begrenzt und beherrscht wird. Wir entdecken Erfüllung, die nicht an Bedingungen geknüpft ist; inneren Frieden, der unabhängig von äußeren Umständen ist – eine Ebene unseres Seins, die frei ist von den einengenden Vorstellungen eines bedürftigen persönlichen Ich. In diesem Kapitel werden wir die Natur von dauerhafter Glückseligkeit jenseits der objektgebundenen Glückskonzepte untersuchen.

Jeder Mensch kennt Erfahrungen von tiefer Zufriedenheit und Glückseligkeit. Vielleicht kommen solche Momente bei einigen Menschen häufiger vor als bei anderen. Vielleicht unterscheiden sie sich in ihrer Intensität. Doch solche Augenblicke der Erfüllung leuchten irgendwann in jedem Leben auf. Es sind Momente, in denen alle Rastlosigkeit zur Ruhe kommt, alle Anspannung abfällt, alle Sorgen sich auflösen. Augenblicke, in denen das Leben als heil und ganz erfahren wird und in denen sich die tiefe Schönheit und Perfektion aller Dinge offenbart.

Wann haben Sie Momente tief greifender Zufriedenheit und Erfüllung erlebt? Wie war die Situation? Was haben Sie dabei empfunden?

Vielleicht haben wir dieses tiefe Erfülltsein in einer liebevollen Begegnung mit einem anderen Menschen erfahren. Oder der Anblick einer Landschaft oder das Hören von Musik hat uns tief berührt. Möglicherweise ist solch ein Moment aber auch vollkommen spontan aufgetreten, ohne äußeren Anlass. Was auch immer der Auslöser oder die Situation war, wir wollen diesen Moment rückblickend mit ein paar Fragen weiter untersuchen.

> *Wenn Sie ganz in diesen Moment hineinspüren:*
> *Ist Ihr Verstand mit Fantasien darüber beschäftigt, was Sie glücklich macht?*

Diese Frage verlockt womöglich zu einer einfachen Antwort. Doch es lohnt sich, genauer hinzusehen, denn hier zeigt sich erneut die enorme Geschwindigkeit des Verstandes. Rasend schnell versucht er, die *unmittelbare Erfahrung zu fassen und festzuhalten.*

Die direkte Antwort auf die Frage nach den Fantasien lautet: Nein. In einem Moment unmittelbarer Erfüllung ist der Verstand einfach still. Wenn wir wirkliche Schönheit erleben, wenn tiefe Berührung stattfindet, stoppt der gewöhnliche Strom der Gedanken. Für einen Moment gibt es keine Bewegung in die Fantasie, kein »Was ich jetzt noch brauche …« oder »Das Einzige, was stört, ist …«. Zumindest für den Bruchteil einer Sekunde ist unser Denken zur Ruhe gekommen. Und in diesem Augenblick der Stille verschwinden die Verhüllungen der Wahrheit. Der Lärm der konditionieren Vorstellungen verklingt. Wir staunen wortlos über die Anmut dieses Momentes, und etwas Tieferes scheint durch.

Dieses Tiefere ist unsere *wahre Natur.* Ihre Aspekte drücken sich als Seligkeit, Klarheit, Liebe und Intelligenz aus. Sie sind wie die Spektralfarben des weißen Lichtes, sichtbare Teilaspekte des unsichtbaren Seins. In einem Moment des echten Glücks leuchten diese Farben des Seins durch die Äußerlichkeiten der aktuellen Situation hindurch. Für den konditionierten Geist wirkt es so, als ob auf einmal die äußere Welt in ein Licht von Frieden und Klarheit getaucht wäre. Der sonst mehr oder weniger dicke, graue Nebel unserer Belastungen ist wie weggeblasen, und die

Sonne scheint wieder. Was unbedeutend und wertlos schien, glänzt plötzlich im Licht von Schönheit und Fülle. Was langweilig und trist anmutete, ist auf einmal faszinierend und höchst lebendig. Was problematisch und belastend wirkte, ist nun wunderbar einfach und unkompliziert. Alle Bekümmertheit löst sich auf.

In Wirklichkeit hat sich die äußere Welt kein bisschen verändert. Lediglich die Verhüllungen sind weggefallen. Die Verzerrungen, die der unruhige Geist zuvor wie eine dunkel gefärbte Folie über alles gelegt hat, sind verschwunden. Die unmittelbare Erfahrung eines Momentes von Glück ist frei von konditioniertem Denken – genau diese Tatsache ist der entscheidende Punkt. Das allerdings wird selten bewusst wahrgenommen, da unser flinker Verstand sofort in diesen Moment der Stille eingreift.

Wie macht er das? Dafür hat er seine Werkzeugkiste parat. Stellen wir uns vor, wir erleben staunend die Schönheit eines grandiosen Sonnenuntergangs. Was macht unser Verstand aus diesem Moment höchster Lebendigkeit? Das Erste, was er herausholt, ist die Zange der *Benennung*. Der Verstand gibt der Erfahrung einen Namen: »Sonnenuntergang«. Was folgt, ist das Maßband – die *Bewertung*. Sie macht sich in einem kommentierenden Gedanken bemerkbar: »Oh, dieser Sonnenuntergang ist aber schön!« Das Berührtsein von der Schönheit geschieht in einem Moment der Stille. Die Benennung und der Kommentar dagegen sind der Beginn eines inneren Lärmes, der die lebendige Schönheit schon ein wenig verdeckt. Unser Denken will eine mentale Einordnung schaffen. Eine begriffliche Schublade wird geöffnet und ein geistiges Abbild der unmittelbaren Erfahrung abgelegt. Nun haben wir ein Werkstück, das der Verstand bearbeiten kann. Er kann es abmessen und – das ist das nächste Werkzeug – mit anderen *vergleichen*: »Dieser Sonnenuntergang ist sogar noch schöner als der, den ich gestern gesehen habe.« Oder er kann es in einen rationalen Schraubstock zwängen und weiter analysieren: »Dieser Sonnenuntergang ist so atemberaubend, weil er so viele Violetttöne enthält.« Der Verstand hat noch jede Menge anderer Bearbeitungsverfahren in petto. Vielleicht schweißt er schon eine feste Verbindung zu den Glücksvorstellungen: »Einen Sonnenuntergang zu beobachten bringt einen zur Ruhe, deshalb fühle ich mich jetzt so gut.« Und womöglich zimmert er sich schon eine verheißungsvolle Strategie für die Zukunft zurecht: »Ich sollte mir öfters solche Momente gönnen, dann wird es mir insgesamt besser gehen. Man kann das auch anderen nur empfehlen.«

Diese Prozesse des Benennens, Bewertens, Vergleichens und Analysierens laufen – wie bereits erwähnt – in Lichtgeschwindigkeit ab. Sie sind für den konditionierten Geist so gewohnt und vertraut, dass er sie als selbstverständlich betrachtet. Und sie sind derart normal, dass sie uns gar nicht erst bewusst werden. Nur dass auf einmal der lebendige Moment des Glückes entschwunden ist.

Für die konditionierte Aufmerksamkeit ist es das Alltäglichste der Welt, sich im Strom der Gedanken und der abstrakten Vorstellungen zu verlieren. Für sich genommen ist ein Gedanke noch annähernd transparent und daher noch keine Verhüllung der unmittelbar empfundenen Schönheit. Doch wenn sich unsere Aufmerksamkeit vom direkten Erleben abwendet und sich in den Gedankenketten verliert, in den Geschichten, die unser Geist über das Erleben erzählt, verblassen Schönheit und Frieden schnell. Die Lebendigkeit des Momentes verabschiedet sich. Und wir bleiben zurück mit trockenen Verstandeskonstrukten. Die Gedanken über die Erfahrung sind Eingrenzungen, Surrogate, Reduktionen. Es sind tote Objekte der mentalen Welt, aufgespießte Schmetterlinge als vorzeigbare Erinnerung an einst pulsierendes Leben.

Und uns entgeht dabei völlig, dass der Moment des Glücks ein Moment der Stille ist. In einem solchen Moment ist der Geist eben nicht mit seinem normalen Spiel beschäftigt. Er macht sich *keine* Vorstellungen über das Glück. Er ist vollkommen frei vom Zwang, alten Wünschen hinterherzujagen. Er ist zur Ruhe gekommen. Die Glückseligkeit, die wir in diesem Augenblick spüren, ist ohne Ursache. Sie ist das feine Vibrieren unseres natürlichen Zustands – in sich selbst erfülltes Sein.

5.
Spirituelle Unterscheidungskraft

Wir alle sind auf der Suche nach unvergänglichem Glück. Uns treibt eine vage Ahnung von einer Dimension des Lebens um, die beständig und unveränderlich ist. Es ist die Erinnerung an den Frieden unseres wahren Seins, dessen Spur uns auf die Fährte setzt. Doch dieser Frieden ist nicht auf jener Ebene zu finden, auf der wir gewöhnlich suchen, auf der Ebene der Objekte. Egal ob es äußere Dinge oder innere Erfahrungen sind, die wir herbeisehnen und festhalten wollen: Auf dieser Ebene ist alle Anstrengung, alle Glückssuche nur »ein Haschen nach dem Wind« – wie es in der Bibel heißt; ein Greifen nach etwas, das nicht zu fassen ist, weil es sich sofort wieder verflüchtigt. Wir haben schon zigtausend Mal in die Luft gegriffen und mögen es doch nicht glauben, dass wir nichts in den Händen halten. Wir haschen weiter nach dem Wind. Aber warum lässt sich Glück und Zufriedenheit nicht einfangen, einpacken und konservieren?

Die Weisen der Advaita-Philosophie* haben darauf eine einfache Antwort. Sie erkannten: Unser Geist spiegelt uns eine Welt vor, die real scheint, aber in Wahrheit bloße Illusion ist. Wir halten die wandelbaren Erscheinungen des Lebens für die höchste Wirklichkeit und führen uns so selbst in die Irre. Erforschen wir unser Erleben genauer, dann entdecken wir die Realität wieder, die hinter dem Kommen und Gehen der Erscheinungen liegt. Wir entwickeln eine spirituelle Intelligenz, die uns befähigt, Wirkliches von Unwirklichem zu unterscheiden, und so beenden wir die Irrfahrt in die Welt der unbefriedigenden Wünsche.

Vergänglichkeit und Wandel – die grundlegende Eigenschaft aller Dinge

Eine wesentliche Betrachtungsweise zur Unterscheidung von Illusion und Wirklichkeit entdeckte der Buddha vor 2500 Jahren. Nüchtern und zugleich radikal stellte er fest: »Alles, was geboren wurde, wird sterben.« Mit dieser Aussage stellte er die Vergänglichkeit aller Phänomene in den Mittelpunkt seiner Lehre.

In einigen Bereichen können wir dieses Urprinzip des Wandels klar wahrnehmen. Eine Blume blüht nur kurz. Eine Jahreszeit beginnt und ist schnell verflogen. Auch dass unser Körper nicht ewig leben wird, ist uns zu einem gewissen Grad bewusst. Aber tatsächlich ist die Wahrheit der Vergänglichkeit noch viel umfassender. Sie gilt für alle Ebenen unserer Welt – seien sie unendlich groß oder winzig klein.

Unser Bewusstsein scheint allerdings oft blind für die grundlegende Flüchtigkeit der Dinge. Es spiegelt uns zunächst eine Welt der Beständigkeit vor. Das Haus, in dem wir wohnen, scheint auch noch in einer Woche dasselbe Haus sein. Aber ist es das wirklich? Schauen wir genauer hin, sehen wir den neuen kleinen Riss in der Fassade und den verrutschten Dachziegel. Wir wissen, dass Börsenkurse dem Wandel unterworfen sind, dass die Wirtschaft wechselnden Zyklen unterliegt, dass Regierungen abgewählt werden und dass Bündnisse und Staatengrenzen nicht ewig halten. Doch ist uns bewusst, dass nicht nur Länder und Reiche, sondern ganze Kontinente ihre Formen und Grenzen über die Zeiten verändert haben? Afrika und Südamerika hingen einmal zusammen, und die Alpengipfel lagen unter dem Meer. Unser blauer Planet war einst ein glutheißer Feuerball. Und aus noch größerer Distanz können wir sehen, dass selbst die Existenz von Sonnensystemen und Galaxien dem Zyklus von Geburt und Sterben unterliegt. Das Universum befindet sich in ständiger Veränderung.

Wandel und Vergänglichkeit sind das Gesetz aller Erscheinungen. Das können wir auch bei unserem eigenen Körper beobachten. In seinem Inneren findet ein unaufhörlicher Fluss von Ereignissen statt. Millionen von Zellen teilen sich, andere sterben ab, neue entstehen – genau in diesem Moment. Jede Zelle tauscht permanent Stoffwechselprodukte mit dem umgebenden Gewebe aus, ständig werden komplexe Moleküle aus anderen erzeugt, weitere Stoffe umgewandelt oder abgebaut. Unablässiger Wandel ist das Prinzip. Im Inneren der Zellen bewegen sich Moleküle, in den Molekülen schwingen Atome, in den Atomen kreisen Elektronen um einen Kern aus Neutronen und Protonen. Und selbst diese Elementarteilchen sind keine starren, unveränderlichen Einheiten, sondern setzen sich aus kleineren, vibrierenden Einheiten zusammen. Hier ist die Materie nicht mehr fassbar. Sie kann nur noch mit Begriffen wie Welle und Energie beschrieben werden. Kurz, was zunächst fest und solide schien, erweist sich als ein Phänomen dynamischer Energiebewegungen. Ist es nicht erstaunlich? Schauen wir genau hin, besitzen wir nicht einmal für den Bruchteil einer Sekunde denselben Körper.

Vergänglichkeit als unmittelbare Erfahrung – der Strom des gegenwärtigen Erlebens

Das Urprinzip der Vergänglichkeit und des Wandels können wir in der dynamischen Struktur des Universums und in den lebendigen Bausteinen des menschlichen Körpers beobachten. Noch spannender ist es aber, die eigene unmittelbare Erfahrung unserer Sinne und unseres Körpers auf dieses Prinzip hin zu untersuchen. Ein berühmtes Wort über die Vergänglichkeit stammt von dem griechischen Philosophen Heraklit: »Niemand steigt zweimal in denselben Fluss.« Unser Verstand sagt uns: »Dies ist die Donau. Und auch in einer Stunde ist es immer noch derselbe Fluss.« Und so bildet er sich ein, der Strom sei ein definierbares Etwas. Doch sitzen wir nah am Ufer, können wir sehen: Die Donau vor unseren Augen ist nicht ein festes, unveränderliches Objekt, sondern ein fließendes, sprudelndes Geschehen.

Warum ist es so wesentlich, sich der Vergänglichkeit aller Erscheinungen bewusst zu werden? Weil wir sonst weiterhin an der vollkommen falschen Stelle nach Erfüllung suchen. Dann ergeht es uns wie dem Narren Mulla Nasrudin*: Bei Nacht sucht er unter dem Schein einer Straßenlaterne angestrengt auf dem Boden nach einem Gegenstand. Ein Freund kommt des Weges und fragt ihn: »Nasrudin. Was suchst du?« – »Meinen Schlüssel.« Der Freund bohrt nach: »Wo hast du ihn denn verloren?« »Genau vor der Tür meines Hauses«, erwidert der Mulla. Der Freund ist verdutzt: »Aber dein Haus ist doch ganz am anderen Ende der Straße.« Mulla Nasrudin antwortet: »Ja, das weiß ich auch. Aber am Ende der Straße ist es dunkel, hier habe ich Licht zum Suchen.«

Wir suchen den Schlüssel zum Glück in der Welt sich ständig wandelnder Empfindungen, Gefühle und Gedanken. Doch wenn dort alles vergänglich ist, wie können wir darin bleibende Befriedigung finden? Erst wenn wir in unserer eigenen Erfahrung erkennen, dass nichts von dem, was wir für fest und beständig hielten, verlässlich ist, hören wir auf, an der falschen Stelle zu suchen.

Um zu sehen, wie veränderlich selbst die uns scheinbar so vertrauten Erfahrungen unseres eigenen Körpers sind, können wir den Strom unseres eigenen inneren Erlebens nun genauer untersuchen. Woraus ist er zusammengesetzt? Wie ist er beschaffen?

Beginnen wir mit den Sinneseindrücken unserer Augen.

Jetzt, in diesem Augenblick: Was sehen Sie in diesem Moment?

Die nächstliegende Antwort mag sein: »Dieses Buch« oder »Buchstaben auf Papier« oder »vor mir ein Buch, und unscharf im Hintergrund die Umgebung«. Solche Antworten suggerieren eine Beständigkeit des optischen Feldes, die es nicht gibt. Sehen wir genauer hin.

Bleibt das Bild, das Ihre Augen wahrnehmen, wirklich gleich?

Das Bild vor unseren Augen wandelt sich ständig. Haben wir das Buch nicht eben noch ein bisschen anders gehalten? Vielleicht haben sich in den letzten Sekunden die Lichtverhältnisse im Raum leicht verändert – es ist ein wenig heller oder dunkler geworden. Und haben sich nicht unsere Lider geschlossen? Ganz kurz, nur einen Augenblick lang, so, wie sie es regelmäßig tun?

Im Moment des Lidschlages war das, was wir vorher gesehen hatten, verschwunden. Ganz kurz, kaum wahrnehmbar, doch für den Bruchteil einer Sekunde war es dunkel hinter den Augenlidern. Ist uns aufgefallen, dass sich unser Kopf und also auch unsere Augen bei jedem Ein- und Ausatmen bewegen, nur wenig zwar, aber immerhin so, dass sich das optische Bild immer ein paar Millimeter verschiebt? Das Bild vor unseren Augen bleibt nicht gleich, nicht einmal, wenn wir den Blick starr auf etwas Unbewegtes richten. Nur bemerken wir das gewöhnlich nicht.

Wie steht es mit Sinneseindrücken des Hörens?

Was hören Sie jetzt gerade?

Auch bei dem, was unsere Ohren wahrnehmen, bedient uns der Verstand rasch mit Antworten. Sie klingen vertraut: »Die Verkehrsgeräusche draußen«, »das Vogelgezwitscher«, »das Ticken einer Uhr«, »mein eigener Atem.« Was ich höre, ist etwas Konkretes, suggerieren uns diese Antworten. Mit dergleichen Benennungen – ein Auto, ein Vogel, eine Uhr – geht das Gefühl einer bleibenden Realität einher. Aber mit diesen Benennungen schaffen wir erst eine Realität, die es so gar nicht gibt. Was geschieht wirklich?

Welchen Klang hören Sie in diesem Moment?

Horchen wir genauer hin, stellen wir fest, dass ein Ton, ein Klang, ein Geräusch meist von kurzer Dauer ist. Wir behaupten: »Ich höre Straßenlärm.« Doch die unmittelbare Wahrnehmung ist eine andere: Wir hören jeweils nur einzelne kurze Geräusche: ein Brummen, ein Rattern, ein Rauschen, das anschwillt und schwächer wird. Oder wir sagen: »Ich höre ein Musikstück.« In Wahrheit hören wir das Zusammenspiel von Tönen, die erklingen und verklingen. Die Benennungen schaffen eine vermeintliche Festigkeit und Beständigkeit, die es in der direkten Sinneswahrnehmung nicht gibt. Tatsächlich nehmen wir auch im Hören immer ein lebhaft sich wandelndes Fließen wahr. Und wie steht es um die anderen Sinne?

Hat die Erfahrung eines Geschmacks Dauer?
Hält die Erfahrung eines Geruches über längere Zeit an?
Haben die Empfindungen des Tastsinns Dauer?

Egal, um welche Sinnesempfindung es geht: Sobald wir ihr genauer nachspüren, zeigt sich, wie wenig Konstanz vorhanden ist. Die Realität ist nie fest, sondern ein Strom des wechselhaften Erlebens, ein schneller und lebendiger Wandel.

Dasselbe nehmen wir im Inneren unseres Körpers wahr. Unsere Gedanken suggerieren, der Körper sei eine fest strukturierte Einheit. Was sagt die Erfahrung?

Wie spüren Sie Ihren Körper – jetzt?

Vielleicht denken Sie: »Ich spüre Spannung in den Armen, die dieses Buch halten.« »Ich nehme wahr, dass meine Wirbelsäule aufrecht ist.« »Mein Nacken scheint etwas verspannt zu sein.« »In diesem Körperbereich fühle ich einen leichten Schmerz.« »Ich spüre Wärme im Bauch.« Solche Antworten scheinen konkrete Aussagen über das Erleben des Körpers zu sein. Betrachten wir sie ein bisschen genauer:

Lassen Sie sich ein paar Augenblicke Zeit, in den Körper hineinzuspüren:
Wo sind im Moment die stärksten körperlichen Empfindungen wahrnehmbar?
Wie fühlt es sich dort an?
Beobachten Sie für ein paar Augenblicke die Empfindungen in diesem Bereich.
Bleiben die Empfindungen dieselben? Oder ändern sie sich?
Welche Empfindungen tauchen noch auf?

Beim Hineinspüren in unseren Körper können wir feststellen, dass sich das Wahrgenommene ununterbrochen verändert. Vielleicht wird eine Spannung intensiver, wenn wir unsere Aufmerksamkeit darauf richten. Oder ihre Intensität nimmt ab. Vielleicht ist ein Schmerz erst schneidend, beim Hinspüren aber pulsierend und dann für kurze Momente gar nicht mehr wahrnehmbar. Oder wir stellen fest, dass sich der Bereich, in dem wir den Schmerz wahrgenommen haben, während des Spürens verlagert.

Wenn wir zunächst gedacht haben: »Mein Rücken ist gerade«, wie ist es beim genaueren Hinfühlen? Gibt es nicht eine leichte Veränderung in der Haltung? Eine kleine Verschiebung der Balance? Möglich auch, dass die Wahrnehmung hin und her springt: Mal kribbelt es in den Beinen, dann im Rücken, plötzlich ist der Atem im Vordergrund des Bewusstseins.

Die inneren Empfindungen des Körpers gleichen weit mehr einem Strom in wirbelnder Bewegung als einer festen Einheit. In diesem Strom wechselnder Erfahrungen ist es unmöglich, eine Empfindung festzuhalten und sie für dingfest zu erklären. Keine Empfindung ist dauerhaft.

Und wie ist es mit unseren Emotionen? Gibt es in ihnen etwas Beständiges? Auch das können wir ganz konkret im gegenwärtigen Moment untersuchen:

Welche Emotionen, welche Stimmung nehmen Sie gerade jetzt wahr?

Vielleicht denken Sie: »Ich fühle mich im Moment gut und energiegeladen.« Oder: »Ich bin müde und erschöpft.« Möglicherweise schwingen auch andere Gefühle mit: Traurigkeit, Dumpfheit, Ärger. Egal, was wir fühlen, der Verstand hat die lang gehegte Angewohnheit, solche Gefühle mit einem einzigen Begriff zu benennen. Er stempelt sie und sagt: »Das ist Angst.« Oder: »Das ist Begeisterung.« Doch der Stempel ist nicht das, worauf er gedruckt wird. Wie ist die unmittelbare Erfahrung?

Wie und wo spüren Sie die Stimmungen in Ihrem Körper?

Unsere Gefühle sind eine Kombination aus körperlichen Empfindungen und Gedanken. Das Gefühl namens Angst zum Beispiel ist körperlich spürbar als Engegefühl im Bauch oder im

Brustkorb, als Herzklopfen, Schwitzen, muskuläre Spannung. Damit verknüpft sind Gedanken und innere Bilder: Erinnerungen an frühere Angst auslösende Situationen, dazu Fantasien und Vorstellungen davon, was passieren könnte.

Beim genaueren Hinspüren offenbaren diese Wahrnehmungen etwas Überraschendes: Sie verändern sich viel schneller, als der Verstand uns glauben macht. Der Verstand neigt dazu, eine Vorstellung zu verfestigen. Mit der plakativen Benennung »Ich habe Angst« friert er ein Bild aus der schnellen Abfolge unmittelbarer Empfindungen ein. Wir neigen dazu, dieser pauschalen Benennung zu glauben, und bekommen dann den Eindruck, dass es da tatsächlich ein bleibendes Gefühl gibt. Unser Geist meint dann auch noch, auf dieses eingebildete Gefühl reagieren zu müssen, und so entwickeln wir zum Beispiel Angst vor der Angst oder Wut auf die Wut, statt das Gefühl direkt zu erfahren.

Wenn wir mit unserer Aufmerksamkeit direkt in das Gefühl eintauchen – und dazu genügt ein Moment –, sehen wir, wie schnell die Empfindungen sich wandeln. Angst mag zunächst als Spannung im Bauch wahrgenommen werden, meist oberhalb des Nabels. Im nächsten Moment verändert sich diese Spannung schon wieder. Das Gefühl im Bauch weitet sich vielleicht, denn die Muskeln entspannen sich mit dem Ausatmen etwas – oder wir vergessen diese Empfindung, weil Pulsschlag oder Herzklopfen unsere Aufmerksamkeit auf sich ziehen. Die eilig vom Verstand gelieferte Bezeichnung »Ich habe Angst« verdeckt, was tatsächlich passiert – wie ein Betondeckel einen rasch fließenden Bach verdeckt. Der Blick auf diesen raschen Strom von Empfindungen offenbart Lebendigkeit, die Kategorisierung »Angst« zementiert den Schrecken. Das direkte Erleben von Gefühlen jenseits ihrer Bezeichnungen offenbart ununterbrochenen Wandel.

Scheinbare Zustandsbeschreibungen wie »Jetzt bin ich frustriert« oder »Die Enttäuschung sitzt tief« suggerieren, es gebe eine konstante seelische Verfassung. In Wahrheit sind sie nicht nur eine grobe Vereinfachung des wirklichen Geschehens, sondern schaffen auch Leiden. Denn wenn wir erst mal an die Festigkeit von Gefühlen glauben, haben wir am Angelhaken des Verstandes angebissen. Er geht dann noch weiter und zieht uns rasch in die Welt der Dualität. Er macht uns nämlich glauben, dass bestimmte Gefühle erstrebenswert, andere abzulehnen sind. Er beginnt mit seiner leidvollen Jagd nach den Sonnenseiten und dem Krieg gegen das scheinbar Dunkle. Wir werden diese Mechanismen noch sehr viel genauer untersuchen. Doch ist an dieser Stelle vielleicht schon deutlich geworden: Im direkten Erleben von Sinneseindrücken, Körperempfindungen und Gefühlen, im unablässig sich wandelnden Strom der Erfahrungen kann es kein Leiden geben. Hier herrscht einzig das frei sprudelnde Leben selbst.

Beständigkeit – nur ein gedankliches Konstrukt

Wenden wir uns nun dem zu, was wir allgemein als »Geist« bezeichnen. Dies meint die mentale Ebene unseres Erlebens, und dazu zählen Gedanken, Vorstellungen und innere Bilder und auch deren Wechselwirkungen mit unseren Emotionen. Die Erforschung dieser Erlebensebene ist von entscheidender Bedeutung für die Entdeckung echter Freiheit. Denn das ist der Bereich, der uns die scheinbare Beständigkeit und Festigkeit der Dinge und unseres begrenzten Ich-Gefühls suggeriert und sie konstruiert.

Wie wir gesehen haben, herrscht in der unmittelbaren Erfahrung der Sinne, Gefühle und Emotionen ständiger Wandel. Und doch glauben wir in unserem normalen Bewusstseinszustand wie selbstverständlich an das Phantom der Beständigkeit. Gegenstände, die wir sehen und anfassen können, scheinen fest zu sein. Stimmungen und Gefühle wirken gleich bleibend und stabil. Und auch unser Körper scheint für gewisse Phasen ein und derselbe zu sein. Und doch ist Beständigkeit nur eine trickreiche Illusion – in Wirklichkeit gibt es sie nicht. Wie schafft es der Verstand, uns immer wieder derart in die Irre zu führen? Ganz einfach: Indem er unmittelbare Erfahrungen mit Namen belegt, erzeugt er den Anschein von Dauerhaftigkeit. Blitzschnell klebt er Etiketten auf Sinneseindrücke und Empfindungen und beschriftet sie: »Buch«, »Tisch«, »Tasse«, »Schmerz«, »Wärme«, »Sympathie«, »Angst«. Diese Benennungen machen die zunächst ungeordneten Eindrücke leichter handhabbar. Nur: Sind sie erst einmal benannt und eingeordnet, stellen sie nicht mehr die reine Erfahrung dar, sondern sind nur noch mentale Abbilder derselben, bereit, in den Schubladen des Gedächtnisses abgelegt zu werden. Dort nehmen sie den Anschein von Festigkeit und Berechenbarkeit an. Sie lassen sich vergleichen, bewerten und zum Planen und Assoziieren verwenden.

Was ist daran problematisch? Erst mal gar nichts. Die Fähigkeit des Bewusstseins, Abbilder von Erfahrungen zu schaffen, hat im evolutionären Prozess zu großen Vorteilen geführt. Allerdings wohnt dieser Fähigkeit ein enormes Täuschungspotenzial inne. Wir sind nämlich versucht zu glauben, dass die Wahrnehmung in mentalen Kategorien die Wirklichkeit selbst ist. Diese Verwechslung führt zu Verwirrung und ist damit eine wesentliche Ursache unseres Leidens.

Dass feste Vorstellungen uns täuschen, wird beim Thema Vorurteile deutlich. Wir alle kennen wohl einige typische, voreingenommene Einschätzungen: »Deutsche sind obrigkeitshörig.« »Reiche Menschen sind arrogant.« »Wer Sozialhilfe bekommt, leistet nichts für die Gesellschaft.« Gleichgültig, wie bewusst uns solche Vorurteile sein mögen, sie üben einen großen Einfluss auf uns aus. Wir sind der festen Überzeugung, dass unser Urteil der Wirklichkeit entspricht. Wir verwechseln unsere Gedanken mit der Realität.

Natürlich haben wir alle schon die Erfahrung gemacht, dass eine feste Vorstellung sich als falsch erwies. Jemand, den wir als unsympathisch abgestempelt hatten, wirkt beispielsweise nach genauerem Kennenlernen liebenswert. Ein anderer, den wir für einfältig hielten, überrascht uns plötzlich mit ungeahnten Talenten. Bei solchen Gelegenheiten erfreut uns die Einsicht, dass das, was uns unumstößlich als Wirklichkeit erschien, revidiert werden kann. Es war also nicht die Wirklichkeit. Es war eine *Idee* über die Wirklichkeit. Bei Vorurteilen wird der illusorische Charakter von Vorstellungen schnell offenbar. Doch diese Art der Täuschung durchdringt auch alle anderen Funktionen unseres Geistes. Sie ist bereits in den schlichtesten mentalen Aktivitäten wirksam, wie etwa in der schnellen begrifflichen Benennung von Dingen.

Was geschieht im Moment einer Benennung? Wir gehen spazieren und denken: »Ein schöner Baum.« Ein ganz normaler Gedanke. Allerdings gehört zu dieser Benennung ein inneres Bild, das den Geschmack der Festigkeit und Beständigkeit mit sich bringt. Wir haben es als Kind bereits mit festen Umrissen gezeichnet und später ein wenig erweitert. Jetzt verlassen wir uns darauf, dass wir Bescheid wissen: »Ja, hier handelt es sich um einen Baum.« Der Verstand suggeriert uns, dass wir die Wirklichkeit ausreichend kennen. Und doch ist das Einzige, was wir kennen, das Bild in unserem Kopf.

Denn wenn wir nur ein wenig genauer hinschauen, zeigt sich uns auch hier wieder etwas ganz anderes: Die Abgrenzungen des Baumes zur Umwelt sind nämlich keineswegs so fest, wie sie scheinen. Der Baum nimmt Gase aus der Luft auf, verarbeitet sie in seinem Stoffwechsel und gibt andere Gase wieder ab. Aus der Erde fließen Wasser und Nährstoffe in seine Wurzeln, gleichzeitig fallen Blätter, Blüten, Samen herunter und werden zu Nährstoffen der Erde. Seine Form wandelt sich kontinuierlich. Neue Sprossen, neue Blätter, neue Äste wachsen, andere altern und brechen ab. Botaniker wissen, dass an vielen Punkten dieses dynamischen Austauschprozesses nicht mehr festzulegen ist, was noch Teil des Baumes oder schon Teil der Umwelt ist.

Wir müssen uns allerdings noch nicht mal auf die Aussagen von Wissenschaftlern berufen, sondern können den Baum mit unseren eigenen Sinnen erforschen. Auch hier wird deutlich, dass unser festes Bild vom Objekt keineswegs der Wirklichkeit entspricht. Schauen wir uns den Baum nur für ein paar Sekunden aus der Entfernung an, dann stellen wir fest: Das optische Bild verändert sich ständig. Die Krone wiegt sich im Wind, Blätter fallen, ein Vogel landet auf einem Ast, der Ast neigt sich. Und würden wir den Baum mit unserem Tastsinn erforschen, könnten wir viele unterschiedliche Sinneseindrücke sammeln. Einige Blätter fühlen sich weich und seidig an, andere sind rauer und fester, die Rinde in der Krone des Baumes fühlt sich glatter an als die am Stamm. Wir können die vielfältigsten sinnlichen Erfahrungen dessen machen, was unser Verstand so vereinfachend als »Baum« etikettiert.

Sowohl unsere unmittelbare Wahrnehmung über die Sinne als auch die Fakten der Naturwissenschaft sprechen also gegen die Annahme eines festen Objekts. Sie deuten auf ein dynamisches und in seiner Gesamtheit kaum zu fassendes Phänomen. Irrt unser Verstand demnach mit seiner begrifflichen Vorstellung vom Baum? Nein, denn er macht lediglich seinen Job: Er versucht mit Hilfe mentaler Abbilder zu erfassen und abzugrenzen. Er bemüht sich um Einordnung. Und so liefert er uns ein grobes Standbild eines in Wahrheit fließenden Geschehens. Er bringt den Strom des Erlebens zum Stehen. Der Verstand will Verstehen – und das auf seine Weise.

Die Ausbildung dieser Fähigkeiten war entwicklungsgeschichtlich gesehen natürlich ein großer Fortschritt. Sprachliche Kommunikation, logisches und technisches Denken sind erst dadurch möglich geworden. Der Nachteil besteht darin, dass wir uns daran gewöhnt haben, Standbilder für die Wirklichkeit zu halten. Wir sehen also nur noch unsere Vorstellungen und nicht die Realität. Wir glauben, die Welt zu kennen – und kennen doch nur eine Interpretation des Verstandes. Nur ist uns das selten bewusst. Wir halten unsere Vorstellungen nicht für Vorstellungen. Wir glauben, die Welt sei so und denken: »Dieser Pförtner ist unfreundlich.« Ohne uns darüber im Klaren zu sein, dass dieser Satz lediglich eine gedankliche Interpretation ist. Wir sind zutiefst davon überzeugt, dass dieser Mann tatsächlich unfreundlich ist. Wir verwechseln unsere Gedanken mit der Wirklichkeit.

Und genau das Gleiche geschieht mit den Gedanken über uns als Person, die unsere Unzufriedenheit und unser Leiden zementieren: »Ich bin unglücklich.« »Ich bin nichts wert.« »Ich müsste anders sein.« Auch dies sind nur Interpretationen und Vorstellungen – und nicht die Wirklichkeit. Wir leiden also nicht an der Wirklichkeit, sondern ausschließlich an den mentalen Bildern, die wir für wirklich halten. Und wir hängen an diesen Überzeugungen. Wir lieben unsere Interpretationen und verteidigen sie mit allen Mitteln. Ja, wir fürchten sogar, sie zu verlieren. »Das ist meine tiefe Überzeugung«, erklären wir – und sind stolz darauf.

Wir haben den Eindruck, unsere mentalen Ansichten, Meinungen und Standpunkte seien etwas Greifbares und Verlässliches. Wir glauben, sie hätten große Bedeutung, und empfinden sie als unseren persönlichen Besitz, ein kostbares Gut, über das wir uns definieren und das uns keiner wegnehmen darf. Doch auch hier klammern wir uns an etwas fest, das vollkommen den Gesetzen von Vergänglichkeit und Wandel unterworfen ist.

Der Gedanke – ein substanzloses Phänomen

Wir halten Gedanken und innere Bilder für real, weil wir sie normalerweise nicht genauer untersuchen. Mit den folgenden Fragen können wir sie unmittelbar erforschen:

Welchen Gedanken erleben Sie jetzt gerade?

Keinen? Vielleicht entsteht nach dem Lesen der Frage ein kurzes Vakuum im Kopf. Ein Moment der Geistesleere, eine kurze Pause des Denkens. Und dann taucht eine Frage auf wie: »Soll ich jetzt an etwas Bestimmtes denken?« Oder es erscheint ein Gedanke, der sich noch auf das eben Gesagte bezieht: »Ja, das leuchtet mir ein.« Oder vielleicht: »Damit kann ich nun gar nichts anfangen.« Vielleicht schweifen wir auch vom gegenwärtigen Moment ab und denken an etwas ganz anderes. »Gestern hätte ich eigentlich meine Mutter anrufen müssen.« Oder: »Heute Abend gibt es wieder nichts Interessantes im Fernsehen.«

Normalerweise sind wir es gewohnt, die Inhalte unserer Gedanken ernst zu nehmen. Wir reagieren auf sie. Wir folgen dem ersten Gedanken mit weiteren Gedanken. Das nennen wir Nachdenken. Es ist ein Versuch, den vorherigen Gedanken auszuführen, zu analysieren, zu bewerten – oder auch den ursprünglichen Gedanken zu unterdrücken oder abzumildern. So bilden sich im Nu Gedankenketten. Doch der Inhalt eines Gedankens ist für unsere jetzige Erforschung gänzlich bedeutungslos. Es geht nicht darum, über einen einzelnen Gedanken nachzudenken, sondern ihn – was immer er auch aussagen mag – einfach zu beobachten.

Welchen Gedanken erleben Sie gerade? Und wie nehmen Sie ihn wahr?

In der buddhistischen Psychologie zählt das Erleben von Gedanken zu den Sinneswahrnehmungen, nicht anders also als Sehen, Hören, Riechen, Schmecken und Tasten. Denn auch Gedanken sind Objekte, die wahrgenommen werden. So wie wir Farben und Formen sehen und Klänge und Geräusche hören, können wir auch Gedanken innerlich sehen oder hören.

Die Frage »Wie nehme ich diesen Gedanken wahr?« richtet die Aufmerksamkeit auf diese besondere Art des Wahrnehmens. Vielleicht sehen wir den Gedanken wie eine Art Schriftzug in unserem inneren Raum. Oder er zeigt sich in Bildern und Formen, die mit ihm assoziiert sind, so als würden wir einen inneren Film sehen. Möglicherweise erleben wir auch mehr ein Hören, wie eine Art innere Stimme, die den Gedanken formuliert, ohne dass er tatsächlich von den Stimmbändern intoniert wird. Jedenfalls zeigt sich, dass auch ein Gedanke ein Objekt der Wahrnehmung ist. Die mentalen Objekte mögen subtiler sein als die Objekte, die wir durch unsere Sinne wahrnehmen, doch das Prinzip ist dasselbe: Sie sind Gegenstand unserer Wahrnehmung.

Ein Gedanke ist ein Objekt. Wir nehmen wahr, wie er auftaucht. Wie lange dauert er eigentlich?

Was geschieht mit dem Gedanken, wenn Sie ihn für etwa zehn Sekunden beobachten?

Vielleicht steht der Gedanke im Bewusstseinsraum wie eine Leuchtreklame. Vielleicht ist er ein von der inneren Stimme wiederholter Klang. Sonderlich stabil ist er nicht. Selbst wenn wir uns auf ihn konzentrieren, wird er innerhalb von zehn Sekunden schnell von anderen Gedanken abgelöst. Dem ursprünglichen Gedanken, etwa »Was soll schon geschehen?«, folgt der nächste, zum Beispiel »Wie soll ich denn bitte die zehn Sekunden messen?« oder »Muss man hier eigentlich dauernd Fragen beantworten?«

In jedem Moment kann nur jeweils ein einziger Gedanke im

Bewusstsein existieren. Wir können entweder »Ja« denken oder »Nein«, »rechts« oder »etwas weiter links« denken, doch diese Gedanken werden nie gleichzeitig, sondern in einer Abfolge im Bewusstsein wahrgenommen. Auch diese Tatsache ist uns im Allgemeinen nicht bewusst, da unsere Aufmerksamkeit meist von einem schnellen Strom von Gedanken beherrscht wird. Es ist wie mit einem Kinofilm. Auch ein Film besteht nur aus der schnellen Abfolge vieler Bilder. Auf dem einzelnen Bild findet keine Bewegung statt. Jedes Bild ist ein Standbild eines einzigen Momentes. Erst durch den schnellen Ablauf entsteht die Illusion von Bewegung und Aktivität.

Fasziniert von der Bewegung des mentalen Geschehens vergessen wir den illusorischen Charakter des Gedankenfilmes. Es wirkt so, als würden wir eine große Anzahl von Gedanken gleichzeitig wahrnehmen. Ja, unser Bewusstsein scheint mitgerissen zu werden vom Strom der inneren Bilder. Würden wir auf Zeitlupe schalten, wäre der Mechanismus des Denkens zu erkennen: Bild folgt auf Bild, Gedanke auf Gedanke, niemals gleichzeitig, sondern in einer raschen Abfolge hintereinander. Und in einem hohen Tempo. Selbst in einem Zeitraum von wenigen Sekunden können Gedanken einander jagen.

Gewöhnlich laufen die Gedankenketten und Fantasien automatisch ab. Selten wird uns klar, wie viel Unruhe dieser mentale Film mit sich bringt und welchen enormen Einfluss er auf uns hat. Auch und gerade wenn der innere Strom unbewusst abläuft, handelt es sich um eine gewaltige Kraft. Gedanken und Fantasien bestimmen unser gesamtes Erleben. Sie prägen unsere Sicht der Welt. Sie legen fest, wann wir ein Drama erfahren und wann eine Liebesszene beginnt. Wer die Helden und wer die Bösewichte sind. Sie bestimmen unser gesamtes Identitätsgefühl.

Erst wenn wir sehen, wie wir von diesem mentalen Strom beherrscht werden, in welchem Ausmaß wir die Gefangenen von Gedanken sind, eröffnet sich die Möglichkeit zur Befreiung. Ein wirkliches Happy End kann es nur dann geben, wenn wir erkennen, dass der Film bloß ein illusorisches Schauspiel ist. Dann entdecken wir uns wieder als den wahren Zuschauer, als das stille Gewahrsein, das nicht in die Handlung des Filmes verwickelt ist.

Solange wir von der Wirklichkeit des Filmes überzeugt sind, glauben wir an die Festigkeit unserer Ideen über die Welt und uns selbst. Unser Identitätsgefühl setzt sich aus dem Baustoff unserer Vorstellung zusammen und scheint ein solides Gebäude mit Stockwerken, Gängen und Zimmern zu sein. Um uns über die Tragfähigkeit dieses Bauwerks klar zu werden, müssen wir den fundamentalen Baustein – den einzelnen Gedanken – prüfen.

Nehmen wir den nächsten Gedanken, der uns gerade jetzt in den Sinn kommt – egal welcher.

Was geschieht, wenn Sie Ihre ganze Aufmerksamkeit auf diesen Gedanken richten?

Zu Beginn kann es schwierig erscheinen, einen einzelnen Gedanken zu beobachten. Oft ist unser Geist so zerstreut, dass der erste Gedanke blitzschnell von einem weiteren abgelöst wird. Und dennoch ist es möglich. Es geht genauso, als lauschten wir dem Gesang eines Vogels. Alle Nebengeräusche bleiben dann unbeachtet. Oder wir legen den Gedanken wie einen Grashalm unter die Lupe. Alles, was über den Rand der Lupe hinausgeht, interessiert uns jetzt nicht.

Wenn es mit einem beliebigen Gedanken schwierig erscheint, nehmen wir einen vertrauten, oft wiederholten Gedanken. Einen der ersten, den wir kennen gelernt haben: unseren Vornamen. Auch das ist ein Gedanke. Wir können ihn jetzt ganz bewusst auftauchen lassen, ihn als inneren Klang hören oder als inneren Schriftzug sehen.

Was geschieht, wenn Sie diesen Gedanken an Ihren Vornamen ganz direkt beobachten?

Auch hier bedarf es einer kleinen Anstrengung, den Gedanken präsent zu halten. Tatsächlich ist es die natürliche Eigenschaft eines jeden Gedankens, sich wieder von alleine aufzulösen. So wie ein Gong, einmal angeschlagen, einen Ton produziert, der eine Weile im Raum schwebt und dann verklingt, hat auch ein Gedanke nur eine begrenzte Lebensdauer – und diese Zeitspanne ist sehr kurz. Doch diese Auflösung von Gedanken ist uns zumeist nicht bewusst. Wir nehmen gleich den nächsten Gedanken wahr und den folgenden und so fort.

Schauen wir aber den einzelnen Gedanken ganz direkt an, stellen wir fest, dass er von selbst wieder verschwindet – ohne dass sofort der nächste erscheint. So geschieht es auch mit dem Gedanken an unseren Vornamen. Er verschwindet. Wie ein Klang löst sich auch der Gedanke in die innere Stille hinein auf. Zumindest für den Bruchteil einer Sekunde kann uns das Verfolgen des Verschwindens eines Gedankens die allen Wahrnehmungen zugrunde liegende Stille zugänglich machen. Die Stille ist die Quelle. Aus ihr taucht jeder Gedanke auf. In sie kehrt er zurück. Das zu beobachten, ist alles andere als banal. Es eröffnet eine andere Dimension des inneren Erlebens.

Während an der Oberfläche des Bewusstseins der Strom von Gedanken, Vorstellungen und Fantasien über unsere Person und unsere Welt abläuft, herrscht in der Tiefe diese beständige Stille. Sie ist wie eine Art tragender Untergrund, auf dem die Bewegung des Geistes stattfindet. Die Stille selbst wird von dieser Bewegung weder verändert noch beeinträchtigt. Gedanken kommen und gehen. Die Stille bleibt. Sie ruht in sich selbst.

Diese Stille ist unsere essenzielle Natur. Sie ist das Sein, das unberührt ist von den Bewegungen des Geistes, unangetastet vom Strom der sich ständig wandelnden Empfindungen, Gefühle und Gedanken. Das zu erkennen ist das kostbare Geschenk von Selbsterforschung.

Die Dinge sehen, wie sie wirklich sind

Das berühmteste Gleichnis der westlichen Philosophie ist Platons »Höhlen-Gleichnis«. Darin wird unsere Wirklichkeitssicht mit dem Starren auf Schatten, die über eine Höhlenwand flackern, verglichen. Wir sehen nur dunkle und verzerrte Abbilder – nicht die wahre Realität der Dinge. Doch wir halten diese Schatten für die Wirklichkeit. Aus ihnen versuchen wir, das Leben zu erklären. Befreiung ist nach Platon nur durch die Erkenntnis der Wahrheit möglich: durch das Umwenden zur Lichtquelle, zur Sonne, zur unwandelbaren Essenz.

Gemäß der buddhistischen Tradition heißt Erkenntnis der Wahrheit, »zu sehen, wie die Dinge wirklich sind« – oder, wie die indische Philosophie des Advaita es ganz ähnlich ausdrückt, »zu sehen, was wirklich und was unwirklich ist«. Unwirklich ist nach diesem Verständnis alles, was – wie die Schatten an der Höhlenwand – kommt und geht. Unwirklich ist alles, was dem Wandel und der Vergänglichkeit unterworfen ist, was allenfalls vorübergehend den Eindruck von Wirklichkeit macht. Wirklich hingegen ist nur, was bleibt.

Was heißt das in Bezug auf unsere Erfahrungen? Was bedeutet es, diese Sichtweise auf den Strom des Erlebens anzuwenden? Was wir nach alter Gewohnheit als wirklich ansehen – unsere Sinneseindrücke, Gedanken und Gefühle –, ist zweifellos dem Wandel und der Vergänglichkeit unterworfen. Hier findet ein ständiges Kommen und Gehen statt. Da gibt es nichts, das bleibt. Nichts, das Verlässlichkeit bieten könnte.

Auf diese Art betrachtet, sind alle unsere Erfahrungen unwirklich, schattenhaft, illusorisch. Selbst Vorstellungen und Bilder, die uns gewöhnlich ein Gefühl von Realität und Beständigkeit vermitteln, erweisen sich als Konstrukte aus flüchtigem Gedankenmaterial – nichts anderes als nebelhafte Phänomene, die sich beim genaueren Hinsehen auflösen.

Und hierbei handelt es sich nicht bloß um eine »interessante« philosophische Überlegung. Wir können es ganz konkret in unserer eigenen Erfahrung überprüfen und zu einer radikalen Einsicht gelangen, die unser herkömmliches Denken entwurzelt. Wenn wir die mentale Welt als unwirklich erkennen, was bleibt übrig von der Wirklichkeit? Wenn all unsere Vorstellungen, all unsere Meinungen, selbst unsere Weltanschauung – inklusive der spirituellen –, wenn sie alle illusorischen Charakter haben: Woran können wir uns orientieren? Was bedeutet dann überhaupt noch Wirklichkeit? Was ist dann Wahrheit?

Sie ist jedenfalls nichts, über das man nachdenken könnte. Nichts, das man mit den Werkzeugen des Verstandes erfassen könnte. Nichts, das man sich vorstellen könnte. Und so ist die Wahrheit auch nichts, was ein Buch erklären könnte. Die Ausführungen in diesem Buch können allerdings eines: Sie können hinweisen auf unsere eigene direkte Erfahrung von Wahrheit. Und diese Erfahrung ist jenseits jeglicher Vorstellungen von Wahrheit ihr eigener Beweis.

Wir haben schon einen Geschmack davon bekommen, wenn wir einfach nur einen Gedanken beobachten und zu seinem Ursprung zurückverfolgen. Wenn wir Zeuge sind, wie sich jeder einzelne Gedanke in unserem Bewusstsein ins Nichts auflöst, dann leuchtet eine Ahnung von einer anderen Dimension des Erlebens auf. Wir entdecken, dass es auch während des Stromes der Sinnesempfindungen und mentalen Eindrücke einen unbewegten Hintergrund gibt. Etwas, das alle Aktivität wahrnimmt und doch selbst nicht in sie verstrickt ist. Eine Dimension des Seins, die ruhig ist, während der Lärm der Gedanken vorüberzieht. Eine Instanz, die auf mysteriöse Weise immer gegenwärtig ist. Das Gespür für dieses Gewahrsein ist die Ausrichtung unserer Aufmerksamkeit auf das direkte Erleben von Sein.

Wenn wir verstrickt sind in die körperlichen, seelischen, gedanklichen Erscheinungen, scheinen sie Realität zu besitzen. Die Dimension des stillen Gewahrseins wirkt dann wie abwesend. In der Selbsterforschung kehrt sich diese Perspektive um. Die real erscheinenden Erfahrungen werden als substanzlose Phänomene erkannt. Die Aufmerksamkeit öffnet sich für die ewige Gegenwart des Seins, für die bleibende Wirklichkeit, die hinter den Dingen steht und die ihr Urgrund sowie ihre Quelle ist. Dann werden »die Dinge gesehen, wie sie wirklich sind«, und wir lassen uns nicht mehr von unwirklichen Schatten in die Irre führen.

6.
An der Oberfläche des Ozeans

Die Tradition des Advaita-Vedanta kennt eine wunderbare Lehrmetapher – die Metapher des Ozeans. Der gewaltige Ozean besteht aus zwei Ebenen. Da gibt es zum einen die Oberfläche, an der reichlich Aktivität stattfindet. Aus den Wasserfluten heben sich Wellen, einige sanft und flach, andere wild und rau. Während sie unablässig in Bewegung sind, verändern sich Größe, Kraft und Aussehen. Es entstehen neue Wellen, die anschwellen, brechen, um wieder in den Ozean zu versinken. Hier spielt sich ein ständiges Entstehen und Vergehen ab. Jede Welle ist scheinbar getrennt von den anderen und unterscheidet sich von ihnen.

Die andere Ebene des Ozeans ist seine Tiefe. Sie besteht aus den Wassermassen, die die schmale Schicht der Oberfläche tragen. Je tiefer man in den Ozean eintaucht, desto mehr verliert das Auf und Ab der Wellen an Bedeutung. Tief unten ist es vollkommen still und unbewegt. Hier ruht der Ozean in sich selbst, unbeeinflusst vom Kommen und Gehen der Wellen. Und hier ist auch die Trennung der einzelnen Wellen, die an der Oberfläche so deutlich ist, vollkommen aufgehoben. Jede Unterscheidung verliert sich im umfassenden Einssein.

Die einzelne Welle steht für unser Gefühl, ein persönliches Ich zu sein. Identifizieren wir uns mit diesem Ich, geht es uns wie ihr. Durch das nächste Wellental ist sie von den Nachbarwellen abgeschnitten. Die einzelne Welle fühlt sich getrennt und isoliert. Sie erlebt heftige Regungen, ein ständiges Auf und Ab, prallt auf andere Wellen und wird ordentlich durchgeschüttelt. Und die einzelne Welle ist stets von Vergänglichkeit bedroht. Sie läuft aus und verschwindet.

Die Tiefe des Ozeans ist davon unberührt. Sie wird weder beeinträchtigt von den Schwankungen an der Oberfläche noch von Geburt und Tod der Wellen. Hier herrscht eine Ruhe, die allen Wandel überdauert. Auch die Trennung in verschiedene Wellen existiert hier nicht. Die Wassermassen sind ein ungeteiltes Sein. Sie bilden den tragenden Urgrund für alle bewegten Erscheinungen. Die Oberfläche selbst ist nur ein Spiel, kreativer Ausdruck der tiefen Basis des Seins.

Die Vielfalt und Unterschiedlichkeit aller Erscheinungen ist also nicht getrennt von der sie tragenden Tiefe. Es ist ein harmonisches Ganzes. Die tiefe Harmonie allen Seins spüren wir, wenn wir in uns selbst als stillem Gewahrsein ruhen. Wenn wir uns allerdings in Disharmonie und ins Leiden verstricken, geschieht etwas anderes: Gefangen in der Vielfalt, verlagert sich unser Bewusstsein von der Tiefe an die Oberfläche. Dort setzt es sich mit der Erscheinung einer einzelnen Welle gleich: mit unserem persönlichen Ich. Diese Identifizierung wirkt derart suggestiv und machtvoll, dass wir die zugrunde liegende Identität mit dem Ozean darüber vergessen.

Das Gespür von Einheit wird von einem Gefühl der Trennung überschattet. Wir empfinden uns als abgeschnitten von der friedvollen Tiefe des Seins – und von den anderen. Der Frieden, das natürliche Merkmal der Tiefe, verliert sich im Erleben bedrohlicher Schwankungen. Die zeitlose Ewigkeit wird überschattet von innerer Unruhe und Getriebensein, weil wir glauben, irgendwohin kommen zu müssen. Das Wissen um die eigene Unsterblichkeit, das in der Tiefe präsent ist, scheint sich in der Angst vor der Vergänglichkeit aufgelöst zu haben. Kurz: Was für den Ozean ein freudvolles Spiel ist, hat sich zum leidvollen Drama des sich mit einer Welle identifizierenden Bewusstseins gewandelt. Die Welle weiß nicht mehr, dass ihre eigene Natur der des Ozeans gleicht und dass sie von ihm getragen wird. In uns selbst erfahren wir das als einen grundlegenden Mangel, als Unzufriedenheit mit dem Leben, als Angst vor dem Tod.

Doch trotz des scheinbar verlorenen Kontaktes zum essenziellen Sein bleibt in uns, wenn auch verborgen, das Wissen um die Tiefe erhalten. Wir ahnen, dass es so etwas wie ein fundamentales Einssein aller Dinge gibt. Dass tiefer Frieden und wahrhaftige Erfüllung möglich sind. Dass es etwas gibt, das den Tod unseres Körpers überdauert. So entsteht eine Spannung zwischen dem Gefühl des Mangels und der Ahnung von echter Erfüllung. Aus dieser Spannung heraus erwächst die Motivation, die verloren gegangene Einheit wiederzuerlangen. Es beginnt eine lange und vielfältige Suche.

Ist die Identifikation mit der Oberfläche noch frisch und stark, bleibt die Suche zunächst in bekanntem Terrain. Wir schreiben das grundlegende Mangelgefühl uns selbst als Individuum zu. Unser persönliches Ich erscheint uns unzureichend für die Welt, nicht wertvoll genug für echte Erfüllung und dauerhaftes Glück. Gleichzeitig hegen wir die Hoffnung, die entsprechende Veränderung unserer Persönlichkeit könne diesem Gefühl von Unzulänglichkeit und Getrenntheit abhelfen. Oder wir vermuten die Erfüllung in der Ferne, in anderen Lebensumständen, bei anderen Menschen. Doch alle Hoffnungen und Sehnsüchte, dort Frieden und Erfüllung zu finden, sind Bewegungen der Welle entlang der Oberfläche des Ozeans. Selbst da, wo eine solche Suche zum Erfolg zu führen scheint, löst sie die Kernproblematik des Mangels und der Getrenntheit nicht grundlegend auf. Denn diese besteht *nicht* in der Unzulänglichkeit unserer persönlichen Eigenschaften oder Lebenssituationen, sondern in der Identifikation des Bewusstseins mit dem persönlichen Ich – in der Gleichsetzung des Ozeans mit einer Welle. Alle Versuche, uns, die anderen oder die Welt zu verändern, sind in Bezug auf die Beendigung des Leidens vollkommen vergeblich.

Was das Leiden wirklich beendet, ist einzig das Zurücksinken unseres Bewusstseinsschwerpunktes in die Tiefe des stillen Gewahrseins. Erst in der Tiefe vermögen wir zu erkennen, dass die Suche nach Erfüllung in Wirklichkeit unnötig ist. Glückseligkeit ist die Natur des Ozeans, ist unsere eigene Natur. Lediglich der Gedanke, »ich bin eine Person, der etwas fehlt«, und die daraus folgende Suche verdecken diese einfache und gütige Wahrheit.

Mechanismen der Identifikation – Schritte der Verwirrung

Die Identifikation mit dem persönlichen Ich hat weniger Substanz, als wir glauben. Im spirituellen Jargon spricht man manchmal davon, eine Person sei mit ihrem Körper, ihren Gefühlen oder Gedanken identifiziert. Das klingt nach etwas Beharrlichem und Bleibendem. Doch jede Identifikation ist flüchtig. Bereits im Tiefschlaf löst sich diese Identifikation mit dem persönlichen Ich samt seinen Erfahrungen vollständig auf. Der Verstand kommt zur Ruhe und erzeugt keine inneren Fantasien mehr. Es gibt keine Beschäftigung mit Vergangenheit oder Zukunft. Wir spüren weder Begrenzungen eines physischen Körpers, noch empfinden wir Raum und Zeit. Wir genießen einen seligen Zustand der absoluten Abwesenheit jeglicher Erfahrungen.

Und selbst wenn wir den Wachzustand genauer betrachten, entdecken wir, dass es im Laufe eines Tages immer wieder Momente gibt, in denen die Identifikation mit unserem persönlichen Ich nicht vorhanden ist. Das können beglückende Momente sein, Augenblicke vollkommenen Genusses. Bei einem guten Essen, dem Anblick eines Sonnenunterganges oder beim Hören schöner Musik vergessen wir unsere gewöhnlichen Ich-Gedanken. Für eine Weile sind alle persönlichen Sorgen, Belastungen, Pflichten und Sehnsüchte wie weggeblasen und wir sind einfach zutiefst zufrieden – und sei es auch nur für einige Sekunden. Aber auch bedrohliche Erfahrungen können uns eine andere Dimension des Seins eröffnen. Bei einer Gefahr, etwa im Straßenverkehr, wird das normale Gefühl der Identifikation abrupt unterbrochen. Plötzlich übernehmen die Körperreflexe das Handeln. Blitzschnell lassen sie uns das Auto zur Seite lenken, um einem anderen auszuweichen. In einer solchen Situation ist es offensichtlich: Die Handlung ist geschehen, ohne dass wir sie bewusst beabsichtigt haben oder gar über sie nachdenken mussten. Das Gefühl, selbst der Handelnde zu sein, fehlte.

Identifikation stellt also keinen stabilen Zustand dar. Sie ist an ein Erscheinen und Vergehen gebunden. Doch wie entsteht Identifikation, und wie wird sie aufrechterhalten?

Das erste Auftauchen: Der Gedanke »Ich bin dieser Körper«

Die Identifikation mit unserem persönlichen Ich beginnt mit einem fundamentalen Gedanken: »Ich bin dieser Körper.« Mit »Körper« ist hier nicht nur der physische Aspekt unseres Organismus gemeint, sondern auch die über den Körper vermittelten emotionalen und mentalen Erfahrungen. Meist ist uns dieser innere Prozess der Identifikation nicht bewusst. Das Gefühl, unser Körper, unsere Emotionen und unsere Gedanken *wirklich zu sein*, ist so selbstverständlich, dass jede andere Möglichkeit zunächst abwegig erscheint. Wenn wir eine Brille mit grünen Gläsern tragen und längst vergessen haben, dass wir sie ständig auf der Nase haben – dann scheint alles, was wir sehen, wirklich grün zu sein. Wir kennen die ursprünglichen Farben nicht mehr. Ähnlich verhält es sich mit unserer Überzeugung, unser Körper, unsere Emotionen, unsere Gedanken zu sein. Wir merken nicht mehr, dass es nur ein Gedankenfilter ist, durch den wir schauen.

Doch auch hier finden wir wieder Hinweise im Alltag, dass die Identifikation nicht so real ist, wie sie scheint. Etwa in der Sprache. Wir sagen: »Ich habe einen Körper.« »Ich habe Schmerzen.« »Ich habe ein ungutes Gefühl.« Durch solche Formulierungen schimmert bereits die innere Distanz zwischen dem tieferen Seinsgefühl und dem Erleben von körperlichen, emotionalen und mentalen Objekten. Was man *hat*, kann nicht das sein, was man *ist*.

Wenn wir sagen, »Ich habe einen Körper«, ist der Körper ein Besitz. Doch wer ist dieses Ich, das ihn besitzt? Wenn ich ein Gefühl »habe«, kann das Ich selbst nicht auch ein Gefühl sein. Aber was ist es dann? Wenn ich einen »dummen Gedanken habe«, kann das Ich, das ihn hat, nicht selbst ein Gedanke sein. Was ist es also? Wer oder was ist der Zeuge des Gedankens?

Die Identifikation mit dem Körper wird auch zweifelhaft, wenn wir die Entwicklung unseres Organismus innerhalb einer Lebensspanne anschauen. Jeder würde wahrscheinlich behaupten, dass er ein Gefühl von einem Ich hat, das über die zeitliche Entwicklung seines Körpers hinweg gleich bleibt. Keiner würde behaupten, dass er in der Kindheit jemand anderes war, als er jetzt ist. In uns existiert demnach ein Gefühl von »Ich bin immer noch ich«, das sich von der Kindheit über die Jugend bis ins Alter hinein fortsetzt. Worauf bezieht sich dieses Gefühl von einem Ich? Im Kindesalter ist der Körper zart, das emotionale Erleben durch kindliche Gefühle geprägt, das Denken einfach und bildlich. Im Erwachsenenalter ist der Körper ausgereift, Emotionen und Denken sind komplexer geworden. Mit dem Alter setzen sich die Wandlungen fort. Das grundlegende Gefühl eines bleibenden Ich kann sich also nicht auf die physischen, emotionalen oder mentalen Erscheinungen beziehen. Diese sind ständig im Wandel und nicht von Dauer. Was also ist dieses Ich, das bleibt und das der Zeuge all dieser Wandlung und Entwicklung ist?

»Erkenne dich selbst«, ist ein berühmter Satz der Philosophie des alten Griechenlands. Er stand in Stein gemeißelt über dem Orakel von Delphi. Diese eindringliche Aufforderung verweist darauf, unser ureigenstes Ich-Gefühl gründlich zu erforschen. Welche zentrale Stellung es in unserem unmittelbaren Erleben hat, können wir daran ersehen, wie häufig der Gedanke »Ich« in unserem Bewusstsein auftaucht. Wie oft am Tag schwirrt der Ich-Gedanke uns durch den Kopf? »*Ich* bin so, aber nicht so.« »*Ich* sollte anders sein.« »Das brauche *ich* noch.« »Das muss *ich* heute noch erledigen.« Ich, ich, ich. Hundertmal? Tausendmal? Noch öfter? Und doch ist er uns so wenig als Gedanke bewusst. Deshalb übersehen wir so leicht, welch große Wirkung er auf unsere Wahrnehmung hat. Machen wir ein Bewusstseinsexperiment.

Lassen Sie den Gedanken aufsteigen: »Ich bin dieser Körper mit dem Namen . . .« (Ihr Vorname). Lassen Sie diesen Gedanken in Ihrem Bewusstseinsraum schweben. Vielleicht sehen Sie ihn als Schriftzug vor Ihrem inneren Auge, oder Sie hören ihn wie eine innere Stimme.

Während der Gedanke in Ihrem Bewusstsein präsent ist, achten Sie auf die Resonanz in Ihrem Erleben.

Gibt es eine Veränderung der Körperwahrnehmung?

Gibt es eine Veränderung der Stimmungen und Gefühle?

Tauchen andere Gedanken auf, innere Bilder, Pläne, Erinnerungen?

Lassen Sie das Denken an Ihren Körper und Ihren Namen wieder ganz zur Ruhe kommen. Sie können sich jetzt völlig in die Entspannung dieses Momentes hineinfallen lassen.

Nehmen Sie in dieser Entspannung wahr, wie es sich anfühlt, ganz ohne diesen Gedanken zu sein.

Diesen Wechsel können Sie zwei- bis dreimal wiederholen: vom bewusstem Aufsteigenlassen des Gedankens »Ich bin dieser Körper mit dem Namen …« zur Entspannung ohne diesen Gedanken. Nehmen Sie die unterschiedlichen Qualitäten wahr.

Mit dem Gedanken »Ich bin dieser Körper« wird das Bewusstsein auf die Empfindungen und Körpergrenzen aufmerksam. Wir spüren die Grenzen der Haut deutlicher. Unsere Körperhaltung wird uns bewusst, vielleicht ein Druckgefühl hier, ein Kribbeln dort. Oder wir erinnern uns an den Gesundheitszustand, in dem sich unser Körper im Moment befindet. Möglicherweise bemerken wir auch zwischen den Phasen der geistigen Ruhe und des aktiven Denkens eine Veränderung unserer physischen Wahrnehmung: Unser Gefühl des Daseins kann sich in der Entspannung weiten und sich wie in den umgebenden Raum hinein ausdehnen. Mit dem Auftauchen des Ich-Gedankens wird es sich wieder verengen und eine festere, greifbarere Struktur annehmen.

Auf der emotionalen Ebene können mit dem Gedanken »Ich bin dieser Körper mit dem Namen …« Gefühle und Stimmungen auftauchen. Vielleicht erleben wir die Tagesstimmung wieder, die beim Lesen in den Hintergrund geraten war, oder andere Gefühle, die mit unserer aktuellen Lebenssituation einhergehen. Es mag auch sein, dass ein Gespür für ganz fundamentale, belastende Emotionen auftaucht: Sobald wir uns als Individuum definieren, spüren wir eine subtile Sorge oder Angst, wir als Person könnten körperlich oder seelisch verletzt werden. Oder das Gefühl der Trennung lässt die Sehnsucht nach emotionaler Wärme entstehen. In der Entspannung vom Identifikations-Gedanken dagegen spüren wir eine stille, erfüllte Seligkeit: ein Auflösen von Trennung, ein Abklingen von Bedürftigkeit, einen natürlichen Frieden des Seins.

Auf der mentalen Ebene könnte der Gedanke an unseren Namen Situationen unserer Lebensgeschichte ins Bewusstsein rufen, kurze Erinnerungsblitze an vergangene Ereignisse. Oder Gedanken an die Zukunft tauchen auf – Erwartungen, Hoffnungen, Wünsche, Befürchtungen. Auch komplexere Formen der Identifikation werden wachgerufen: Wir werden uns wieder unserer Rollen im sozialen Umfeld, in der Familie und im Berufsleben bewusst.

»Ich bin dieser Körper« ist der primäre Gedanke, die Wurzel der Identifikation. Alle weiteren Identifikationen beginnen an dieser Wurzel. Er ist das erste Auftauchen des Bewusstseins aus dem Ozean formlosen Seins, hinein in eine einzelne, scheinbar abgetrennte Welle. Ohne die Identifikation mit einem persönlichen Ich gibt es kein »Du«, kein »wir« und keine »Welt«. Ohne »Ich« gibt es keine Identifikation mit einem Geschlecht oder einer sozialen Rolle. Es gibt niemanden, dem eine Geschichte von Vergangenheit und Zukunft zuzuordnen wäre. Und es gibt niemanden, der sich getrennt und unbefriedigt fühlen könnte.

Wir spüren bei diesem Bewusstseinsexperiment, dass es einer subtilen Anstrengung bedarf, um diesen Gedanken der Identifikation zu erzeugen und aufrechtzuerhalten. Er muss hervorgebracht und wiederholt werden, damit er im Bewusstsein bleibt. Und zugleich spüren wir, welche Entspannung, welche Weite und welcher Frieden sich zeigen, wenn dieser Gedanke nicht weiter verfolgt wird. Er löst sich dann von alleine auf.

Was erfahren wir in dem Moment, in dem wir einfach nur anwesend sind – ohne Namen, ohne eine Rolle, ohne die Geschichte einer Person? Lassen wir uns auf diese Frage ein, kann sie uns zum Ausgang aus dem Leiden unserer persönlichen Dramen führen. Und sie ist gleichzeitig ein Eingangstor zu unserer wahren Identität: dem stillen *ICH BIN* jenseits der Gedanken über ein Ich als Person.

Schwimmstile des sich identifizierenden Geistes

Die Natur jeden Gedankens ist es, von allein wieder in die Stille zurückzufallen, wie ein schwerer Gegenstand, der im Meer ganz von selbst nach unten sinkt. Würden wir das bewusst bemerken, so würde unser Bewusstseinsschwerpunkt mit in die Tiefe gerissen werden. Doch meist scheint es so, dass die Leid erzeugenden Gedanken der Identifikation keineswegs so schnell von alleine abtauchen. Es macht den Eindruck, sie blieben an der Oberfläche bestehen, und unser Ich-Gefühl bliebe dort mit ihnen hängen. Wie kommt das? Wie schafft es unser Geist, sich über Wasser zu halten? Wie hält er die anstrengende Identifikation mit dem Ich aufrecht?

Es ist wie beim Schwimmen. Nur durch heftiges Paddeln an der Oberfläche gelingt es unserem Geist, Auftrieb zu erzeugen, um nicht zu ertrinken. Doch seine Schwimmstile heißen nicht Kraulen, Brust- oder Rückenschwimmen, sondern Benennen, Bewerten und Vergleichen. Es sind diese mentalen Aktivitäten, die den Geist an der Oberfläche halten. Solange sie unbewusst ablaufen, merken wir nicht einmal, dass wir (geistig) schwimmen. Wir merken höchstens, dass wir uns abstrampeln und doch nirgendwo ankommen. Schauen wir uns aber genauer an, welchen Bewegungen wir bisher blind gefolgt sind, eröffnet sich uns die Möglichkeit, damit aufzuhören. Wir werden uns die Schwimmstile des Geistes im Einzelnen ansehen.

Benennen: Die Reduzierung der Lebendigkeit auf ein Symbol

Im folgenden Bewusstseinsexperiment können wir den Prozess des Benennens am Beispiel des Atmens erkunden.

> *Entspannen Sie sich, und gehen Sie mit Ihrer Aufmerksamkeit zum Ein- und Ausatmen.*
>
> *Nehmen Sie wahr, wie sich Ihr Brustkorb beim Einatmen hebt und weitet und wie er sich beim Ausatmen wieder senkt. Nehmen Sie einfach wahr, ohne etwas zu verändern, so als ob Sie*

am Strand liegen, auf das Meer schauen und beobachten würden, wie Wellen am Strand auflaufen und sich wieder zurückziehen.

Lassen Sie sich etwas Zeit für dieses entspannte Beobachten.

Und lassen Sie dann die benennende Funktion des Verstandes aktiv werden: Benennen Sie jede Phase des Atemzuges ganz bewusst mit den Gedanken »Dies ist Einatmen« und »Dies ist Ausatmen.« Bleiben Sie für ein paar Atemzüge bei diesem Benennen, und beobachten Sie, wie sich Ihr Erleben verändert.

Unmittelbar zu erleben bedeutet, ohne Mittel zu erleben – auch ohne Mittel des Verstandes. Also, zum Beispiel, ohne eine Erfahrung zu benennen. In dieser Unmittelbarkeit des Spürens zeigt sich selbst in der einfachsten Wahrnehmung – wie der des Atmens – eine entspannte Lebhaftigkeit und befriedigende Fülle. Diese friedvolle Lebendigkeit existiert vor jeglicher Benennung. Der Kontrast macht deutlich, dass das Benennen eingeschränkt und trocken wirkt. Die dynamische Erfahrung wird mit dem sprachlichen Begriff »Dies ist Atmen« ergriffen, eingeschlossen und verhärtet.

Untersuchen wir diesen Prozess auch in Bezug auf visuelle Reize:

Nehmen Sie eine Sitzhaltung ein, in der Sie sich wohl fühlen. Schließen Sie für ein paar Minuten die Augen, und entspannen Sie sich. Dann öffnen Sie die Augen langsam und schauen mit weichem Blick nach vorne, ohne einen bestimmten Gegenstand zu fokussieren. Werden Sie sich einfach bewusst, dass Farben und Formen auftauchen.

Sie brauchen Ihren Blick auf nichts zu fokussieren, aber wenn Fokussierung stattfindet, können Sie auch das geschehen lassen. Nehmen Sie die Formen, Umrisse, Farben wahr, ohne sie zu benennen. Werden Sie sich auf diese Weise Ihres gesamten Blickfeldes gewahr. Vielleicht stellen Sie fest, dass im Zentrum die optische Wahrnehmung schärfer ist, während am Rand die Dinge weicher gezeichnet sind. Bleiben Sie für ein paar Minuten mit dieser offenen Wahrnehmung, diesem weichen Blick. Lassen Sie das Bild vor Ihren Augen ohne Worte auf sich wirken.

Dann lassen Sie die benennende Funktion Ihres Verstandes auftauchen. Benennen Sie bewusst die Formen und Farben, die Sie sehen. Vielleicht gibt es konkrete Gegenstände, dominierende Farbnuancen oder verschiedene Oberflächen.

Richten Sie Ihre Aufmerksamkeit für einige Minuten auf diese Aktivität des Findens von Namen und Bezeichnungen.

Was unterscheidet das »Benennen« von der Phase des weichen Blickes?

Nun lassen Sie diese Aktivität des Benennens wieder zur Ruhe kommen. Kehren Sie zurück zur wortlosen Wahrnehmung. Jetzt muss nichts mehr definiert oder eingeordnet werden. Nehmen Sie einfach das unmittelbare Sehen wahr. Es geschieht von selbst.

Nehmen Sie die Qualität wahr, die Stimmung, die mit dieser einfachen Wahrnehmung einhergeht.

Sie können diesen Wechsel zwischen den beiden Phasen (»weicher Blick« und »Benennung«) zwei- bis dreimal in Ruhe wiederholen.

Die Phase des weichen Blickes lädt dazu ein wahrzunehmen, wie abwechslungsreich der visuelle Eindruck eines Momentes sein kann. Unabhängig davon, was wir gerade sehen, vor unseren Augen stellt sich ein fantastisches Kaleidoskop von Färbungen, Lichtreflexen, Helligkeitsstufen und Kontrasten dar. Wenn unser Verstand sich von der Aktivität des ständigen Benennens entspannt, wird die Faszination und Anmut dieses Bildes bewusst.

Vielleicht bemerken wir, dass selbst der Anblick einer gewöhnlichen Tischplatte, einer Teetasse oder eines Telefons vollendete Ästhetik offenbart. Eine strahlende Farbe hier, ein auffallender Kontrast da, eine Lichtspiegelung dort. Ohne das Gewicht der Definition zeigt sich eine unerwartete Schönheit, ein überraschender Glanz in allem, was in unserem Blickfeld erscheint.

Vielleicht wird uns auch klar, wie schnell die Reaktion des Benennens abläuft. In Sekunden bietet uns der Verstand Bezeichnungen für das Gesehene an. Mehr noch, er drängt sie uns förmlich auf. Da das Benennen und Kategorisieren eine tief verankerte Konditionierung ist, macht es keinen Sinn, es ausschalten zu wollen – das wäre nur eine weitere Anstrengung. Stattdessen können wir sehen, was sich zeigt, bevor der Verstand den Bezeichnungen Gewicht und Bedeutung verleiht. Tauchen in der Phase des weichen Blicks Benennungen auf, ist es weder nötig, sie zu unterdrücken noch ihnen Aufmerksamkeit zu schenken. Wir brauchen den Gedanken über Namen und Formen nicht zu folgen und können zur schlichten Schönheit des direkten Erlebens zurückkehren.

Im Benennen wird deutlich, wie der Verstand Formen aus dem Gesamtbild zu identifizieren beginnt. Auf Grund seiner Erfahrung ist er in der Lage, Gestalten, Umrisse, Farben zu erkennen und zu abgespeichertem Wissen in Beziehung zu setzen. Der Name eines Objektes wird als Gedanke bewusst: »Tisch«, »Fenster«, »Teppich«. Diese Verstandesfunktion unterteilt das Gesamtbild in lauter getrennte Einzelteile. Mit dem weichen Blick sehen wir das Bild vor uns eher als Ganzes, als Gemälde, dessen Teile eine untrennbare, harmonische Einheit bilden.

Im Prozess der Namensgebung spüren wir wieder die Einschränkung der lebendigen Erfahrungswelt ins Korsett mentaler Abbilder. Die Begriffe sind wie geistige Kartons mit Etiketten. Die Sinneseindrücke werden einsortiert. So werden sie für den Verstand wieder greifbare Objekte. Sie können gelagert, transportiert, ausgetauscht werden. Doch diese Kartons sind nicht so lebendig wie die unmittelbare Erfahrung. Ein Orange kann wunderbar warm strahlen, ein Grün als Inbegriff von Lebenskraft leuchten, ein goldenes Schimmern kann uns entzücken, der Umriss des Mondes am Nachthimmel vermag uns zum Staunen zu bringen. Die geistigen Kartons mit den Etiketten »Orange«, »Grün«, »Gold«, »sichelförmig« haben alle dieselbe kartongraue Farbe und monotone rechteckige Form.

Nichtsdestotrotz bleibt die Fähigkeit des Benennens eine nützliche Funktion. Entscheidend ist, ob wir uns dieser Funktion als Mechanik des Geistes bewusst sind. Sind wir es nicht, bleiben wir dem Irrglauben verhaftet, die Welt sei so, wie der Verstand sie sich einbildet. Dann halten wir die symbolischen Begriffe, die Gedanken *über* Objekte und Formen für die Realität selbst. Dann sind wir im Mythos gefangen, in der Welt gebe es konkrete und feste Objekte. Und auch unser eigenes Sein als Körper und Person nehmen wir als eine Art festen Gegenstand wahr, der vom Rest der Welt getrennt ist. Wir übersehen, dass unsere Empfindungen, Gefühle und Vorstellungen einen sich stetig wandelnden Fluss von Erfahrungen darstellen, in dem nirgends ein festes Ich auszumachen ist.

Ist uns dagegen das Benennen als mentaler Prozess bewusst, dann können wir die tiefere Dimension erahnen, die die ganze Zeit als stiller Hintergrund gegenwärtig ist. Vor, während und nach dem Auftauchen mentaler Begriffe und Symbole vibriert da diese kaum spürbare, hochfeine Schwingung einer grenzenlosen, friedvollen Weite. Sie ist unser wahres Sein und begleitet das Auftauchen und Verschwinden jeglicher mentalen Erfahrung mit der Ruhe wortloser Stille.

Bewerten: Der Geist als ewig nörgelnder Perfektionist

Die Benennung macht aus der unmittelbaren Erfahrung mentale Objekte. Das Bewerten folgt ihr auf dem Fuße. Bewerten bedeutet: Unser Geist erstellt eine Skala und misst alles daran. Auch diese Verstandesfunktion war evolutionär von Vorteil. Wenn wir über das mentale Abbild eines »Astes« verfügen und ihm eine Eigenschaft wie »Stabilität« zuordnen, können wir seine Belastbarkeit messen. Die Kategorisierung »Ein Ast trägt zwei schwere Steine« ermöglicht Berechnungen für eine komplexere Konstruktion aus Ästen. Bewerten und Messen sind also fundamentale Verstandesfunktionen, besonders für das technische Denken.

Doch darauf beschränkt sich diese Funktion des Verstandes nicht. Sie trägt noch zu etwas anderem bei: Sie hält uns in der Gefangenschaft des Leidens.

Wie bereits gesagt, beginnt der erste Schritt der Identifikation mit dem Gedanken: »Ich bin dieser Körper.« Die Funktion des Benennens verfestigt diesen Glauben, weil sie den Strom unmittelbarer Erfahrung in einer mentalen Symbolwelt festschreibt. Damit einher geht das Gefühl einer grundlegenden Unzufriedenheit. Wenn wir glauben, unser wirkliches Ich sei der Körper, engen wir unser Seinsgefühl erheblich ein. Ohne Identifikation haben wir ein natürliches Gespür für die grundlegende Einheit und Fülle aller Dinge und ruhen in der Erfüllung des stillen Gewahrseins. Mit der Identifikation scheint es ein reales »Ich« und damit auch ein reales »Du« und eine »Welt« zu geben. Von diesem Gegenüber fühlen wir uns jedoch abgetrennt. Wir haben das Gefühl, etwas würde fehlen.

Wir sind uns der Ursache für dieses Leiden, unserer Fehlidentifizierung, allerdings nicht bewusst. Deshalb projizieren wir die Gefühle des Mangels und der Angst auf das, was wir zu kennen glauben: auf unser persönliches Ich. Dies wird in den negativen Bewertungen deutlich, die wir uns immer wieder selbst vorhalten: »Mein Körper ist alles andere als perfekt.« »Ich bin nicht liebenswert genug.« »Ich bin zu langsam.« »Ich müsste interessanter für andere sein.«

Auch wenn wir ein vergleichsweise neutrales Selbstbild haben, ist das Gefühl des Mangels nie ganz abwesend. Es hat sich nur anders verkleidet: »Ich bin intelligent, nur mein Wissen reicht nicht.« »Ich fühle mich eigentlich ganz gut, aber es könnte sicher besser sein.« »Wenn ich nur mehr Charme hätte …« Nie zufrieden zu sein stellt ein Charakteristikum des sich identifizierenden Geistes dar. Er ist ein ewiger Perfektionist. »Nicht gut genug«, »noch ein bisschen mehr«, »ein wenig besser«, »etwas höher« sind seine typischen Nörgeleien.

Natürlich sind wir manchmal von uns überzeugt und besitzen in einigen Bereichen Selbstvertrauen. Dann verspüren wir Stolz: »Mein Körper sieht doch wirklich gut aus.« »Ich bin ein witziger und intelligenter Typ.« Allerdings sitzt uns dabei eine diffuse Furcht im Nacken. Es ist die Basis-Angst der Identifikation. Insgeheim fürchten wir uns davor, jemand anders könnte doch schöner, besser oder schlauer sein, oder wir könnten die hoch geschätzten Eigenschaften wieder verlieren. Denn im Inneren wissen wir um das Gesetz der Vergänglichkeit, das auch nicht Halt machen wird vor den erfreulichen Eigenschaften des Körpers, vor guten Stimmungen und einem intelligenten Verstand.

Im folgenden Experiment schauen wir uns an, wie es sich anfühlt, den eigenen Körper zu bewerten.

Nehmen Sie sich Zeit, zur Ruhe zu kommen. Wenn Sie mögen, schließen Sie die Augen. Lassen Sie alle Aktivität im Geist los. Genießen Sie einfach die Entspannung in diesem Moment.

Dann lassen Sie den Gedanken aufsteigen: »Ich bin dieser Körper.« Werden Sie sich dabei Ihres Körpers gewahr.

Spüren Sie die Füße und Beine, den Rumpf und den Rücken, die Arme und Hände, die Schulter, den Hals und den Kopf. Spüren Sie Ihren ganzen Körper und seine Grenzen zu der ihn umgebenden Welt.

Und nun lassen Sie im Geist die Frage auftauchen: »Empfinde ich meinen Körper als schön?« *Sie können sich innerlich einige Male vorsagen:* »Empfinde ich meinen Körper als schön?«, *und spüren Sie nach:*

Welche Körperempfindungen treten mit dieser Frage auf?

Welche Stimmungen und Gefühle schwingen mit?

Welche Gedanken oder Assoziationen tauchen auf?

Beobachten Sie, was Sie in Ihrem Inneren mit dieser Frage erleben.

Dann lassen Sie die Aktivität des Fragens und Bewertens wieder zur Ruhe kommen. Genießen Sie für ein paar Minuten die Stille des Geistes, wenn Sie nicht über Ihren Körper nachdenken.

Bei der Frage, »Empfinde ich meinen Körper als schön?«, können wir beobachten, wie der Verstand bewertet. Wir werden uns jener Bereiche bewusster, die für unsere Vorstellung von körperlicher Schönheit Bedeutung haben. Wir sehen, wie unser Verstand zuerst Körperbereiche und Eigenschaften benennt. Im nächsten Schritt hat er schon eine Skala zur Hand. Sie sieht ungefähr so aus: abstoßend – hässlich – mittelmäßig – neutral – schön – ideal. Und dann folgen die Messergebnisse: »Mein Bauch ist immer noch zu dick.« »Mein Haar ist ganz okay.« »Meine Haut ist toll gebräunt.«

Wie fühlt sich dieses Bewerten an? Schwingt nicht unterschwellig immer ein Gefühl der Minderwertigkeit mit – »Das ist nicht gut genug, es könnte besser sein, da fehlt noch was«? Dieses elementare Gefühl der Unzulänglichkeit und Unvollkommenheit ist der Ausdruck des Basismangels, es ist die krank machende Begleiterscheinung jeglicher Identifikation.

Dabei bedarf unser Körper keineswegs der Verbesserung. In Wahrheit ist er perfekt, genauso wie er ist – in diesem Moment. Aus der Perspektive des Ozeans hat jede Welle ihre ureigene Schönheit. Doch wenn sich unsere Aufmerksamkeit im Strudel von Bewertungen verliert, übersehen wir die stille Perfektion, die bereits jetzt allem innewohnt. Wir glauben dann, wir müssten die Vollkommenheit selbst wiederherstellen, zum Beispiel indem wir unseren eigenen Körper oder unsere Persönlichkeit perfektionieren. Das ist die beste Garantie für dauerhafte Frustration.

Dabei ist die tief greifende Zufriedenheit, die wir suchen, ganz nah. In dem Moment, da wir uns vom Nachdenken über die Eigenschaften unseres Körpers entspannen, können wir befreit aufatmen. Wenn wir uns nicht mental mit unserem Körper beschäftigen, spüren wir eine erstaunliche »körperlose« Leichtigkeit. Das ist die wirkliche Leichtigkeit des Seins – ohne Definitionen, ohne Identifikation, ohne Vorstellungen von uns als leiblichem Wesen.

Vergleichen: Auf der Streckbank der Idealbilder

Der nächste mentale Prozess, den wir unter die Lupe nehmen wollen, ist das Vergleichen. Tatsächlich ist Vergleichen schon Teil der Bewertung. Eine Bewertung kann nur vorgenommen werden, wenn wir zwei Eindrücke haben und sie nebeneinander stellen. Sobald unser Verstand eine Bewertung vornimmt, gibt es auch ihr entsprechendes Gegenstück. Finden wir etwas schön, muss es auch etwas Hässliches geben. Glück gibt es nicht ohne Pech, Gutes nicht ohne Schlechtes, immer in dynamischem Wandel und gegenseitiger Balance. Im chinesischen Yin-Yang-Symbol gehören Schwarz und Weiß zueinander wie Spiegelbilder, mal dominiert das Dunkle, mal das Helle, doch das eine ist nicht ohne das andere denkbar. Das ist das Gesetz der Dualität. In der Welt des Verstandes ist es unumstößlich.

Tief im Inneren ahnen wir, dass es eine umfassende Vollkommenheit und Schönheit des Lebens geben muss, die über dieses Gesetz hinausgeht. Doch wir haben unseren denkenden Geist zur höchsten Instanz erhoben und glauben an seine Festlegungen. Und diese sind immer in den dualistischen Gegenpolen gefangen. Deshalb projizieren wir unsere Sehnsucht nach Perfektion auf den hellen Pol. Wir sind der Überzeugung, alles müsse weiß, positiv, angenehm und leicht sein. Wir setzen alles daran, unsere Lebensumstände und unsere Persönlichkeit solchen imaginären Bildern der Vollkommenheit anzugleichen. Das ist der Beginn einer langen Odyssee auf dem Meer der dualistischen Erfahrungen.

Wir glauben uns an einem Punkt A, der sich nicht gut genug anfühlt. Wir schwimmen los zum Punkt B, der in der Ferne Glück versprechend glänzt. Dort muss die Erfüllung warten, dort ist Licht und Frieden zu finden – diese Hoffnung ist unser Antrieb. Doch es gibt kein Ankommen. Oder nur scheinbar und lediglich für kurze Zeit. Denn schnell erweist sich das, was aus der Ferne lockte, wieder als fade und unbefriedigend. Punkt B scheint dem Punkt A sogar sonderbar zu ähneln. Und so ist es. An der Oberfläche ist jeder Punkt dem dualistischen Wandel unterworfen. Also weiter auf der unendlichen Reise. Punkt C sieht so verlockend aus. Unsere Devise lautet: »Die Hoffnung stirbt zuletzt.«

Alles, was wir mit unserem Herumschwimmen erreichen, ist, dass wir nicht untergehen. Doch ausgerechnet das Untergehen wäre die Lösung. Die Loslösung von der mühsamen oberflächlichen Suche. Das Versinken in die Erkenntnis der erfüllten Einheit.

Am deutlichsten wird unsere ungestillte Sehnsucht in den Idealbildern, die wir uns eingeprägt haben. Geformt werden diese durch biologische Überlebensmuster, geschlechtsspezifische Wertvorstellungen, durch politische und religiöse Normen, durch kulturelle Denksysteme und Ideologien. Manche davon bringen wir schon in unseren Genen mit auf diese Welt, andere inhalieren wir mit der Erziehung in der Familie oder sie werden uns durch die Medien, in der Schule und im Beruf vermittelt.

Idealbilder müssen nicht notwendig Leid erzeugen. Auch sie haben ihre Funktion in der Entwicklung der Psyche. Zum Leiden führen sie, wenn wir sie unbewusst benutzen, um wahrhaftige Erfüllung zu finden. Um das Leiden am Basismangel unserer Identifizierung zu beheben, ist kein Ideal, kein Hoffnungsbild, kein Ziel geeignet. Denn in den Phänomenen der oberflächlichen, dualistischen Welt kann es Frieden, Beständigkeit und Vollkommenheit nicht geben.

Sehen wir uns an, wie sich die erfolglose Jagd nach Glück in unserem Geist anfühlt. Am deutlichsten zeigt sie sich in der Verstandesfunktion des Vergleichens. Beim folgenden Experiment zu unseren Idealbildern können wir diese Aktivität live beobachten.

Nehmen Sie sich einen Moment Zeit zum Innehalten. Wenn Sie mögen, schließen Sie die Augen. Lassen Sie alles Nachdenken zur Ruhe kommen.

Die folgenden Fragen dienen als eine Art Sonde. Achten Sie beim Lesen auf die Resonanz in Ihrem Inneren.

Wie sollte mein Körper aussehen?

Werden Sie sich gewahr, welche Empfindungen und welche Stimmung mit dieser Frage auftauchen. Beobachten Sie, welche Fantasien und inneren Bilder in Resonanz zur Frage erscheinen. Lassen Sie sich Zeit.

Dann lassen Sie sie wieder aus Ihrem Bewusstsein verschwinden. Erlauben Sie sich, ohne jegliche Ideen darüber zu sein, was Ihnen fehlt oder wie Sie sein sollten.

In diesem Wechsel von Fokussierung auf die Frage und Entspannung vom Denken können Sie sich auch die folgenden Fragen stellen:

Was müsste sich an meiner Persönlichkeit ändern?

Welches Wissen, welche Kenntnisse brauche ich noch?

Wie müssten meine Beziehungen aussehen, damit ich zufrieden wäre?

Wann immer sich unser Verstand mit Wünschen oder Zielen in Bezug auf unser persönliches Ich beschäftigt, tut er Folgendes: Er konstruiert zunächst ein Selbstbild. Er erzeugt eine Zusammenstellung mentaler Entwürfe: Bilder von der Gestalt unseres Körpers, von unserem typischen Verhalten im Kreis von Freunden oder an unserem Arbeitsplatz, Erinnerungen an vergangene Ereignisse unseres Lebens, Einschätzungen und Aussagen anderer Menschen über unsere Person und vieles mehr.

Das läuft mit ungeheurer Geschwindigkeit ab. So schnell, dass wir es meist nicht bemerken. Aber wenn wir genau hinsehen, können wir es wie einen Kinofilm vor unserem inneren Auge sehen. Hier ein kurzes Standbild, wie wir unser Gesicht betrachten. Gleich darauf eine bewegte Sequenz, wie wir uns im Streit mit einer Freundin verhalten haben. Dann eine Einblendung mit einer unangenehmen Erfahrung in unserer Kindheit. Und jetzt wieder ein Schnitt: Wir werden in einer mündlichen Prüfung befragt und wissen keine Antwort.

Der Aufbau unseres Selbstbildes geschieht auch mit vorformulierten Gedanken: »Ich bin ein männlicher Typ.« »Ich bin ziemlich temperamentvoll.« »Ich habe ein gutes räumliches Vorstellungsvermögen, aber wenig Allgemeinwissen.« Mit dieser Abfolge von Bildern und Gedanken versucht unser Verstand, eine fest umrissene Person aufzubauen: »Das macht mich aus. So bin ich. Das bin ich.«

Ein weiterer Bereich, für den sich unser Verstand begeistert, ist die Spielwiese der Idealbilder. Das sind ebenfalls innere Vorstellungen, und sie verkörpern machtvolle Symbole des Glücks.

Wir sehen vielleicht die Figur einer Claudia Schiffer vor uns oder das coole Auftreten eines Brad Pitt. Wir malen uns aus, dass wir die charismatische Ausstrahlung eines George Clooney besitzen, ein geniales Einstein-Gehirn oder die Aura der Weisheit des Dalai Lama. Unser Geist jongliert mit einem Gedankensammelsurium von »Wenn ich wäre, hätte, könnte …«. Die Verheißungen einer zukünftigen Vollendung üben eine magische Anziehungskraft auf uns aus.

So wohnen zwei Seelen in unserer Brust: ein mängelbehaftetes Selbstbild auf der einen Seite und ein fantasiertes, hoffnungsschwangeres Ideal auf der anderen. Das führt zu einer enormen inneren Spannung. Wir finden uns in der Folterkammer des perfektionistischen Geistes wieder und liegen auf der Streckbank. Unser Geist versucht, das unwerte, zu klein geratene Selbstbild dem großen Ideal anzugleichen, indem er an der Kurbel der Persönlichkeitsveränderung zerrt und immer wieder zwanghaft vergleicht. Er hofft, die eigene Person endlich dem glanzvollen Vorbild angleichen zu können. Diese Hoffnung verspricht Erlösung, doch in Wahrheit ist sie eine Qual. Sie ist pures Leiden. Unser Geist ist ein dilettantischer Folterknecht, der sich als seriöser Schönheitschirurg aufspielt.

Das Benennen und Bewerten ist die Einstiegsdroge in die siechende Welt der Dualität. Die Idealbilder und der Vergleich damit sind der Stoff, der süchtig macht. Doch wie bei jeder Droge wird das Gefühl des Mangels auch hier nur oberflächlich und kurzfristig gedämpft. Im Grunde verstärkt sich nur die Sucht der Suche.

Wenn sich dagegen unser Geist vom Benennen, Bewerten und Vergleichen entspannt, machen wir eine erstaunliche Entdeckung. Wir brauchen keine Anstrengungen zu unternehmen, um einem Idealbild hinterherzurennen. Ja, es ist nicht einmal nötig, dass wir uns überhaupt als ein persönliches Ich und dessen Eigenschaften definieren. Wir *sind* schon – auch ohne Vorstellungen von uns als Individuum. Dieses einfache unpersönliche Sein fühlt sich zutiefst zufrieden und ganz an. Ihm fehlt absolut nichts. Es ist – wir sind – vollkommen.

Die Trance der Suche

Der Ich-Gedanke, das Benennen und Bewerten sind unsere grundlegenden Schwimmbewegungen. Damit hält sich der Geist an der Oberfläche und schwimmt auf der Stelle. Mit dem Vergleichen und dem Nacheifern von Idealbildern wird er noch geschäftiger. Er erzeugt nicht nur Auftrieb, sondern setzt sich auch in horizontale Bewegung, immer in Richtung des goldenen Topfes am Ende des Regenbogens.

Was ist dieses Gold, das wir suchen, wirklich? Es ist die Tiefe. Wir sehnen uns nach dem Glück, der Erfüllung und dem Frieden der Tiefe des Seins. An der Oberfläche können wir die Suche unendlich fortsetzen, sie wird uns niemals befriedigen. Das, was die Suche beendet, ist nicht an einem anderen Ort und nicht in der Zukunft, sondern genau an dem Punkt, an dem wir uns befinden, und exakt zu dem Zeitpunkt, der gerade gegenwärtig ist. Still und unbewegt ruht die Tiefe genau unter uns, ja sie trägt uns sogar. Wenn wir nur eine Sekunde nicht nach vorne auf das nächste Ziel starren, können wir in diesem Augenblick die ungeheure Stille und den Frieden erfahren, die sich unter uns ausbreiten.

Wir kennen Momente, in denen offensichtlich wird, dass keine Suche erforderlich ist, um zutiefst glücklich zu sein. Augenblicke, in denen wir spüren, dass alles vollkommen in Ordnung ist, so, wie es sich gerade zeigt. Ohne dass das Geringste zu ändern wäre. Augenblicke, in denen nichts fehlt, sondern alles von einer friedlichen Fülle überfließt und sich selbst genug ist; in denen klar wird, dass nichts gesucht und nichts gefunden werden muss. Es sind Durchbrüche, in denen eine wesentliche Wahrheit aufscheint. Diese Wahrheit lässt sich nicht als Erfahrung abspeichern. Sie kann durch mentales Wissen nicht bestätigt werden. Sie beweist sich durch ihre eigene, unverkennbare Anwesenheit – ein Wissen, das tiefer ist als alle erworbenen Kenntnisse, verankert im Urgrund des Seins.

Doch selbst wenn diese Erfahrungen so intensiv waren, dass sie einen verwandelnden Impuls in unser Leben brachten, so wirken häufig die Konditionierungen des Geistes machtvoll weiter.

Im Advaita-Vedanta werden diese Kräfte Vasanas* genannt. Das sind Glaubensmuster, nach denen es ein Ich gibt, das irgendwohin kommen muss, das Ziele zu erreichen hat und etwas Besonderes sein muss, um Erfüllung zu finden.

Solche Neigungen können trotz authentischer Einblicke wirksam bleiben. Und irgendwann im Laufe unseres Lebens werden sie wieder aktiviert. Dadurch wird unser Bewusstseinsschwerpunkt wieder an die Oberfläche geschwemmt, und jene starken Impulse werden geweckt, die die alte anstrengende Suche wieder aufnehmen.

Wirkliche Macht haben diese Vasanas nur dann, wenn sie unbewusst ablaufen. Deshalb ist es gut, uns klar zu machen, an welchen Stellen wir noch in ihnen gefangen sind. Eine einfache Frage reicht dazu aus.

Wonach suchen Sie in Ihrem Leben?

Wenn wir bereits ein wenig vertraut sind mit dem natürlichen Sein in uns, spüren wir, dass diese Frage eine Bewegung weg vom gegenwärtigen Moment ist. Weg vom bedürfnislosen Hier und Jetzt, hin zu einer Vorstellung über uns als Person und über das, was uns ungenügend erscheint. Die Absurdität liegt darin, dass im unmittelbaren Moment, bevor die Frage gestellt wird, nichts fehlt und deshalb nichts gesucht werden muss. Die Frage »Was suche ich?« führt zwangsläufig zu einem Gefühl des Mangels, das dann die Dringlichkeit und Notwendigkeit einer Suche erst produziert. Diesem Impuls zu folgen und mit der Suche zu starten ist ein Akt der Anstrengung, der die natürliche Bedürfnislosigkeit überschattet.

Sind wir mit dem natürlichen Sein vertraut, nehmen wir vielleicht schon während des Lesens der Frage die Anstrengung und das subtile Leiden wahr, das mit der Suche einhergeht. Dann mag es sich unnatürlich anfühlen, dieser und den folgenden Fragen überhaupt weiter nachzugehen. Dennoch erlaubt dieses Experiment einen Ausflug in den konditionierten Geist. Wir können direkt nachvollziehen, wo der Geist herumschwirrt und zu landen versucht.

In einem vorherigen Kapitel haben wir schon die Wünsche nach Selbsterhaltung, sexueller Befriedigung und sozialer Anerkennung als wesentliche Antriebe für unsere Suche angesprochen. Wir können diese Aspekte noch einmal aus einer etwas anderen Perspektive beleuchten und schauen, welche subtileren Ebenen von Suche es darüber hinaus noch gibt.

Selbsterhaltung: Die Suche nach Besitz und Sicherheit

Nach welchen materiellen Dingen suchen Sie?

Im Kern der Suchkonzepte auf der materiellen Ebene steht unser biologischer Selbsterhaltungstrieb. Unser Körper will überleben. Und dazu braucht er Schutz und Sicherheit. Mehr noch: Er will es im Leben möglichst behaglich und bequem haben. In unserem Geist finden wir diese Bedürfnisse in den konkreten Ideen über Dinge, Gebrauchsgegenstände oder Luxusgüter, die wir gerne besitzen würden – ein Haus in idyllischer Lage, eine großzügige Wohnung, einen neuen Computer, ein komfortables Auto, teure Kleidung. Eine abstraktere Variante ist die Suche nach finanzieller Absicherung, das Verlangen, über ein dickes Bankkonto oder andere Wertanlagen zu verfügen. Wie viel Aufmerksamkeit richten wir auf diese materielle Ebene? Wie oft geben wir uns Alltagsfantasien darüber hin, was wir besitzen möchten? Welche dieser Ideen zieht die größte Aufmerksamkeit auf sich?

Es geht hier nicht darum, solche Wünsche als unspirituell oder verwerflich zu entlarven. Sie sind Teil der kollektiven Konditionierung und damit Teil jeder menschlichen Psyche. Sie sollen lediglich ans Licht des Bewusstseins gebracht werden, damit wir erkennen, welchen Einfluss sie auf uns ausüben und in welchen Lebensbereichen sie uns in Leid verstricken.

Wenn wir hinschauen, wie es wirklich um die Dinge steht, erkennen wir, dass es auf der materiellen Ebene für unseren Körper keine Sicherheit geben kann. Unser Haus, unser Auto, unser Geld, all unser lieb gewordener Besitz kann uns ganz leicht verloren gehen. Ein Börsencrash, eine Naturkatastrophe, ein Unfall, ein Hausbrand, ein Betrug oder sonstige widrige Umstände können uns das Erreichte im Nu zwischen den Fingern zerrinnen lassen. Auch unser Körper selbst ist sehr verletzlich und jederzeit von Krankheit und vom Tod bedroht.

Diese Suche nach Sicherheit ist der Versuch, die Verlässlichkeit des Seins, zu wir den bewussten Kontakt verloren haben, zu ersetzen. Erst wenn wir unsere wahre Natur wieder entdecken, ändert sich unsere Perspektive radikal. Das stille Gewahrsein, das unsere Essenz ausmacht, wurde nie geboren und kann deshalb nicht sterben. Es ist unzerstörbares Sein und damit absolute Sicherheit. In der lebendigen Erkenntnis dessen werden wir nicht mehr durch die Suche nach Besitz und materieller Sicherheit beherrscht, sondern können ein Leben führen, das unabhängig von solchen Umständen in tiefem Vertrauen, in Gelassenheit und Sorglosigkeit gegründet ist.

Sexuell: Die Suche nach orgastischen Erfahrungen und Fortpflanzung

Welchen Stellenwert nimmt Sexualität in Ihrem Leben ein?
Wonach suchen Sie in diesem Bereich?

Die Suche nach sexueller Befriedigung wird uns schon in den Genen mitgegeben. Unser Körper will zwar überleben, aber in gewisser Weise ist er nur eine Hülle für unser Erbmaterial. Und das ist es, was den Drang zur Selbsterhaltung tatsächlich erzeugt. Wenn unser Körper stirbt, löst sich mit ihm auch die Erbsubstanz auf. Um trotzdem zu überleben, braucht sie die sexuelle Fortpflanzung. So kann sie sich – wenn auch in leicht abgewandelter Form – in die nächste Hülle retten.

Bei uns selbst können wir diesen Überlebenstrieb in den ganzen Gedanken rund um das Thema Sex beobachten. Wie oft und zu welchen sexuellen Fantasien schweift unser Geist ab? Was erhoffen wir uns von bestimmten erotischen Erfahrungen? Gibt es Bilder eines Traumpartners, mit dem wir irgendwann den Orgasmus unseres Lebens erfahren und mit dem wir gerne ein Kind haben würden? Wie mächtig sind die Ideen, dass ein Leben ohne Sexualität oder ohne Kinder sinnlos und unbefriedigend wäre?

Sexualforscher haben herausgefunden, dass sich der Umgang mit dem Thema Sexualität bei Männern und Frauen teilweise stark unterscheidet. Männer sollen demnach mehr die Neigung haben, »ihren Samen zu verstreuen« und in der Realität oder in der Fantasie eine Tendenz zu zahlreichen Sexualpartnerinnen haben. Frauen dagegen »beschützen das Ei« und suchen deshalb eher nach einem einzelnen, starken und verlässlichen Erzeuger für ihr Kind. Ob das stimmt oder nicht, für beide Geschlechter ist der Drang zur Sexualität und Fortpflanzung eine mächtige, treibende Kraft. Das können wir daran ablesen, wie sehr unser Geist damit beschäftigt ist.

Auch hier gilt wieder: Sexualität und Fortpflanzung sind weder verwerflich noch verachtenswert. Es handelt sich um natürliche biologische Funktionen, die den Erhalt und die Evolution der Gene unseres Körpers bezwecken. Der Moment einer erotischen Begegnung kann ein wunderschönes Erlebnis sein. Problematisch wird es nur, wenn wir glauben, dadurch dauerhafte, tiefe Erfüllung und Befriedigung erreichen zu können. Denn so erregend und prickelnd sexuelle Erfahrungen auch sein können, der Zauber der Erotik verschwindet früher oder später wieder. Ein Orgasmus ist ein Höhepunkt. Aber für wie lange? Sexuelle Befriedigung dauert nur kurz, und danach landen wir in der altbekannten Unzufriedenheit. Da der sexuelle Trieb so stark und in gewisser Weise natürlich – weil biologisch – scheint, können wir allerdings schnell zum Sex-Junkie werden. Dann brauchen wir immer mehr und immer neue Erfahrungen, die uns den Kick der Erregung verschaffen. Wir werden abhängig von den kurzen orgastischen Momenten, die uns zumindest für ein paar Augenblicke befreiende Gedankenleere schenken und uns alle Sorgen vergessen lassen. Die andere Variante ist die Vorstellung, wir müssten unbedingt Sex und Kinder haben, sonst hätte unser Leben keinen Sinn. Doch solange wir Erfüllung, Genuss und orgastische Erfahrungen an Sexualität und Fortpflanzung festmachen, bleiben wir unbefriedigt, denn unsere Existenz als biologisches Wesen ist nur eine Oberflächenerscheinung.

Entdecken wir die Tiefe des allumfassenden Seins, dann stellt sich uns das Thema ganz anders dar. Prickelnde Lebendigkeit und das Fließen ekstatischer Energie sind nicht auf körperliche Erotik und sexuelle Erregung begrenzt. Die Stille selbst kann als wunderbare Ekstase erlebt werden, die den sexuellen Orgasmus weit in den Schatten stellt. Und vor allem: Wir entdecken das ewige Bewusstsein, das allen biologischen Wesen innewohnt und ihre Essenz darstellt. Wir hängen nicht mehr fest in dem Glauben, Sex und Kinder wären unabdingbar für ein erfülltes Leben. Der Ozean genießt es, wenn seine Wellen einen verzückten und erregenden Tanz aufführen und kleine Babywellen produzieren. Aber seine Erfüllung ist darauf in keiner Weise angewiesen. Er ruht schon immer in seiner eigenen Befriedigung. Die Wellen haben Angst zu vergehen und daher das Gefühl, sie müssten sich fortpflanzen. Der Ozean nicht – er ist ja bereits überall gegenwärtig.

Emotional: Die Suche nach Anerkennung und Liebe

Wo suchen Sie nach Anerkennung in Ihrem Leben?

Vielleicht zeigen sich in der Resonanz auf diese Frage bestimmte Idealbilder, etwa das einer romantischen Liebesbeziehung oder eines harmonischen Familienlebens. Oder wir streben nach einem bestimmten Status im Berufsleben oder auf anderen gesellschaftlichen Ebenen, durch den wir uns Anerkennung von anderen versprechen.

Nichts spricht dagegen, es zu genießen, wenn andere uns mögen und wertschätzen. Allerdings sind solche Wohlgefühle keineswegs verlässlich. Liebevolle Zuwendung kann uns schnell wieder entzogen werden. Jemand, der uns heute Sympathie entgegenbringt, lässt uns morgen möglicherweise links liegen oder verachtet uns sogar. Persönliche Anerkennung durch andere kann das fundamentale Gefühl des Mangels in unserer Person niemals zuverlässig ausgleichen. Und: Solange wir in diese Suche verstrickt sind, sind wir unecht und spielen Rollen, um von anderen gemocht zu werden. Wir neigen dazu, uns mit diesen Rollen gleichzusetzen und uns darin zu verlieren. Wir verkaufen uns für ein paar Krumen Bewunderung und Zuwendung. Gefangen in der Trance unserer Suche nach Liebe erscheint uns diese als etwas, das wir von außen bekommen müssten, das nur durch oder mit anderen Menschen erlebt werden kann. Das Spielen der sozialen Rollen benutzen wir dann dazu, andere dahingehend zu manipulieren, uns diese Liebe zu geben.

Entdecken wir unsere wahre Natur wieder, erfahren wir dagegen, dass die Essenz von Liebe nicht im Außen zu finden ist, sondern eine natürliche, innere Qualität unseres ureigensten Seins ist. Die Suche nach wärmender, emotionaler Zuwendung durch andere stellt sich als vollkommen überflüssig heraus, weil wir uns selbst als bedingungslose Liebe erfahren. Und wir merken: Es ist das liebende Sein selbst, das alle sozialen Rollen spielt. Jene, die weiterhin in unserem Leben auftauchen, dienen dann nicht mehr dazu, das Loch der Bedürftigkeit nach Liebe und Anerkennung zu stopfen. Jede Rolle kann jetzt zu ihrer Zeit frei von persönlicher Identifizierung eingenommen werden, als Ausdruck des inneren Friedens und des natürlichen Überfließens liebender Fülle.

Mental: Die Suche nach Wissen und Kenntnissen

Wo suchen Sie nach Wissen und Kenntnissen?

Die Suchobjekte auf dieser Ebene sind subtiler als die bisher erwähnten. Aber auch hier geht es um Besitz und Sicherheit: Der Verstand sucht mentale Objekte – Vorstellungen und innere Bilder – zu fassen, zu begreifen und festzuhalten. Dadurch will er sich sicher sein, die Welt zu kennen. Nur dann kann er – zumindest dem Anschein nach – diese auch kontrollieren. Doch auch das ist eine Illusion. Denn was auch immer wir uns an Kenntnissen und Wissen aneignen, es sind nur Konzepte und Theorien. Sie tragen keine absolute Wahrheit in sich – es handelt sich lediglich um begrenzte Hypothesen. Außerdem ist alle Theorie grau, verliert die Lebendigkeit der unmittelbaren Erfahrung und bietet uns keineswegs die Garantie, die Unwägbarkeiten des Lebens praktisch bewältigen zu können. Und vor allem: Unser mentales Wissen ist genauso der Vergänglichkeit unterworfen wie unser

Körper. Vielleicht erleben wir einen kurzen Blackout. Unsere einst ausgefeilten Kenntnisse fallen schlicht dem Vergessen anheim. Oder unser Gehirn erleidet die Alzheimer-Krankheit, und der Inhalt unseres Gedächtnisses wird rasch und vollständig ausgelöscht. Definieren wir unser Sein also über die Ansammlung von Wissen und Konzepten, ist das Leiden vorprogrammiert.

Auch der denkende Geist erfüllt natürlich wichtige Funktionen. Er kann uns bis zu den äußersten Randbereichen intellektuellen Verstehens führen. Doch spätestens hier muss er sich einer höheren Macht hingeben: der Stille des Gewahrseins. In dieser Hingabe können wir eine große Erleichterung entdecken. Wir brauchen nicht mehr angestrengt Wissen und Theorien in unserem Kopf anzusammeln, um intelligent und gebildet zu erscheinen. Wir können uns erlauben, nichts zu wissen – absolut nichts. Diese Leere von konzeptionellem Verstehen hat nichts mit Dummheit oder Naivität zu tun, sondern sie offenbart eine weitaus höhere Intelligenz – die Weisheit eines stillen Geistes. Der Verstand nimmt dann wieder seine angemessene Stellung ein. Die zuvor auf den Kopf gestellte Hierarchie wird wieder zurechtgerückt. Das Denken bleibt nicht länger despotischer Alleinherrscher, sondern wird zum Diener des friedliebenden stillen Gewahrseins, das wir sind.

Im Laufe des Lebens erstreckt sich die Suche auf immer subtilere Ebenen. Es spricht für ein höheres Bewusstseinsniveau, nicht nur auf materielle und sexuelle Ziele hin orientiert zu sein, sondern auch soziales und zwischenmenschliches Zugehörigkeitsgefühl zu entwickeln. Und auch die Heranbildung des Intellekts und eines kritischen, rationalen Geistes ist ein Schritt der Reifung. Doch selbst wenn eine solche Entwicklung gut verläuft, selbst wenn unser Leben durch Wohlstand, relative Harmonie in den Beziehungen und intellektuelle Zufriedenheit gekennzeichnet ist, bleibt das Gefühl eines grundsätzlichen Mangels. Immer noch nagt die Ahnung an uns, dass es noch etwas Wesentlicheres im Leben geben muss, etwas außerhalb des bisher Erreichten. Es ist das innere Wissen um unser wahres Wesen.

Nehmen wir diese Sehnsucht nach etwas Tieferem bewusst wahr, führt sie zu dem, was man spirituelle Suche nennt. Wie sich diese Suche für jeden Einzelnen entfaltet, ist unterschiedlich. Authentische Spiritualität beschäftigt sich nicht primär mit der gewöhnlichen Welt der Erfahrungen, sondern wendet sich der Grundlage der Erfahrungen selbst zu – dem, was die Erfahrungen erfährt. Spirituelle Erkenntnis ist eine Entzauberung der Faszination der Erscheinungen. Wir erkennen, dass alle körperlichen, emotionalen und mentalen Erfahrungen begrenzt sind. Dass sie ihrer Natur nach vergänglich und substanzlos sind. Solange wir ihre Natur nicht durchschauen, bleiben wir bei der leidvollen Suche nach immer neuen Erfahrungen, in der Hoffnung, irgendeine davon möge uns irgendwann wahrhaftige Erfüllung schenken. Authentische Spiritualität führt zur Beendigung dieser leidvollen Suche. Die Seligkeit und Freiheit des absoluten Seins, das unberührt von dieser Suche blieb, wird offenbar.

Dieses Verständnis von Spiritualität ist keineswegs mit dem vereinbar, was im allgemeinen Sprachgebrauch damit assoziiert wird. Im Gegenteil. Gewöhnlich bezeichnet »Spiritualität« eher die Beschäftigung mit Erfahrungen auf subtilen Ebenen: energetische Körpererfahrungen, außersinnliche Wahrnehmung, außerkörperliche Erfahrungen, Gedankenübertragung, Visionen, Telekinese, Versenkungszustände. All diese Phänomene können auch als Begleiterscheinung authentischer Spiritualität auftreten. Doch in der so genannten spirituellen Suche wird häufig derselbe grundlegende Fehlmechanismus des Leidens weiter übernommen. Wir verlagern das gewohnte Streben nach neuen und Glück verheißenden Erfahrungen lediglich auf die feineren Ebenen der subtilen Erscheinungen. Wir können zwar Durchbrüche zur Ebene absoluten Seins erleben, doch der Irrglauben an die Konzepte über objektgebundenes Glück ist damit noch nicht abgefallen. Wir sind noch immer in dem Glauben gefangen, wir wären ein Ich, das irgendwohin kommen und irgendwelche besonderen Erfahrungen machen müsste. Gerade feinstoffliche Erfahrungen können dann weiterhin eine große Faszination auf uns ausüben und uns in einer Suchtrance gefangen halten.

Feinstofflich: Die Suche nach übersinnlichen Wahrnehmungen und Fähigkeiten

> *Nach welchen außergewöhnlichen, übersinnlichen oder feinstofflichen Erfahrungen suchen Sie?*

In der Regel hat der Verstand Bilder, Vorstellungen und Gefühle über so genannte spirituelle oder feinstoffliche Erfahrungen gespeichert. Vielleicht stellen wir uns vor, dass wir Erfahrungen von All-Einheit machen müssten und dass sich das so anfühlte, als würde alles miteinander verschmelzen. Oder dass wir Energiezentren im Körper spüren müssten, die für eine höhere Entwicklungsebene stehen. Es mag sein, dass wir den Wunsch haben, uns an vergangene Leben zu erinnern. Oder wir hegen die Hoffnung auf Kräfte wie Gedankenlesen, Aura-Sehen oder auf heilende Fähigkeiten. Es gibt viele spirituelle Ziele, die der Geist meint erreichen zu müssen.

Das Erleben subtiler energetischer Phänomene an sich ist nicht leidvoll. Es gibt eine Fülle an außergewöhnlichen Erfahrungen, die sich häufig ganz von selbst einstellen, wenn wir in Kontakt mit der wahrhaft spirituellen Dimension des Seins kommen. Leiden entsteht auch hier nur dann, wenn wir bestimmte Erfahrungen als Bedingung für Glück oder Freiheit ansehen und ihnen zwanghaft nachjagen. Dadurch wird wiederum die Identifikation mit einem individuellen Wesen, dem es an etwas mangelt, bestärkt.

Das ist der Grund, warum in vielen spirituellen Traditionen davor gewarnt wird, sich auf die feinstoffliche Ebene und ihre Kräfte zu konzentrieren. Im Advaita-Vedanta ist von den so genannten »Siddhis« die Rede, von außergewöhnlichen Fähigkeiten und Wunderkräften: heilende Fähigkeiten, die Macht des Hellsehens, der Materialisation, des Unsichtbarwerdens oder sogar des Fliegens. Im Advaita werden die Gefahren betont, die die Beschäftigung mit solchen Kräften in sich birgt. Die Faszination kann soviel Aufmerksamkeit binden, dass ein tieferes spirituelles Erforschen des eigenen Seins vernachlässigt wird. Vor allem aber kann es zu einer Verstärkung der persönlichen Identifikation führen. Wenn wir in dieser Hinsicht spirituellen Stolz entwickeln und uns aufgrund unserer erlangten Siddhis für etwas Besonderes halten, hält dies die leidvolle Trennung vom Ich und den Anderen aufrecht und verstärkt sie noch.

Wirkliche Selbsterforschung bedeutet zu erkennen, dass das Konstrukt eines Individuums, das solche Kräfte für sich persönlich besitzen könnte, arrogant und illusorisch ist. In Wirklichkeit erlebt nur das absolute Sein alle Erfahrungen. Es alleine ist die Quelle jeglicher Kräfte, Fähigkeiten und Handlungen.

Spirituell: Die Suche nach Seligkeit und Versenkung

Die wahrhaftige spirituelle Suche führt zur Beendigung der Suche selbst. Sie endet in ihrer eigenen Auflösung. Die Offenbarung wirklicher Freiheit ist die Abwesenheit jeglichen Suchens – selbst des Suchens danach, was vorher als erstrebenswertes »spirituelles Ziel« empfunden wurde. Erst in der Auflösung der Suche zeigt sich, was schon immer da war, das, was niemals wirklich verloren war und deshalb auch durch keine Suche (in) der Welt gefunden werden kann.

In der Anfangsphase der spirituellen Suche und bisweilen auch ohne Suche kann es zu Durchbrüchen kommen: Momente tief greifender Entspannung, in denen sich jegliches Herbeisehnen auflöst und die Vollkommenheit des Seins durchscheint. Diese Momente sind ohne Zweifel, ohne Fragen, ohne Mangel. Hier zeigt sich unsere wahre Natur. In solchen Momenten wird klar, dass es absolut nichts zu suchen oder zu finden gibt.

Doch all diesen Durchbrüchen zum Trotz kann die Erkenntnis wieder verdeckt werden. Grund dafür sind aktive Glaubensmuster, die das Glück in Objekten wähnen und die das Bewusstsein wieder in die Suche nach Erfahrungen ziehen. Es gibt Glaubensmuster, die vor allem bei jenen Menschen auftauchen, die schon authentische Durchbrüche des Seins erlebt haben.

Diese Konzepte sind verlockend, da sie sich scheinbar direkt auf das Absolute beziehen. Allerdings handelt es sich in Wahrheit um Konzepte über das Absolute. Die unmittelbare Erfahrung des Absoluten ist jenseits von Worten. Doch unser Geist hat die fatale Neigung, selbst »spirituelle Konzepte« zu produzieren. Er versucht, das Absolute in Begriffen zu beschreiben, und glaubt, die Wahrheit so kristallisieren, festhalten und begreifen zu können. Diese Beschreibungen werden dann als absolut verstanden, anstatt sie lediglich als Hinweise auf das Sein jenseits von Worten zu sehen. Durch ihre Nähe zum Absoluten sind solche spirituellen Konzepte sehr verführerisch. Sie tragen noch den lebendigen Nachgeschmack der unmittelbaren Erfahrung in sich. Dennoch sind sie, weil sie wieder in die Strickmuster des Geistes eingebaut werden, leblos, verschleiernd und Leid erzeugend.

Die folgende Frage lädt dazu ein, solche spirituellen Konzepte bewusst zu machen:

Nach welchen spirituellen Erfahrungen suchen Sie?

Es mag zum Beispiel sein, dass wir uns in einem Augenblick vollkommener Entspannung und Auflösung aller Identifikation als pures Sein erleben konnten. Vielleicht haben wir ungeheure Seligkeit erfahren. Ein verzerrendes spirituelles Konzept, das daraus folgen könnte, wäre dann zu glauben: »Erst wenn ich solche Seligkeit ständig erfahre, bin ich wirklich frei.« Allein dieser Gedanke führt wieder ins Suchen und Leiden.

In einer unmittelbaren Erfahrung des Seins kann es auch geschehen, dass jeglicher Bezug zu einem persönlichen Ich verschwindet. Alle Gedanken über uns als Person werden in einem tiefen Versenkungszustand ausgelöscht. Wir können erfahren, dass keine Gedanken mehr im Bewusstsein auftauchen. Haften wir an solchen Zuständen, geht das mit Konzepten einher wie »Mein Geist sollte immer frei von Gedanken sein« oder »Ich kann erst dann vollkommen in Frieden sein, wenn kein persönliches Ich mehr auftaucht.«

Eine andere Begleiterscheinung des spirituellen Erlebens besteht in einer tiefen Gelassenheit. Dann scheint nichts mehr den inneren Frieden stören zu können. Alle Ereignisse unseres persönlichen Lebens und der Welt nehmen wir aus der Haltung einer unberührbaren Seelenruhe wahr. Doch auch hieraus kann der Geist ein Konzept machen: »Ich sollte immer so gelassen sein. Wenn ich mich aufgewühlt fühle, heißt das, dass etwas falsch gelaufen ist.«

Viele spirituelle Konzepte sind schwer auszumachen, da sie im Anhaften an Begleiterscheinungen des direkten Erlebens wurzeln. Im Moment der Offenbarung unserer wahren Natur stellt sich häufig eine Resonanz des Seins ein, die alle physischen, emotionalen und mentalen Erfahrungen umfasst. Sie alle schwingen in wunderbarer Harmonie mit der Erkenntnis des stillen Gewahrseins, was höchst ekstatische Erfahrungen mit sich bringen kann. Was hier zu Leiden führt, ist die Neigung, mehr an den Erfahrungen zu hängen und sich von ihnen faszinieren zu lassen, als mit dem zu bleiben, das diese Erfahrungen erfährt: dem stillen, unpersönlichen Zeuge-Sein. Das Anhaften an Erscheinungen spiegelt sich in Konzepten wider. Diese können wir ausmachen als sich wiederholende Gedankenketten, die uns weismachen, wir müssten noch irgendein spirituelles Ziel erreichen, und sei es »das vollständige Erwachen«.

Rückhaltlose Selbsterforschung durchschaut diese subtilen Anhaftungen und befreit sich davon. Die authentische Vertiefung von Freiheit ist ein Fallen ins bodenlose Nichts. Mit diesem Fallen endet die Trance des Suchens und das endlose Finden des Seins bleibt wach. Während dieses Fallens können sich endlos weitere Erkenntnisse und die subtilsten Erfahrungen von Freiheit zeigen, ohne dass wir an ihnen festhalten müssten. Sri Poonjaji* drückte dies in dem einfachen Satz aus: »Lande nirgendwo!«

7.
Wer bin ich? – der Blick in die Tiefe

Wir können uns nun der Tiefendimension direkt zuwenden. Wir lassen die Konditionierungen zurück und sinken in die Stille des Seins.

Die Einladung zur Stille

Wer vor 60 Jahren den Weisen Sri Ramana Maharshi am Berg Arunachala im Süden Indiens besucht hätte, wäre überrascht gewesen. Dieser Mann war schon zu Lebzeiten einer der höchst verehrten Heiligen Indiens und genoss große Anerkennung als Philosoph des Advaita-Vedanta. Doch hätte man den Raum betreten, in dem er den Tag verbrachte, hätte man ihn schweigend auf einem Sofa angetroffen. Keine Vorträge, keine Predigten, keine Anleitungen zu spirituellen Praktiken oder Gespräche über philosophische Thesen – einfach nur die stille Präsenz eines Menschen, der vollkommen im Zustand inneren Friedens und wacher Bewusstheit ruht. Die Menschen, die ihn erlebten, sprachen von einer mysteriösen Kraft, die in der Gegenwart dieses Weisen auf sie wirkte: Ihr gewohntes Denken, ihre Sorgen, Pläne, die drängenden Fragen des Lebens kamen einfach zur Ruhe. Ihr Verstand entspannte sich von der Beschäftigung mit inneren Fantasien, vom Denken und Grübeln. Mit diesem inneren Anhalten wurde ein natürlicher Frieden spürbar, eine einfache, an nichts gebundene Glückseligkeit. Selbst die tiefgründigsten philosophischen oder religiösen Fragen, der bedrückendste Kummer lösten sich in der Gegenwart des Weisen auf – so wie Nebel sich im Sonnenlicht verflüchtigt.

Natürlich sprach Ramana Maharshi auch von Zeit zu Zeit. Insbesondere dann, wenn ihn Besucher um die Beantwortung von Fragen oder um Unterweisungen baten. Doch jenseits der Worte strahlte er eine tiefe Weisheit aus. Viele sagen, dass dies die direkteste Art war, in der Ramana zur Erkenntnis einlud: die Aufforderung »Sei still«.

Das ist die schlichte Einladung, für einen Moment mit allem Denken innezuhalten. Die Suchbewegungen des konditionierten Geistes können zur Ruhe kommen. Wir hören auf, den Gedanken nachzuhängen. Die Einladung zu diesem Innehalten ist jetzt, genau in diesem Moment, genauso lebendig und anwesend, wie in der Gegenwart eines erleuchteten Wesens. Es ist die Einladung unseres eigenen Herzens. Das kontinuierliche wortlose Flüstern unserer inneren Essenz: »Sei still und erkenne MICH.«

Können Sie diese Einladung zur Stille in diesem Augenblick erspüren?

Vielleicht leuchtet nur eine hauchdünne Ahnung auf, dass all die Sorgen, die Unruhe, all das Suchen, in das wir verstrickt scheinen, nur unwirklicher Spuk sind. Vielleicht spüren wir nur einen winzigen Anflug von Entspannung. Doch das ist schon genug. Wir können uns erlauben, uns weiter in diese Ahnung hineinfallen zu lassen.

Möglicherweise hallt in uns als Resonanz aber auch ein deutliches »Ja« wider und diese Dimension der Stille ist deutlicher spürbar als alles andere. Auch dann können wir uns erlauben, uns vollkommen in dieses »Ja« zu stürzen und den Frieden tiefer und tiefer auszukosten.

Die Einladung, still zu sein, deutet auf die tiefstmögliche Entspannung hin. Auf das Aufhören allen Tuns, das zur Zur-Ruhe-Kommen aller Anstrengung. Doch kann unser konditionierte Geist diese Einladung auch verzerrt wahrnehmen: wenn wir glauben, wir müssten uns um Stille bemühen oder sie erzeugen. Darum geht es nicht. Wir brauchen weder unsere Gedanken zu unterdrücken, noch müssen wir unsere mentalen Vorgänge zum Verschwinden bringen.

Die Einladung besteht vielmehr darin, die Stille wahrzunehmen, die bereits hier anwesend ist – selbst während sich Wahrnehmung und Gedanken im Bewusstsein abspielen. Diese Stille ist wie ein Hintergrund, der immer gegenwärtig ist, während im Vordergrund alle möglichen Erfahrungen und Wahrnehmungen vorüberziehen.

Die Sinne erleben Farben, Töne und andere Wahrnehmungen, im Körper läuft ein Strom von Empfindungen ab, Gedanken kommen und gehen. Und dabei gibt es einen stillen Hintergrund, vor dem alle diese Erfahrungen auftauchen und wieder verschwinden. Dieser Hintergrund ist unser essenzielles Sein. Wir können es wahrnehmen, ohne das Geringste dafür zu tun. »Sei still« ist ein Hinweis, uns in diesen stillen Hintergrund zu entspannen und alle Erfahrungen aus der Perspektive einer friedlichen Gelassenheit geschehen zu lassen.

Exkurs zu den Apokryphen* – »Sei still und wisse: ICH BIN GOTT«

Die Einladung, die Ramana durch sein Leben ausstrahlte, ist eine zeitlose Einladung unseres eigenen Herzens an uns selbst. In den apokryphen Schriften der Bibel wird sie als eindringliche Wiederholung eines Satzes formuliert: »Sei still und wisse: ICH BIN GOTT.«

In unserem Kulturkreis deutet der Begriff »Gott« meist auf etwas hin, das außerhalb von uns liegt. Wir stellen uns eine bestimmte Gottesgestalt vor, gebunden an eine Person wie Jesus und an ein archetypisches Vaterbild. Vielleicht denken wir auch an eine formlose Macht, die unser persönliches Leben von außen leitet oder beeinflusst. Verstehen wir die Aussage »Sei still und wisse: Ich bin Gott« auf diese Weise, führt sie zu einer verzerrten Vorstellung, irgendetwas im Außen müsse als Gott angesehen und akzeptiert werden. Oft geht das mit einem Gefühl des eigenen Unwerts und Mangels einher, da die Trennung zwischen dem äußeren Göttlichen und dem inneren Nicht-Göttlichen dann als real empfunden wird.

Die östlichen Philosophien und spirituellen Anschauungen bringen ein anderes Verständnis ins Spiel. Im Advaita werden der essenzielle Aspekt des individuellen Selbst und der höchste Aspekt des Göttlichen nicht als getrennt betrachtet. Hier sind sie – *Atman* und *Brahman* – nur zwei Aspekte desselben Seins. Sie getrennt zu sehen ist nur eine Täuschung des Verstandes und kann als solche durchschaut werden. Ein »Erkennen Gottes« bedeutet nicht ein Sehen des Göttlichen im Außen, sondern eine unmittelbare, innere Erfahrung.

In diesem Sinne zeigt sich das Göttliche als tiefer innerer Frieden, als aus sich selbst strahlende Liebe, als klare Stille des Geistes. »Sei still« ist die Aufforderung, alle verdeckende geistige Aktivität zur Ruhe kommen zu lassen. »Wisse« deutet auf die tiefere Art der Erkenntnis, die sich durch einen stillen Geist eröffnet. »ICH« meint nicht das persönliche Ich, sondern den essenziellen Kern unseres Seins. Und »BIN GOTT« weist auf die fundamentale Einheit des ICH mit der höchsten Wahrheit. Der Satz ist die Aufforderung, unsere eigene wahre Identität mit dem absoluten Sein lebendig zu erleben, indem wir uns von unserem anstrengenden, rationalen Verstehenwollen entspannen.

Der Ich-Gedanke und seine Assoziationen

Die zentrale Botschaft des »Erkenne dich selbst« findet man nicht nur in der griechischen Philosophie. Sie steht auch im Mittelpunkt der Vermittlung Ramana Maharshis. Obwohl er selbst der Auffassung war, die direkteste Art, auf die Wahrheit hinzuweisen, sei die schweigende Vermittlung, benutzte auch Ramana die Sprache als Werkzeug des Hinweisens. Jedem, der ihm Fragen stellte, antwortete er individuell. Der Inhalt seiner Antworten zielte meist darauf ab, die Fragenden zur eigenen Erfahrung des Selbst zu führen. Dabei favorisierte er eine besondere Art des Hinweisens: Die Frage »Wer bin ich?«.

In den Dialogen, die schriftlich festgehalten und später veröffentlicht wurden, lädt er die Fragenden häufig zu einer Umorientierung der Aufmerksamkeit ein. Statt sich mit den Inhalten der

Frage zu beschäftigen, weist Ramana darauf hin, zunächst einmal herauszufinden, was denn die wahre Identität des Fragenden sei. Wer ist dieses »Ich«, das der Fragende so selbstverständlich zu sein glaubt? Ramana gibt keine Antwort vor. Er lädt sein Gegenüber ein, sich selbst diese Frage »Wer bin ich?« eindringlich zu stellen und sich der Erforschung zu widmen.

Vermutlich ist die schlichte Buchstabenabfolge »I – C – H« der am häufigsten auftauchende Gedanke in unserem Bewusstsein. Tausend oder zehntausend Mal am Tag schießt uns der Ich-Gedanke durch den Kopf und ist an fast all unseren Gedankenprozessen beteiligt. Die massive Dominanz, die zentrale Stellung, die er in unserem Bewusstsein einnimmt, ist uns meist nicht bewusst. Der Ich-Gedanke kommt uns so selbstverständlich, so normal vor, dass wir ihn gar nicht mehr als mentale Erfahrung wahrnehmen. Dieser Gedanke und das an ihn gebundene Seinsgefühl stellt die nicht hinterfragte Basis all unserer anderen Wahrnehmungen und Erfahrungen dar.

Was geschieht, wenn wir uns das Auftauchen dieses Gedankens genauer anschauen?

Wir können ein kurzes Experiment machen:

Schließen Sie die Augen, und entspannen Sie sich für einige Atemzüge.

Dann lassen Sie den Gedanken »Ich« aufsteigen. Einfach nur »Ich«. Lassen Sie ihn deutlich vor sich erscheinen. Halten Sie für einige Zeit an ihm fest, indem Sie innerlich wiederholen »Ich … ich … ich …«

Welche Resonanz gibt es im körperlichen Erleben? Wohin geht Ihre Aufmerksamkeit, wenn Sie »Ich« denken?

Welche Auswirkungen hat der Ich-Gedanke auf Ihre Gefühle?

Welche anderen Gedanken oder inneren Bilder tauchen auf?

Der Ich-Gedanke ist schlicht. Er besteht aus drei Buchstaben. Doch welchen gewaltigen Effekt hat er, wenn er in unserem Bewusstsein auftaucht! Was schwingt alles mit!

In diesem Experiment erfahren wir, wie selbstverständlich Verbindungen mit anderen Gedanken und Empfindungen durch den Ich-Gedanken wachgerufen werden.

Auf der physischen Ebene bemerken wir vielleicht, wie mit dem Ich-Gedanken ein Gefühl der körperlichen Begrenzung einhergeht. Wir haben schon als Säugling gelernt, wo unser Körper aufhört und die Umwelt anfängt. Wir haben in eine Decke gebissen, nichts passierte. Dann bissen wir in unsere Finger, und es tat weh. Auf solche Art formte sich ein Bild für unsere Körpergrenzen. Später wurde dieses Bild mit dem Ich-Gedanken verknüpft. Wenn wir jetzt »Ich« denken, erinnern wir uns an dieses Körperbild. Wir spüren ein inneres Körpergefühl, das durch deutliche Grenzen gekennzeichnet ist. Meist sind es die Grenzen unserer Haut, die wir als Abschirmung gegenüber der Umwelt empfinden. Vielleicht spüren wir mit dem Ich-Gedanken auch Bereiche innerhalb dieser Grenzen deutlicher: Auf einmal wird uns bewusst, dass unser Rücken schmerzt oder unsere Füße sich kalt anfühlen. Es mag auch sein, dass geistige Körperbilder auftauchen, in denen wir uns wie auf einem Foto von außen sehen. Eine Art Schattenriss, ein Porträt oder eine farbige Ganzkörperaufnahme – so sehen wir aus. Wir glauben, wir erkennen uns wieder.

Das alles sind leibliche Assoziationen zum Ich-Gedanken. Sie binden das Gespür für unser Sein an eine Existenz als individuelles leibliches Wesen.

Wenn wir der Resonanz des Ich-Gedankens auf der emotionalen Ebene nachspüren, bemerken wir Verbindungen zum seelischen Innenleben. Wir spüren Stimmungen, Launen, Gemütsbewegungen, Müdigkeit, Aufregung, Heiterkeit, auch Wut oder Langeweile. Wie immer sich das emotionale Erleben anfühlen mag, es macht sich an einem »Gefühls-Körper« fest, der ähnliche Grenzen besitzt wie unser leiblicher. Der Ich-Gedanke führt zu einem automatischen Scannen oder Durchspüren dieses Gefühlskörpers nach wahrnehmbaren Empfindungen. Und schließlich werden die Benennungen dieser Empfindungen mit dem Ich-Gedanken verknüpft: »Ich bin traurig.« »Ich habe Angst.« »Mein Schmerz ist so groß.«

Die gedanklichen Assoziationen zum Ich-Gedanken können in wenigen Sekunden gewaltig ausufern. Wir denken »Ich«, und gleich darauf überflutet ein Schwall von Eindrücken unser Bewusstsein. Vielleicht ist einer der ersten Gedanken schlicht unser Vorname. Wir haben ihn schon vor dem Ich-Gedanken gelernt. Unsere Eltern haben uns damit angesprochen, gerufen, gemahnt. Irgendwann wussten wir, dieser Name bezeichnet unseren kleinen Körper, und wir konnten ihn selbst denken und aussprechen. Zuerst haben wir ihn in der dritten Person benutzt – »Dietmar ist müde«, »Claudia hat Hunger«.

Und schließlich lernten wir, unseren Namen und unser körperliches und seelisches Befinden mit dem Ich-Gedanken zu verknüpfen. Nun konnten wir in der ersten Person sprechen: »Ich bin Hans.« In der Folge wirkte der Ich-Gedanke wie die Schnur einer Perlenkette, auf die alle weiteren Erfahrungen aufgereiht wurden. Glückliche Momente, Verletzungen, Erfolge, Niederlagen, Rollenzuschreibungen in der Familie und Schule: unsere Lebensgeschichte, die Perlenkette des Ich.

Doch es sind nicht nur Erfahrungen der Vergangenheit, die mit dem Ich verknüpft sind. Unser Geist versucht auch, die Zukunft dieses Ich vorwegzunehmen. Wir machen uns Hoffnungen, hegen Pläne und Wünsche und malen uns Strategien aus, sie zu verwirklichen. All diese Gedanken und inneren Bilder sind an einen persönlichen Jemand gebunden und können bereits dadurch auftauchen, dass wir den gemeinsamen Nenner aller Erfahrungen denken: den Gedanken »Ich«.

Das Auftauchen der drei Buchstaben in unserem Bewusstsein ist also alles andere als bedeutungslos. Unser Geist hängt an den Ich-Gedanken eine unüberschaubare Anzahl an körperlichen, emotionalen und mentalen Assoziationen. Dieser Prozess läuft rasend schnell und weitgehend unbewusst ab, doch nimmt er einen zentralen Stellenwert ein. Denn der Ich-Gedanke und das Seinsgefühl, das mit ihm verbunden ist, stellt die Basis für unser gesamtes Erleben dar.

Wozu ist es gut, sich so genau mit dem Ich-Gedanken zu beschäftigen? »Natürlich denke ich an meine Person, wenn ich ›Ich‹ sage. Wie sollte es anders sein? Das ist doch selbstverständlich!«

Ja, so scheint es. Es kommt uns normal und natürlich vor, mit »Ich« unsere Person und deren Lebensgeschichte zu meinen. Aber der Schein trügt.

Die Essenz von ICH – das bleibende Wahrnehmende

Was zeigt sich, wenn wir das Seinsgefühl, für das der Ich-Gedanke steht, unmittelbar untersuchen? Was nehmen wir wahr, wenn wir dem ICH nachspüren, ehe all die Verknüpfungen in unserem Geist auftauchen? Was können wir entdecken, bevor sich das innere Bild einer Person und deren Geschichte aufbauen?

Das reine ICH zu ergründen führt uns in einen Raum, der sich der Beschreibung in Worten entzieht. Doch Folgendes können wir nachvollziehen: Der Ich-Gedanke stellt den Ausdruck einer fundamentalen Seinsempfindung dar. Wir könnten diese Seinsempfindung am ehesten als den »bleibenden Wahrnehmenden« bezeichnen. In spiritueller Literatur wird auch vom »Beobachter« oder vom »Zeugenbewusstsein«* gesprochen.

Den einen Aspekt des »bleibenden Wahrnehmenden«, das »Bleibende«, haben wir schon untersucht: Es gibt in uns eine Dimension, die um ihre eigene unveränderliche Beständigkeit weiß. Ein Gespür, das uns sagt, »ich bin immer noch ich«, obwohl sich im Laufe unseres Lebens sämtliche Wahrnehmungen und Erfahrungen drastisch ändern.

Den anderen Aspekt der Seinsempfindung können wir als »den Wahrnehmenden« bezeichnen oder besser als »das Wahrnehmende«. Gemeint ist damit, dass unser Seinsgespür eine Empfindung des Subjekt-Seins in sich birgt. Wenn wir ein Objekt in der Außenwelt sehen, empfinden wir es als gegenständliches Ding, das von uns als Subjekt wahrgenommen wird.

Sehen wir einen Stuhl, spüren wir, dass unser Ich nicht dieser Stuhl ist, sondern dasjenige, das ihn sieht. Wenn wir die Geräusche eines Motors hören, wissen wir, dass unser Ich nicht der Motor ist, sondern das Subjekt, das ihn hört. Diese bezeugende Distanz zwischen dem, was wir wahrnehmen, und der Instanz des

Wahrnehmenden selber, macht einen Grundzug des Ich-Empfindens aus. Die wahrgenommenen Objekte ergeben einen sich ständig wandelnden Strom von äußeren und inneren Erfahrungen. Erlebt wird dieser Strom von ein und demselben Subjekt: vom ICH, dem bleibenden Wahrnehmenden.

Doch was ist dieses »bleibende Wahrnehmende« tatsächlich? Unser Verstand hat darauf eine schnelle Antwort. »Ich natürlich«, ruft er wie aus der Pistole geschossen und legt los mit all seinen Assoziationen zum persönlichen Ich. Er hat eine Grundüberzeugung. Sie lautet: »Irgendwo muss es da ein Zentrum der Aufmerksamkeit geben, das alle Erfahrungen wahrnimmt, und dieses Zentrum ist ein einzelnes, von anderen abgegrenztes Gebilde namens ›Ich‹.«

Die Selbsterforschung mit der Frage »Wer oder was bin ich wirklich?« richtet sich darauf, die fundamentale Seinsempfindung, deren erster Ausdruck der Ich-Gedanke ist, genauer zu überprüfen. Was ist das Ich-Sein jenseits der konditionierten, automatischen Konzepte?

Die folgende Anleitung gibt einen Geschmack davon. Sie dient als Prozess des Nachspürens. Die Anleitung in den Kästen wird durch Erläuterungen unterbrochen. Ich empfehle Ihnen, sich auf die gesamte Anleitung zusammenhängend einzulassen.

Nehmen Sie sich zehn bis fünfzehn Minuten Zeit. Setzen Sie sich hin, schließen Sie die Augen, und erlauben Sie sich zu entspannen.

Dann öffnen Sie langsam Ihre Augen und betrachten den Raum vor sich, die Gegenstände, Konturen, Farben. Vielleicht stellen Sie fest, wie Ihnen zu einigen Objekten im Raum Bezeichnungen einfallen oder wie Sie sie gedanklich beschreiben.

Was auch immer Sie sehen, werden Sie sich der Tatsache bewusst, dass Sie in diesem Moment bestimmte Objekte wahrnehmen. Vielleicht können Sie ein Gespür für die Distanz zwischen dem Objekt und sich selbst bekommen. Das Objekt ist dort, Sie als der oder die Wahrnehmende sind hier.

Nehmen Sie einfach diese Distanz zwischen sich und dem beobachteten Gegenstand wahr.

An diesem Punkt der Erforschung können Sie sich selbst folgende Frage stellen:
»Was ist das, das dieses Objekt wahrnimmt?«

Lassen Sie diese Frage auf sich wirken, und spüren Sie die Resonanz.

Es mag sein, dass Antworten auftauchen wie: »Das Objekt wird von mir als Körper wahrgenommen.« Oder: »Meine Augen nehmen diesen Gegenstand wahr.« Diese Antworten sind ein Ausdruck für das gewöhnliche Identitätsgefühl, das unseren Körper als das Zentrum der Wahrnehmung und somit als das Subjekt ortet. Lassen Sie uns weiter forschen:

Erlauben Sie sich weiterhin, frisch und unmittelbar auf die Erfahrungen in diesem Moment zu achten.

Werden Sie sich noch einmal bewusst: Die Gegenstände, die Sie wahrnehmen, sind Objekte, die Sie vor sich sehen. Es ist offensichtlich, dass sie nicht Sie selbst sind, sondern beobachtbare Objekte, die von Ihnen als Subjekt wahrgenommen werden.

Richten Sie Ihre Aufmerksamkeit jetzt langsam auf einen bestimmten Aspekt der optischen Wahrnehmung:

Wenn Sie so dasitzen, sehen Sie sicherlich in Ihrem Gesichtsfeld auch Ausschnitte Ihres eigenen Körpers, ob im Randbereich oder im Zentrum. Vielleicht sind es Ihre Hände und Teile der Arme oder Beine – werden Sie sich einfach dieser Wahrnehmungen Ihres Körpers bewusst. Sie sehen einige Teile Ihres Körpers, so wie Sie vorher auch andere Gegenstände betrachtet haben. Bemerken Sie einfach, dass auch diese visuellen Wahrnehmungen Teil der Welt der Objekte sind, die Sie als Subjekt wahrnehmen.

Während Sie die bildliche Anschauung Ihres Körpers beobachten, sind Sie als »das Schauende« nicht diese Körperteile selbst, sondern etwas, das diese sehen kann. Erlauben Sie sich für einen Moment, sich ganz in diese einfache Erfahrung hinein zu entspannen: Alle optischen Eindrücke tauchen vor Ihnen auf, äußere Gegenstände und die Bilder von Teilen Ihres Körpers. Sie brauchen nichts tun, sondern können einfach diese Eindrücke betrachten.

Unseren Körper auf diese Weise zu betrachten deutet auf eine einfache, aber grundlegende Eigenschaft des Erlebens: Der Körper ist nicht nur Subjekt, wie es zunächst selbstverständlich schien. Er ist tatsächlich auch Objekt – in diesem Fall als eine optische Erscheinung. *Doch was Objekt ist, kann nicht sein eigenes Subjekt sein.* Das wahrnehmende Subjekt muss von einer grundsätzlich anderen Ebene her das Objekt wahrnehmen. Das Auge kann sich nicht selbst sehen, das Ohr sich nicht selbst hören, eine Hand sich nicht selbst anfassen. In diesem Experiment wird deutlich, dass die so selbstverständlich erscheinende Idee »Mein Körper ist das wirkliche Subjekt aller Erfahrungen« in der unmittelbaren Erfahrung nicht haltbar ist.

Wir setzen die Erforschung fort, um diese objekthafte Qualität unseres Körpers noch deutlicher werden zu lassen:

Schließen Sie Ihre Augen.

Richten Sie Ihre Aufmerksamkeit mit geschlossenen Augen auf die anderen Empfindungen, durch die Sie sich Ihres Körpers gewahr sind.

Es mag zum Beispiel sein, dass Sie spüren, wo Ihr Körper den Stuhl oder den Boden berührt. Werden Sie sich dieser Berührungen bewusst. Druck, Wärme oder Kribbeln, wie auch immer es sich gerade anfühlt.

Vielleicht spüren Sie Ihren Körper auch durch Bewegungen im Brust- und Bauchraum, die durch das regelmäßige Atmen entstehen.

Nehmen Sie für eine Weile einfach alle auftauchenden inneren Empfindungen wahr.

Können Sie während dieses Beobachtens spüren, dass auch diese Empfindungen Objekte der Wahrnehmung sind? Sie werden von Ihnen gesehen oder empfunden. Und während sie beobachtet werden und sich verändern, bleibt etwas präsent, das dieses Kommen und Gehen der Empfindungen beobachtet: Der Hintergrund, von dem aus alles Erleben wahrgenommen wird, bleibt erhalten.

Sie können alle inneren Eindrücke so betrachten, als ob Sie vom Fenster aus eine belebte Straße beobachten. Während die unterschiedlichsten Menschen vorbeigehen, bleibt der Beobachter still und unbewegt an seinem Platz.

Nehmen Sie einfach für eine Weile die inneren Empfindungen des Körpers aus dieser Position des stillen Beobachtens wahr.

Wenn wir Körperempfindungen auf diese Art betrachten, wird klar, dass die Überzeugung »Ich bin mein Körper« nicht stimmt. Richtig ist eher die Aussage »Ich erlebe einen Körper«. Denn alle Wahrnehmungen, durch den wir unseren Körper erfahren, zeigen sich von einer tieferen Perspektive aus als Objekte, die erlebt werden, und nicht als Subjekte, die erleben.

Dies gilt natürlich in gleicher Weise für unseren emotionalen Körper. Auch hier herrscht die Überzeugung »Ich bin meine Gefühle«. Wir sagen: »Ich bin traurig«, »Ich bin wütend« und dergleichen. Doch Gefühle sind – ebenso wie unsere Wahrnehmung des Körpers – objektartige Erfahrungen. Sie werden von einer Ich-Instanz wahrgenommen. Sie stellen nicht das essenzielle Seinsempfinden dar, auf das der Ich-Gedanke hinweist, sondern sind vorüberziehende Phänomene. »Ich bin traurig« heißt eigentlich »Ich erlebe Gefühle von Traurigkeit«. »Ich bin wütend« heißt richtiger »Ich spüre Wut«. Unser wahres ICH ist nicht in den Gefühlen, es ist deren stiller Zeuge.

Das Ich-Empfinden kann also weder der Körper noch ein Gefühl sein. Wo und was ist dann aber dieser mysteriöse Ort, von dem aus alle Empfindungen, Gefühle und Gedanken gesehen werden?

Schließen Sie wieder die Augen, und werden Sie sich noch einmal der inneren Empfindungen des Körpers gewahr. Dabei kann es sich um den Atem handeln oder um andere Empfindungen, die Sie im Moment gerade spüren.

Werden Sie sich bewusst, dass Sie all diese Wahrnehmungen beobachten können.

Ihre Aufmerksamkeit richtet sich aus wie ein Pfeil, der von Ihnen als Zentrum der Wahrnehmung auf das Objekt (die körperliche Empfindung) zeigt, das Sie wahrnehmen können.

Nun können Sie den Pfeil der Aufmerksamkeit umdrehen. Statt ihn auf die Objekte zu richten, deutet er jetzt auf die Richtung, aus der er kommt – auf den Ort des Ursprungs, von dem er ausgerichtet wurde.

Erlauben Sie sich zurückzuschauen zum Ursprung, von dem aus gesehen wird.

Wo hat das Sehen seinen Ausgangsort? Was geschieht dabei? Was erleben Sie in dem Moment, in dem Sie den Pfeil der Aufmerksamkeit umdrehen und zurückverfolgen?

Nehmen Sie sich Zeit für diese Art des inneren Zurückschauens. Lassen Sie die Frage »Was ist es, das beobachtet?« auf sich wirken – ohne eine Antwort finden zu müssen.

Die Ausrichtung der Aufmerksamkeit um 180 Grad zu drehen ist ein ungewöhnliches Unterfangen. Im Allgemeinen sind wir daran gewöhnt, unsere Aufmerksamkeit nach außen zu richten – und sei es auch auf so genannte innere Objekte wie Empfindungen, Gefühle, Gedanken. Deshalb erscheint uns die Einladung, zur Quelle der Aufmerksamkeit zurückzublicken, zum reinen Gewahrsein, merkwürdig oder gar unverständlich.

Doch zumindest für den Bruchteil einer Sekunde können wir erahnen, worauf dies hindeutet. Diese Ahnung zeigt sich durch einen kurzen Moment unfassbarer Leere. Sie ist wie ein Vakuum, in dem jegliche gewohnte Aktivität des Denkens abgeschnitten scheint. Die Welt der definierbaren Erfahrungen scheint jäh anzuhalten. Dieses Aufbrechen des Nichts ist ein Zeichen dafür, dass in uns ein lebendiges Erspüren der Quelle aller Wahrnehmung stattfindet.

Manchmal erleben wir diese blitzartige Ahnung auch wie einen Schock, der eine enorme innere Verunsicherung mit sich bringt. Denn die Rückorientierung der Aufmerksamkeit, wenn sie lebendig geschieht, findet keinen fassbaren Beobachter. Im direkten Erspüren des Ursprungs gibt es kein wahrnehmendes Einzelwesen mit einer bestimmten Gestalt oder mit einem bestimmten Namen. Was wirklich offenbar wird, ist eher durch Begriffe wie »leerer Raum«, »Stille« oder »Nichts« auszudrücken. Und selbst diese Begriffe sind im Moment des Erkennens nicht anwesend.

Auch nur eine hundertstel Sekunde solchen Erkennens widerspricht all unseren Ideen über ein individuelles Ich. Gedanken wie »Da muss doch etwas sein«, »Da muss doch ein Jemand sein, der sieht« sind Ausdruck dieser Verunsicherung. Unser Geist greift sofort auf die vertrauten Vorstellungen eines persönlichen Ich zurück. Er will das Erleben der Leere mit etwas Fassbarem füllen. Dazu erzeugt er Gedanken: »Mein Gehirn nimmt diese Dinge wahr«, »Meine Seele oder mein höheres Selbst ist der Beobachter.« Solche inneren Bilder und Theorien spiegeln die Konzepte wider, mit denen unser Ich versucht, seine eigene Auslöschung zu vermeiden.

Wir brauchen allerdings nicht auf die Tricks des Verstandes hereinzufallen. Denn selbst wenn solche Gedanken auftauchen, gibt es die Möglichkeit, tiefer vorzudringen.

Nehmen Sie sich noch einmal Zeit, die Augen zu schließen und der inneren Erforschung nach dem Ursprung der Aufmerksamkeit nachzugehen.

Von welchem Ausgangspunkt kommt die Aufmerksamkeit, die sich auf die Objekte richtet?

Verfolgen Sie den Pfeil der Aufmerksamkeit zurück zu seinem Ursprung.

Was ist es, das die Empfindungen des Körpers wahrnimmt?

Seien Sie sich der Resonanz auf diese Frage bewusst. Erlauben Sie sich, ihr in Stille nachzuspüren, ohne eine Antwort formulieren zu müssen.

Vielleicht tauchen dennoch Gedanken zu dieser Frage auf. Vielleicht formuliert Ihr Geist eine Antwort in Worten oder erzeugt innere Bilder. Auch diese Gedanken und Bilder können Sie als Objekte beobachten. Werden Sie sich des objekthaften Charakters auch dieser Gedanken bewusst. Gedanken und innere Bilder sind, ebenso wie Empfindungen und Gefühle, Wahrnehmungen, die Sie beobachten können. Ein Gedanke kommt, ein inneres Bild taucht auf, und dann verschwinden diese Eindrücke wieder.

Dieses Kommen und Gehen der Wahrnehmungen kann beobachtet werden – und es gibt DAS, von dem die Beobachtung ausgeht.

Lassen Sie Ihre Aufmerksamkeit dorthin zurücksinken, von wo aus das Beobachten geschieht.

Was sieht die Gedanken?

Was betrachtet die inneren Bilder?

Lassen Sie sich zurücksinken in den Ursprung des Gewahrseins. Sie können sich erlauben, jede Beschäftigung mit den Objekten der Wahrnehmung zur Ruhe kommen zu lassen und sich vollkommen in den Raum des Gewahrseins selbst hineinfallen zu lassen.

Selbst die Frage »Wer ist es, der alles erlebt?« brauchen Sie sich jetzt nicht mehr zu stellen. Sie genießen einfach den Raum des Gewahrseins, der keine Antworten braucht. Sie ruhen in dem friedlichen Hintergrund, der alle Erfahrungen vorbeiziehen und wieder gehen lassen kann und dessen Ruhe ganz ungestört ist.

An dieser Stelle versagen allmählich die Beschreibungen und Anleitungen, die in Worten auf die Erfahrung des *Ursprungs* hinweisen. Das eigentliche Erleben des reinen Gewahrseins ist weder greifbar noch beschreibbar. Deshalb geht es in wirklicher Selbsterforschung auch nicht darum, eine definierbare Erfahrung und damit eine ganz bestimmte Antwort auf die Frage »Wer bin ich wirklich?« zu finden. Vielmehr laden wir uns selbst mit ihr zu einer Umkehr der Aufmerksamkeit ein. Wir wenden uns ab von den Oberflächenschichten der persönlichen Wahrnehmung, hin zur Tiefe eines unendlich weiten und das persönliche Ich überschreitenden Gewahrseins.

Durch diese Umkehr können wir in unserer eigenen Erfahrung erkennen, was tiefer als die Identifikation mit dem persönlichen Ich auf seine Entdeckung wartet. Vielleicht wird deutlich, dass die selbstverständliche Gleichsetzung unseres Seins mit unserem Ich brüchig wird, wenn wir erkennen, dass der Körper, die Emotionen und Gedanken tatsächlich Objekte und nicht das wirkliche Subjekt sind.

Auch der rudimentäre Ich-Gedanke selbst und die vielen weiteren Assoziationen, die mit ihm verbunden sind, stellen nicht das wahre ICH dar. Sie sind ebenfalls nur Objekte, die vom stillen Gewahrsein des Selbst wahrgenommen werden. Lassen wir uns wirklich auf diese Selbsterforschung ein, kann das Selbst tiefer und tiefer erkannt und erlebt werden.

Die lebendigen Einsichten, die sich eröffnen, wenn wir das Selbst erkennen, stehen im krassen Kontrast zur Sichtweise des identifizierten Ich: Während in der Fixierung auf den Ich-Gedanken unser Seinsgefühl räumlich und zeitlich begrenzt ist, eröffnet sich im Einlassen auf das Selbst das Empfinden endloser Weite und Zeitlosigkeit. Während mit dem Leben im sich identifizierenden Bewusstsein ein ständiger Beigeschmack von innerer Unruhe und Rastlosigkeit einhergeht, offenbart Selbsterforschung ein Gewahrsein, dem tiefer Frieden und ungestörte Ruhe zugrunde liegt. Während der Geist des persönlichen Ich hin und her springt und von Zweifeln beherrscht wird, ist in der Erfahrung des Selbst eine anstrengungslose Klarheit und stille Intelligenz gegenwärtig. Während das sich mit dem Körper identifizierende Ich von Bedürftigkeit angetrieben nach Schönheit und Liebe im Außen sucht, strahlt unser wahres ICH mit einer in sich selbst erfüllten, bedingungslosen Liebe.

Diese Beschreibungen sind blasse Versuche, die sich offenbarenden Facetten unserer wahren Natur zu schildern. Die direkte Erfahrung zeigt sich uns nur, indem wir uns selbst auf diese vielleicht tiefste aller Fragen einlassen: »Wer bin ich wirklich?«

Die Gefahr des Festhaltens am Formlosen

Selbsterforschung ist nicht nur ein Blick in die Tiefe. Vielmehr geschieht mit ihr ein Absinken unseres Bewusstseinsschwerpunktes in eine andere Sphäre. Vorher schwankte unser Seinsgefühl im Auf und Ab der Wellen, in den Dualitäten von gesund und krank, high und down, Verstehen und Nicht-Verstehen. Jetzt in der Tiefe wandelt sich unsere Wahrnehmung radikal. Wir erleben die Ruhe des Ozeans, genießen den Frieden der Abwesenheit aller Bewegungen.

Wer diese Stille – wodurch auch immer – einmal gekostet hat, ist fasziniert und angezogen von ihr. Nur ein kurzer, bewusster Moment eines solchen Friedens kann der Beginn einer großen Liebesbeziehung sein. Hierbei handelt es sich nicht um die Liebe zu einem Ding, einer Person oder einem Gefühlszustand, sondern um die Liebe zum Urgrund des Seins.

Solch ein Erleben der Stille kann in Gegenwart eines spirituellen Lehrers, als eine scheinbare Folge meditativer Techniken oder vollkommen spontan ohne sichtbare Ursache auftreten. Plötzlich verlieren alle sorgenvollen Gedanken an Bedeutung, alle Erinnerungen, alle Pläne und Ziele verschwinden, jedes Nachdenken über die eigene Person kommt zur Ruhe. Was vorher gewichtig und belastend erschien, wird in allumfassendem Frieden und tiefer Seligkeit absorbiert. Das individuelle Bewusstsein versinkt im Ozean des stillen Gewahrseins. Das Persönliche versinkt in der göttlichen Essenz. Jede Form und Erscheinung verliert ihre Bedeutung und das Formlose wird als das eigene essenzielle Sein erkannt.

Diese No-Mind-Erfahrungen* und Versenkungszustände können wir rückhaltlos erleben und genießen. Ihr Auftreten ist ein begrüßenswertes Zeichen und eine wunderbare Begleiterscheinung echter Selbsterkenntnis.

Allerdings birgt das Erleben solcher Zustände auch eine Gefahr. Nicht selten wird die Schau der Tiefe von unserem dualistischen Geist missverstanden. Das Sinken ins Formlose wird durch eine verzerrte Interpretation korrumpiert, und das kann zu subtilem Dualismus führen: zu einem übermäßigen Sich-Verlieben und schließlich zum Anhaften am formlosen Aspekt des Seins. Versenkungszustände werden dann als einzig erstrebenswerte Erfahrung proklamiert.

So wird eine neue Dualität geschaffen, die von Form und Formlosigkeit. Es kommt zur Ablehnung und Abwertung der Welt der Erscheinungen und dadurch zu einem sehr begrenzten Verständnis von Freiheit.

Die Neigung, sich von der Formlosigkeit faszinieren zu lassen, ist verständlich. Wir haben schließlich eine lange Gefangenschaft hinter uns im Glauben, die Welt der Erscheinungen sei die wirkliche Welt. Da löst es eine unglaubliche Erleichterung und tiefe Wiedersehensfreude aus, wenn das formlose Sein endlich wieder entdeckt wird. Das Erkennen des gedankenfreien Urgrundes offenbart die überwältigende Einheit, Freiheit und die tiefe Seligkeit, nach der wir uns gesehnt haben. Es kann also sehr verlockend sein, nur noch die formlose Tiefe als wahr, wertvoll oder echt zu etikettieren und die Welt der Erscheinungen als täuschend, wertlos und falsch abzulehnen. Das Pendel, das zunächst in Richtung der Formen und Erscheinungen festgehalten wurde, schlägt nach dem Loslassen in die Gegenrichtung des Formlosen aus.

In unserem inneren Erleben zeigt sich dieser subtile Dualismus im Festhalten an einem Bewusstseinszustand, der von einer vollkommenen Abwesenheit von Gedanken und Vorstellungen geprägt ist. Das Wiederauftauchen von Gedanken empfinden wir als Störung der Ruhe. Deshalb beginnt die Anstrengung, Gedanken künstlich fernzuhalten und einen nebelhaften Zustand geistiger Ruhe herzustellen.

Auf der emotionalen Ebene zeigt sich dieses Phänomen im Festhalten an Seligkeits- und Ekstasezuständen. Dunkle oder unangenehme Gefühle scheinen unseren inneren Frieden zu stören, und wir versuchen, solche Erfahrungen zu verdrängen oder zu verleugnen. Ekstase und Seligkeit können phantastische Begleiterscheinungen echter Selbsterforschung sein. Doch verknüpft unser Verstand sie mit dem Erleben des essenziellen Seins, führt das zu einer Begrenzung der Freiheit. Wir übersehen das Potenzial »negativer« Emotionen, die uns eine tiefere Selbsterforschung ermöglichen.

Diese Anhaftungen sind nicht nur verständlich, sondern womöglich unvermeidliche Übergangsstadien zur tieferen Selbsterforschung. Wir können sie als weitere subtile Verlockungen des Geistes erkennen, die uns im Leid der dualistischen Trennungen gefangen halten – nur dass dieses Leid nun spirituell verkleidet ist.

Doch dann hören wir auf, uns mühsam an einer künstlichen Stille oder reproduzierten Seligkeit festzuhalten. Wir lösen uns von diesem Strampeln und sinken weiter ab. Wir erfahren: Wahre Versenkung schließt weder das Auftreten von Gedanken noch unangenehme Gefühle aus.

8.
Absinken in die Tiefe

»Die Liebe sagt: ›Ich bin alles‹, die Weisheit sagt: ›Ich bin nichts‹.« Dieses Zitat des indischen Weisen Nisargadatta Maharaj* beschreibt die beiden Blickwinkel, die das Absinken des Bewusstseins in die Tiefe des Seins charakterisieren. Die Aufmerksamkeit, die aus der Stille heraus die Welt der Erscheinungen betrachtet, bewertet und verurteilt nicht. Sie macht keine Unterschiede. Sie will nichts verändern oder erreichen, sie braucht nichts wegzuschieben oder etwas anderem nachzujagen. Die Stille birgt eine offene, wertschätzende Haltung gegenüber allen Erscheinungen in sich. Denn sie weiß, dass die regungslose Tiefe, ebenso wie die bewegte Oberfläche, ein und derselbe Ozean des Seins sind.

Reine Wahrnehmung – die Schönheit der einfachen Erfahrung

Die folgende längere Anleitung eröffnet eine Vielfalt von Erfahrungen. Sie lädt dazu ein, an der natürlichen Perspektive des stillen Gewahrseins teilzuhaben. Zunächst führt sie uns zu den unmittelbaren Empfindungen des gegenwärtigen Augenblicks. Dann regt sie uns an, die Tiefe des wahrnehmenden stillen Gewahrseins zu erkunden. Und schließlich weist sie uns darauf hin, die Sinneserfahrungen und Empfindungen aus der Stille heraus zu erleben.

Nehmen Sie sich 15 Minuten Zeit für diese Anleitung. Sie können den Text langsam lesen und immer wieder innehalten. Oder Sie lassen ihn sich von jemand anderem vorlesen.

Werden Sie sich Ihres Körpers und seiner Haltung bewusst. Spüren Sie, welche Bereiche des Körpers Kontakt zum Boden oder zum Stuhl haben. Wie fühlt sich diese Berührung zwischen Körper und Unterlage an? Können Sie Kontakt, Wärme, Druck oder andere Empfindungen spüren?

Nehmen Sie einfach diese Empfindungen wahr.

Gehen Sie dann mit der Aufmerksamkeit zum Atem. Schauen Sie, in welchen Bereichen des Körpers Sie die Bewegungen des Ein- und Ausatmens am deutlichsten spüren. Lassen Sie sich Zeit, diese Empfindungen von Bewegung und Dehnung für einige Atemzüge einfach zu beobachten.

Wenden Sie nun Ihre Aufmerksamkeit dem Hören zu. Werden Sie sich der Geräusche oder Klänge bewusst, die Sie in diesem Moment hören. Lauschen Sie, ohne zu benennen oder zu beschreiben. Bleiben Sie einige Momente bei dieser Wahrnehmung.

Werden Sie sich jetzt der Gedanken gewahr, die in Ihrem Bewusstsein auftauchen. Vielleicht nehmen Sie abschweifende Gedanken wahr. Vielleicht tauchen einfache Benennungen oder Beschreibungen dessen auf, was Sie gerade erfahren.

Egal welche Gedanken es sind, seien Sie sich ihrer einfach gewahr, ohne sie zu kommentieren und zu bewerten. Sie können auftauchen und wieder verschwinden, ohne dass Sie etwas damit machen. Beobachten Sie einfach das Kommen und Gehen dieses Gedankenstroms.

Lassen Sie jetzt Ihre Aufmerksamkeit offen werden, ohne sie auf ein Objekt auszurichten. Unabhängig vom Inhalt Ihres Bewusstseins können Sie sich tief entspannen. Lehnen Sie sich innerlich zurück, als ob Sie sich nach einem ereignisreichen Tag in einen bequemen Sessel sinken lassen. Jegliche Aktivität kann zur Ruhe kommen.

Lassen Sie sich jetzt innerlich in einen weiten, stillen Raum zurückfallen. Sinken Sie nach hinten, weg von aller Aktivität der Sinne und des Denkens – in eine friedliche Atmosphäre, in die innere Stille, die der Hintergrund aller Erfahrungen ist, die Sie zuvor wahrgenommen haben.

Lassen Sie sich weiter und weiter in diese Stille sinken. Empfindungen und Gedanken verblassen, während Sie sich tiefer und tiefer in den stillen Hintergrund aller Erfahrungen entspannen.

Und während Sie sich zurückfallen lassen, ahnen Sie, dass es da nicht einmal einen »Jemand« gibt, der sich zurückfallen lässt. Auf eine unerklärliche Art und Weise ist einfach diese friedliche Atmosphäre präsent. Eine Atmosphäre, die sich in alle Richtungen ausdehnt, nach oben, nach unten, nach vorne und nach hinten, rechts und links. Eine feine, kaum spürbare, friedvolle Ausstrahlung, die alle Erfahrungen umhüllt.

Erlauben Sie sich, die Entspannung und Stille zu genießen. Vielleicht nehmen Sie den subtilen Frieden wahr, der sich auf natürliche Weise zeigt. Oder Sie spüren eine kraftvolle Präsenz oder eine stille Klarheit. Möglich auch, dass dieser Moment gar nicht zu beschreiben ist – dann spüren Sie ihn vollkommen wortlos.

Es mag sein, dass auch unangenehme Gefühle auftauchen. Ängstlichkeit, Unbehagen, emotionaler Schmerz. Erlauben Sie auch diesen Erscheinungen, da zu sein – ohne sie zu verleugnen oder ihnen Bedeutung zu geben. Vielleicht entdecken Sie, dass auch diese Gefühle im Bewusstseinsraum der Stille auftauchen, von ihm umarmt und getragen werden.

Und dann wenden Sie langsam die Aufmerksamkeit wieder auf die Körperwahrnehmungen. Vielleicht spüren Sie Ihren Atem wieder. Andere Bereiche des Körpers werden Ihnen bewusst. Was auch immer Sie wahrnehmen, spüren Sie es aus dem Raum des stillen Gewahrseins heraus. Wie fühlt es sich an, den Körper auf diese Art wahrzunehmen, die Empfindungen zu spüren, ohne etwas mit ihnen tun zu müssen?

Wenden Sie nun Ihre Aufmerksamkeit den Geräuschen zu. Nehmen Sie wahr, wie Sie Klänge und Töne aus dem Raum der Stille hören. Wie ist es, zu hören, ohne den Wahrnehmungen Namen zu geben, ohne sie in Kategorien einzuteilen, ohne sie zu bewerten? Wie ist es, das Gehörte von der Basis eines stillen Hintergrundes aus einfach er- und verklingen zu lassen?

Erlauben Sie sich, dieses Konzert von Geräuschen im unmittelbaren Hören wach und entspannt zu genießen.

Werden Sie sich dann wieder der Wahrnehmung von Gedanken bewusst. Lassen Sie sie auftauchen, ohne sie zum Verschwinden bringen zu wollen, aber auch ohne die Notwendigkeit, sie zu bewerten oder zu analysieren.

Welche Gedanken auch auftauchen, Sie brauchen nicht auf ihren Inhalt einzugehen. Beobachten Sie stattdessen, wie sie erscheinen und sich wieder auflösen, ohne dass es irgendeiner Aktivität bedarf.

Wie fühlt es sich an, Gedanken und Vorstellungen aus der Stille heraus wahrzunehmen? Wie ist es, die Gedanken in der Weite des stillen Gewahrseins entstehen und vergehen zu sehen? Erlauben Sie sich für eine Weile, alle auftauchenden Gedanken aus dieser Perspektive der inneren Stille heraus zu beobachten.

Lassen Sie jetzt diese entspannte Wahrnehmung präsent bleiben, während Sie Ihre Augen öffnen. Die Welt der optischen Wahrnehmungen kann Ihnen bewusst sein, ohne dass sich an der stillen Haltung etwas ändern müsste.

Lassen Sie die Formen und Farben im Bewusstsein auftauchen. Sie brauchen die optischen Wahrnehmungen nicht zu benennen, keine Gegenstände ausfindig zu machen.

Welche Qualität zeigt sich, wenn Sie das, was Sie sehen, aus einer Perspektive der inneren Stille anschauen? Wie ist es, zu sehen, ohne zu benennen oder zu vergleichen?

Geben Sie sich für eine Weile diesem einfachen Sehen hin.

Erlauben Sie sich, den Frieden auch mit geöffneten Augen und mit dem Auftauchen von Empfindungen zu genießen. Alles, was gesehen, gehört, gerochen, gespürt und gedacht wird, kann auftauchen, ohne dass irgendetwas bewertet oder verfolgt werden müsste. Alles kann im Frieden und in der Stille dieses Momentes vollständig willkommen geheißen werden und wieder gehen. Sie können sich als der stille und immer anwesende Hintergrund des Seins erleben.

Der Beginn der Übung lädt ein, sinnliche und körperliche Erfahrungen als Tor zum Gewahrsein des Augenblicks zu nutzen. Erst wenn unser Bewusstsein sich von seiner gewohnten Beschäftigung mit Vergangenheit und Zukunft entspannt und sich im Jetzt verankert, können wir zum direkten Erleben des Seins vordringen. Die Fokussierung auf die sinnlichen Erfahrungen des Körpers kann dazu sehr hilfreich sein.

Das Zurücksinken in den Hintergrund des stillen Gewahrseins erlaubt es, die Aufmerksamkeit von den Objekten abzuwenden und die bereits anwesende Stille wahrzunehmen. Wenn wir uns so von den Sinnen und vom Denken abkehren, können wir den zugrunde liegenden Bewusstseinsraum leichter erspüren. Das lebendige Zurückfallen in diese Stille kann zu einem intensiven Versinken ins formlose Sein führen. Das geht mit einer starken Reduzierung oder sogar einem vollkommenen Verschwinden aller Sinneseindrücke und Gedanken einher. In der hinduistischen Tradition wird dieses Versinken als Samadhi* bezeichnet. Sie können Begleiteffekte echter Selbsterforschung sein. Das bedeutet allerdings keineswegs, dass das stille Gewahrsein nur dann erfahren werden kann, wenn Sinneseindrücke und Gedanken verschwinden. Wahre Stille ist weder an das Nichtvorhandensein von Gedanken noch an die Abwesenheit von Empfindungen gebunden. Sie schließt nichts aus. Wir können alles, auch Verstandesaktivitäten, Gefühle und Empfindungen vor diesem Hintergrund erleben. Und dazu lädt uns das letzte Drittel der Anleitung ein. Hier können wir wieder das Vorhandensein von Sinneseindrücken und Gedanken erleben – nun jedoch mit dem vollen Bewusstsein der ihnen zugrunde liegenden Stille.

Diese Art des stillen Erlebens ist uns meist fremd. Gewöhnlich sind wir damit beschäftigt, die Objekte unserer Wahrnehmung zu kommentieren. Wir hören einen Klang oder sehen ein Bild, und schon setzen die Mechanismen des Benennens, Bewertens und Vergleichens ein. Mit all den gedanklichen Anmerkungen spinnen wir ein Netz von Geschichten und formen ein mentales Abbild der Realität.

Begegnen wir unseren Körperempfindungen dagegen aus der Haltung der Stille, dann erleben wir sie vollkommen anders. Das grundlegende Gefühl der inneren Gelassenheit verschwindet nicht zwangsläufig, wenn wir wieder beginnen, unser leibliches Dasein zu spüren. Im Gegenteil: Das stille Erleben jenseits der Kommentare erlaubt uns, auch im Körper eine tief greifende Entspannung und Gelöstheit zu erleben. Und dann können wir selbst eine so schlichte Erfahrung wie das Atmen als Hochgenuss erleben.

Dieses tiefgründige Erleben können wir auch in Bezug auf unseren Hörsinn entdecken. Wenn der Verstand nicht mit seinem üblichen Geplapper beschäftigt ist, wird der Wohlklang selbst der einfachsten Töne und Laute hörbar.

Können wir entdecken, welches wunderbare Konzert das Klappern einer Tür, ja selbst die Geräusche einer Straße erklingen lassen? Ohne die Einmischung unseres Verstandes ist, was wir sonst »Lärm« nennen, keine Störung der tieferen Ruhe, in der alle Klänge auftauchen und vergehen. Ist unser Verstand ruhig, dann bekommen wir einen Geschmack davon, dass sich in den Klängen selbst auf mysteriöse Weise Stille offenbart.

Und wie ist es, visuelle Eindrücke aus der Perspektive der Stille zu erblicken? Was zeigt sich, wenn unsere automatischen Bewertungen von »schön« oder »hässlich«, »das sieht gut aus« oder »das müsste anders aussehen« keine Energie bekommen? Es mag sein, dass unser Verstand weiterhin mit Kommentaren aufwartet. Doch was zeigt sich, wenn wir an einer tieferen Art des Sehens interessiert sind und durch die Augen des stillen Seins blicken? Können wir die mysteriöse Schönheit sehen, die durch jede Farbe und jede Form hindurch scheint? Vielleicht strahlt der einfachste Gegenstand plötzlich einen ganz frischen Zauber aus.

Möglicherweise wird uns auf einmal klar, dass Schönheit nicht an Form und Gestalt gebunden ist. Wir können sie in allem wahrnehmen, wenn das Sehen aus der Tiefe des stillen Gewahrseins kommt. »Die Schönheit liegt im Auge des Betrachters.« Und wenn das Auge des Betrachters das stille Gewahrsein selbst ist, wird Schönheit überall offenbar.

Das gleiche Prinzip gilt für Gedanken und Vorstellungen. In der gewöhnlichen Verwicklung des Geistes scheinen uns gedankliche Aktivität und innere Stille wie zwei unterschiedliche Welten. Doch betrachten wir mentale Aktivität aus der Position innerer Stille, stellt sie keine Störung oder Beeinträchtigung dar. Wir müssen Gedanken weder unterdrücken noch festhalten, weder verleugnen noch ihnen Bedeutung beimessen. Aus der natürlichen Ruhe unseres wahren Seins betrachtet, sind sie wie Sinnesempfindungen, die kommen und gehen; wie Klänge, die er- und verklingen; wie Lichter, die aufscheinen und verglimmen. Auf diese Weise können wir Gedanken als durchscheinend wahrnehmen, als substanzlos. Jeder einzelne wird aus dem stillen Gewahrsein unserer selbst geboren. Für einen kurzen Augenblick bleibt er bestehen und vergeht, ohne dass sich das Geringste an der zugrunde liegenden Stille geändert hat.

Alle Wahrnehmungen und Gedanken auf diese Weise zu erleben bedeutet, dass wir als der Ozean des Seins verweilen. Wir genießen die göttliche Ruhe der Tiefe und ebenso das herrliche Funkeln der Oberfläche.

Der »Andere« aus der Perspektive der Stille

Den Wechsel der Perspektiven können wir auch in unserer Wahrnehmung anderer Menschen erforschen. Wenn wir uns mit unserem persönlichen Ich identifizieren, sehen wir die Anderen um uns herum als getrennt von uns, als verschieden und fremdartig. Sicherlich gibt es auch Menschen, denen wir uns verbundener fühlen, die uns näher und vertrauter sind als andere. In der Regel basiert diese Nähe auf Übereinstimmungen in unserer jeweiligen persönlichen Geschichte oder auf Ähnlichkeiten unserer Vorlieben und Abneigungen. So als hielte eine Welle auf dem Ozean nach anderen Wellen in ihrer Umgebung Ausschau: »Ah ja, diese Wellen da drüben bewegen sich in die gleiche Richtung – das scheinen Freunde zu sein.« Oder: »Die da sieht echt nett aus, wenn ich mit ihr verschmelzen könnte, wäre ich nicht mehr so einsam.« Durch derlei Versuche, persönliche Nähe herzustellen, wird das fundamentale Gefühl der Trennung kurzfristig gemildert – aber es löst sich nicht wirklich auf. Solange wir uns für eine von den anderen getrennte Person halten, werden wir das elementare Gefühl des Alleinseins und der Verlassenheit nicht los.

Selbst wenn wir echte Nähe zu anderen aufbauen, ist solch eine Beziehung oft von einer schweren Bürde belastet. Solange wir unsere eigene Fehlidentifikation nicht durchschaut haben, tragen wir Glaubensmuster mit uns herum, die echtes Glück an der Erfüllung bestimmter Bedürfnisse festmacht – zum Beispiel dem Bedürfnis nach Geborgenheit und Harmonie in einer Beziehung. Unser Gefühl der Abgetrenntheit soll durch die Nähe zum anderen verschwinden. Wir hoffen, die Einsamkeit durch Zweisamkeit zu vertreiben. So machen wir bewusst oder unbewusst die Beziehung und unseren Partner für unser Glück verantwortlich. Diese Erwartungen erschweren die Begegnung mit unserem Gegenüber allerdings ungemein. Sie führen zu gegenseitigen Einforderungen von Zuwendung, zum Drama von Angriff und Verteidigung, Verletzung und Enttäuschung. Statt den erhofften Ort der Zufriedenheit und Harmonie zu bieten, wird Beziehung zum Tummelplatz von Kämpfen, Streitereien und Konkurrenzspielen.

Die Begegnung zweier Wellen an der Oberfläche des Meeres bleibt immer unbefriedigend. Alle Wellen sind zwar Ausformungen des einen Ozeans, doch solange wir uns dieser Einheit nicht aus der Tiefe des Seins bewusst sind, bleiben die Versuche, dieses vergessene Einssein durch oberflächliche Nähe und Verschmelzung mit anderen wiederzuerlangen, zum Scheitern verurteilt.

Die vollständige Abwesenheit jeglicher Trennung zeigt sich uns erst, wenn das Bewusstsein in die Tiefe eintaucht. Im Nach-unten-Schauen lösen sich sämtliche Grenzen auf. Eine Aufteilung in verschieden Wellen gibt es hier nicht mehr. Wir erkennen die vollkommene Einheit aller Erscheinungen. Kein »Ich«, das von einem »Du« oder einem »Anderen« unterschieden werden könnte. Nur ungeteilte Tiefe und absolute Stille, das Einssein der Nicht-Dualität.

Doch das Nach-unten-Schauen ist nur eine der möglichen Perspektiven der Tiefe. Die andere besteht im Nach-oben-Schauen. Hier ruht unser Bewusstseinsschwerpunkt in der Erkenntnis der Einheit, und gleichzeitig kann er die Vielfältigkeit der Erscheinungen betrachten. Der Blick vom Meeresgrund aus nimmt die Wellen an der Oberfläche schemenhaft in ihrer Vielfalt wahr, aber er verliert sich nicht im Glauben an die Realität einer Trennung.

Wie erfahren wir das konkret? Wenn wir anderen Menschen aus einer Haltung innerer Stille heraus begegnen, können wir Erstaunliches erfahren. Vielleicht empfinden wir plötzlich eine tiefe Intimität und Vertrautheit einem Menschen gegenüber, den wir persönlich gar nicht kennen. Diese Innigkeit tritt spontan auf und ist – im Gegensatz zur gewöhnlichen Nähe – nicht von gemeinsamen Erlebnissen, verbalem Austausch oder persönlichen Ähnlichkeiten abhängig. Vielleicht erleben wir ein tiefes Gefühl von Wertschätzung und weitherziger Liebe, nicht nur für uns nahe stehende Menschen, sondern auch für scheinbar Fremde. Oder wir entdecken eine mysteriöse Schönheit, die durch unser Gegenüber strahlt, unabhängig davon, ob unser persönliches Ich diesen Menschen als sympathisch oder unsympathisch einstuft. Die Erkenntnis der grundlegenden Einheit kann noch unendlich viele andere Facetten und Gesichter haben.

Die folgenden zwei Experimente laden dazu ein, diesen Qualitäten nachzuspüren. Wichtig ist, dass es bei dieser Anleitung keineswegs darum geht, aktiv ein Empfinden von Verbundenheit oder Liebe zu erzeugen. Die lebendige Erfahrung von Einheit, das Erleben von bedingungsloser Liebe kann nicht künstlich hergestellt werden. Sie zeigt sich ganz natürlich, wenn die Aktivitäten des beurteilenden und wertenden Verstandes zur Ruhe kommen. Gerade in nahen menschlichen Beziehungen machen sich häufig starke Kräfte des konditionierten Geistes bemerkbar. Schwelende Konflikte, unerledigte Geschichten, verdrängte Emotionen von Zorn, Angst oder Verletzung können im Weg stehen und so die tiefere Liebe verdecken, die uns alle verbindet, jenseits der persönlichen Beziehung. Sollten bei dieser Anleitung solche unangenehmen Gefühle oder Widerstände auftauchen, können wir sie einfach bewusst wahrnehmen, ohne sie verändern oder zum Positiven wenden zu müssen. Meist verlieren sie alleine schon dadurch ihren belastenden Charakter, dass wir ihnen diesen Raum geben, und die tiefere Dimension der Begegnung scheint durch. Im Kapitel »Hingabe – die rückhaltlose Annahme aller Erfahrungen« werden wir genauer auf das Potenzial eingehen, das auch dem Erleben so genannter negativer Gefühle und Empfindungen innewohnt.

Einem geliebten Menschen begegnen

Entspannen Sie sich in den augenblicklichen Moment hinein und lassen Sie alle überschüssigen körperlichen und mentalen Aktivitäten zur Ruhe kommen.

Welche Wahrnehmungen tauchen jetzt in Ihrem Bewusstsein auf? Vielleicht hören Sie Geräusche oder Klänge, spüren Ihren Atem, oder Sie bemerken die vorbeiziehenden Gedanken.

Unabhängig vom Inhalt der Wahrnehmung, kann alles ein Signal dafür sein, sich tiefer zu entspannen. Jede Erfahrung ist eine Einladung, die Aufmerksamkeit auf die Stille zu richten, in der all diese Erfahrungen geschehen.

Alles Nachdenken über uns als Person, über Vergangenheit und Zukunft, alle Interpretationen und Bewertungen über uns selbst und andere Menschen verlieren in diesem Moment an Bedeutung.

Wie ist das, nicht mehr über ein »Ich« und ein »Du« nachdenken zu müssen?
Was nehmen Sie wahr, wenn Sie einfach nur die ungeteilte Stille dieses Momentes genießen – ohne Ihre eigene Geschichte oder die anderer Menschen?

Nehmen Sie sich Zeit, um auf diese Weise gegenwärtig zu sein und die innere Entspannung zu kosten.

Denken Sie nun an einen Menschen, dem Sie Zuneigung oder Liebe entgegenbringen. Ob das der Lebenspartner ist, eine enge Freundin oder ein Familienmitglied, lassen Sie diesen Menschen möglichst lebendig in Ihrer Vorstellung erscheinen.

Vielleicht können Sie seine körperliche Gestalt oder sein Gesicht vor Ihrem inneren Auge sehen. Vielleicht hören Sie seine oder ihre Stimme oder Sie spüren einfach die Atmosphäre der körperlichen Anwesenheit dieser Person.

Während Sie die Gegenwart dieses Menschen fühlen, erlauben Sie sich, dies aus der Perspektive des stillen Gewahrseins zu erleben. Sie brauchen die andere Person weder zu bewerten noch sich mit ihrer Geschichte oder Persönlichkeit zu befassen. Lassen Sie einfach die Präsenz dieses Menschen lebendig werden, so als ob Sie ihn einfach still anschauen – ohne etwas tun zu müssen und ohne etwas haben oder vermeiden zu wollen.

Wie fühlt sich eine solche Begegnung an, wenn Sie dem anderen aus der Haltung innerer Ruhe und Entspannung gegenübertreten? Frei von Wünschen und Bewertungen? Welche Atmosphäre vermittelt sich Ihnen in dieser Form der Begegnung? Wie schauen Sie diesen Menschen an, und auf welche Art und Weise werden Sie von ihm gesehen?

Falls in diesem Moment etwas aus Ihrem Inneren auftaucht, das Sie diesem Menschen sagen möchten: Wie klingt das? Vielleicht möchte Ihnen auch ihr Gegenüber etwas mitteilen: Wie hört sich das an?

Erlauben Sie sich, für alles offen zu sein, was in diesem Moment der Begegnung auftaucht. Und dann verabschieden Sie sich wieder. Lassen Sie alle Gedanken und inneren Bilder bezüglich dieser Person sich langsam auflösen und verschwinden.

Einem ungeliebten Menschen begegnen

Und jetzt lassen Sie das Bild eines Menschen auftauchen, mit dem Sie Schwierigkeiten haben oder den Sie nicht mögen. Jemand, der oft unangenehme Gefühle in Ihnen auslöst.

Lassen Sie auch diesen Menschen möglichst lebendig vor Ihrem inneren Auge auftauchen. Spüren Sie die Atmosphäre, die mit den Bildern von dieser Person einhergeht. Vielleicht können Sie sie vor sich sehen oder ihre Stimme hören. Lassen Sie die Präsenz dieser Person möglichst lebendig werden.

Nehmen Sie wahr, wie es sich anfühlt, diesem Menschen aus einer Position tiefer Entspannung und innerer Ruhe gegenüberzutreten. Tauchen unangenehme Gefühle auf, brauchen Sie sie weder zu verdrängen noch ihnen weitere Bedeutung zu verleihen. Falls Bewertungen und Urteile über diesen Menschen auftauchen, versuchen Sie, sich von der Fokussierung auf diese Gedanken zu lösen und Ihr Gegenüber ganz unmittelbar anzusehen: in einer stillen Begegnung, ohne dem Lärm der Bewertungen Gewicht beizumessen.

Wie empfinden Sie die Atmosphäre dieses Augenblickes? Wie nehmen Sie diesen Menschen aus der Perspektive des stillen Gewahrseins heraus wahr? Und wie nimmt er Sie wahr?

Vielleicht möchten Sie auch hier Ihrem Gegenüber etwas mitteilen oder er Ihnen. Lassen Sie sich etwas Zeit, um alles wahrzunehmen, was in dieser inneren Begegnung auftaucht.

Dann verabschieden Sie sich innerlich wieder von diesem Menschen und lassen alle Gedanken und Vorstellungen verschwinden.

Lassen Sie diese inneren Begegnungen mit geliebten und ungeliebten Menschen noch ein wenig nachschwingen.

Diese Bewusstseinsexperimente können eine Ebene innigster Verbundenheit und Liebe offenbaren. Eine solche tiefe Begegnung ist dann möglich, wenn sich unsere Identifikation mit dem individuellen Ich verflüchtigt. Setzen wir unser Sein nicht mehr mit persönlichen Geschichten und Bewertungen gleich, dann glauben wir auch nicht mehr an die Einschätzungen und Urteile unseres Denkens. Jegliche rigiden Abgrenzungen lösen sich auf und machen der Weite unseres natürlichen, stillen Gewahrseins Platz. In dieser Weite wird jede Unterteilung in »Ich« und »Du« als oberflächliche, maskenhafte Schicht erkannt. Unsere Essenz wird wieder spürbar, die in jedem Ich und Du dieselbe ist. Echte Begegnung bedeutet, dass sich diese Essenz der bedingungslosen Liebe durch die Masken von »Ich« und »Du« hindurch selbst sieht. Es ist dasselbe Sein, das durch alle Formen und durch alle Personen hindurch immer nur sich selbst begegnet.

Die stille Umarmung aller Erscheinungen

Das Aufschauen aus der Tiefe des Ozeans ist die Umarmung der Welt der Wellen. Wenn wir das lebendig erfahren, entdecken wir, was im Advaita mit dem Begriff »Sahaja Samadhi« beschrieben wird. Er bedeutet natürliche Versenkung. Ein anstrengungslose Gegründet-Sein in stillem Gewahrsein. Eine Gelöstheit, die nicht an die Abwesenheit von Empfindung und Denken gebunden ist, sondern auch mit ihrem Auftauchen ungestört bestehen bleibt. Der allem zugrunde liegenden Stille unserer wahren Natur wohnt das Potenzial inne, sämtliche Erfahrungen des Lebens in einer umfassenden und annehmenden Weise zuzulassen. Es ist eine umarmende Begegnung mit allen Sinnesempfindungen, allen Gedanken, allen Emotionen und der gesamten Welt, die sich aus diesen Elementen zusammensetzt. Ein Erleben ohne Ausgrenzung oder Verleugnung, ein Spüren ohne Verstrickung oder Dramatisierung.

In dieser Erkenntnis kann sich das große, nichtduale Wunder des Seins lebendig zeigen: Ein Ton ist Stille, und die Stille hört sich als Ton. Ein Gedanke ist Leere, und die Leere ist die Quelle jedes Gedankens. Eine Bewegung ist Ruhe, und Ruhe ist der Träger jeder Bewegung. Jedes persönliche Ich oder Du ist eine einzigartige Ausformung des einen ungetrennten Seins.

So löst sich auch der letzte Rest von Dualität auf, die Dualität zwischen formlosem Grund und geformten Erscheinungen. Dann wird absolut jede Erfahrung als Manifestation des einen stillen Gewahrseins erkannt. Im buddhistischen Herz-Sutra* wird diese höchste aller Wahrheiten in dem einfachen Satz ausgedrückt: »Form ist Leere, und Leere ist Form.«

Teil zwei

Das Feuer der direkten Erfahrung

9.
Hingabe – die rückhaltlose Annahme aller Erfahrungen

Vom indischen Weisen Sri Poonjaji, einem direkten Schüler von Sri Ramana Maharshi, stammt ein berühmtes Bild zur Beschreibung von Freiheit: »Der Vogel der Freiheit hat zwei Flügel. Der eine ist *Jnana** und der andere ist *Bhakti**. Zum Fliegen braucht er beide Flügel.«

Der Begriff Jnana beschreibt die Klarheit des stillen Gewahrseins. Es ist die Fähigkeit unseres Bewusstseins, alle Verdeckungen des konditionierten Geistes scharfsichtig zu durchschauen und unsere wahre Natur zu erkennen. Die Anleitungen zur Selbsterforschung im ersten Teil hatten hauptsächlich den Charakter des Jnana-Flügels.

Bhakti bedeutet Hingabe. Hingabe bedeutet die Bereitwilligkeit, unseren ichbezogenen Willen loszulassen. Es ist das Loslassen der Gedanken, die sich dem unmittelbaren Erfahren, dessen, was in unserem Bewusstsein auftaucht, entgegenstellen: »Das sollte eigentlich anders laufen.« »Ich will mich nicht fürchten.« »Das soll mir nicht passieren.« »Ich will es so haben und nicht anders.« Solche Gedanken sind ein Ausdruck mangelnder Hingabe. Bhakti bezeichnet die Möglichkeit der rückhaltlosen Annahme aller Erfahrungen.

Mit Bhakti lernen wir einen Zugang zu unserer wahren Natur kennen, der Gefühle einbezieht. Wir erkunden das befreiende Potenzial, das dem direkten Erleben von Emotionen innewohnt.

Die Entstehung der Basis-Emotionen der Identifikation

Durch die Begrenzung des Seins auf das Gefühl, mit einem Individuum identifiziert zu sein, kommt es zu heftigen Begleiterscheinungen in unserem Gefühlsleben. Wir können diese Gefühle *Basis-Emotionen* nennen, da sie das Fundament allen weiteren emotionalen Erlebens bilden. Sie liegen an der Basis jedes sich identifizierenden Ich. Wenn wir uns mit einer Welle des Ozeans identifiziert haben, liegt unser Bewusstseinsschwerpunkt ein Stück weit über der Oberfläche. Die Bhakti-Einladung der Selbsterforschung besteht darin, uns durch diese Basisschicht der Welle hindurch in die Tiefe sinken zu lassen.

Eine dieser Basis-Emotionen ist Wut. Wut meint den Groll gegen Begrenzung. Unser wahres Sein besteht in einem Bewusstseinsraum der unendlichen Weite, grenzenlos wie der Himmel. Die Identifikation mit dem persönlichen Ich gleicht dem Versuch, alle Luft des Himmels in einen einzigen kleinen Ballon zu füllen. Das schafft eine enorme Beengung. Wir spüren den Zorn, begrenzt und eingesperrt zu sein – in einem zu kleinen Körper, in einer Person, in der Identifikation mit einem Einzelwesen. Mit dem Körper identifiziert, fühlen wir uns auch Fremdbestimmung und äußerer Kontrolle unterworfen und spüren den Ärger darüber.

Die ersten Wellen dieses Zornes haben wir früh im Leben erfahren – spätestens im Alter von zwei Jahren. Da entwickelt sich, was »eigener Wille« genannt wird. In der so genannten Trotzphase toben Kinder vor Zorn, wenn etwas nicht nach ihrem Wunsch läuft. Diese kindliche Wut tragen wir noch mit uns herum. Dies liegt daran, dass wir uns vom wahrhaftigen Willen abgetrennt haben. In der Bergpredigt heißt es »Dein Wille geschehe«, und das ist ein Hinweis darauf, dass eine andere Macht als unser persönliches Ich die Fäden des Lebens in der Hand hält. Die Wellenbewegungen auf dem Ozean sind ein Resultat von Strömungen der Tiefe und Winden über der Oberfläche. Sie allein bestimmen, wann sich eine Welle bildet, wohin sie sich bewegt und wann sie untergeht. Entwickelt die Welle dagegen den Eigenwillen eines persönlichen Ich, nützt ihr das herzlich wenig. Das Einzige, was daraus resultiert, ist, dass sie scheinbar ständig mit Gegenwind und widrigen Strömungen zu kämpfen hat. Und das erzeugt eine enorme Wut auf die Machtlosigkeit des eigenen, persönlichen Willens.

Verzweiflung ist die zweite Basis-Emotion. Halten wir uns für eine einzelne Welle auf dem Meer, fühlen wir uns abgetrennt vom Rest der Wellen und vom tragenden Ozean. Sind wir mit unserem persönlichen Ich identifiziert, scheinen wir gefangen in einer unstillbaren Bedürftigkeit nach Zuwendung und Anerkennung. Wir haben vergessen, dass wir von Liebe getragen werden, ja Liebe selbst sind. So fühlen wir uns von ihr abgeschnitten und verstricken uns in die leidvolle Sehnsucht nach emotionaler Wärme von außen. Diese Zuwendung, hoffen wir, wird das emotionale Loch der verzweifelten Bedürftigkeit in uns füllen und die fehlende Liebe bringen. Besonders eindrucksvoll erleben wir diese Gefühle in der Pubertät. Unerwiderte Verliebtheit oder eine unglückliche Trennung können unser Herz brechen, wir fühlen uns mutterseelenallein und fallen in einen Abgrund der Trostlosigkeit.

Ein grundlegendes Missverständnis verstärkt die Basis-Emotion der Verzweiflung: Wir glauben, wir selbst seien die Handelnden und Lenker unseres Lebens. Wir denken, wenn wir nur alles richtig machten, könnten wir Nähe zu anderen herstellen und Liebe gewinnen. Wir sehen nicht, wer tatsächlich der Lenker unseres Lebens ist: Der Ozean und die Winde bestimmen, wie die Welle aussieht, mit welchen anderen Wellen sie zusammentrifft und wann sie sich wieder entfernen. Wenn wir das nicht erkennen, spüren wir einen enormen inneren Leistungsdruck. »Ich muss es selbst schaffen, liebenswert zu erscheinen«, »Wenn ich nur klug genug, kreativ genug bin, werde ich geachtet und geschätzt.« Und doch schafft es das Ego nicht. Es ist das Sein, das alles schafft. Will das Ego an der Oberfläche Liebe durch Nähe und Einssein herstellen, stößt es immer wieder auf die Vergeblichkeit seiner Bemühungen und verzweifelt daran.

Die dritte Basis-Emotion ist existenzielle Angst. Es ist das Grauen, das wir empfinden, wenn wir mit der Realität des Todes konfrontiert werden. Es ist die Angst davor, nichts mehr zu sein, vollkommen zu verschwinden, ausgelöscht zu werden. Wir glauben, mit der Vernichtung unserer Person trete auch der Tod des eigenen Seins ein. Am deutlichsten zeigt sich das, wenn wir ganz konkret Todesangst erleben: Wir machen im Urlaub eine Bergwanderung, rutschen mit einem Fuß ab und stürzen beinahe in einen tiefen Abgrund. Wir sitzen in der U-Bahn, unser Gegenüber zieht eine Pistole aus der Jacke und verlangt unser Geld. Wir sind beim Arzt, und er eröffnet uns die Diagnose Krebs. All das kann die Todesangst in uns hochschießen lassen. Oft aber erwischt sie uns in subtilerer Form: Wir verlieren unseren Arbeitsplatz, befürchten zu verarmen und geraten darüber in Panik. Wir bekommen Post vom Gericht. Es schießt uns heiß in den Kopf »Was kann das sein? Ist etwa die kleine Lüge bei der letzten Steuererklärung aufgeflogen, und stehen wir schon mit einem Bein im Gefängnis?« Auch solche Situationen drohen, unser persönliches Leben, so wie wir es bisher kennen, auszulöschen und lösen deshalb Angst aus.

Die Basis-Emotionen sind Nebenwirkungen der Identifikation. Jedes Mal, wenn wir uns in den Gedanken um unsere Person und ihre Wünsche verlieren, tauchen diese Dämonen wie aus dem Nichts auf. Doch oft sind wir uns auch hier dieses Geschehens nicht einmal bewusst. Warum? Weil unser Geist blitzschnell die unangenehmen Gefühle betäubt und verleugnet. Es ist, als würden wir ein Medikament mit krank machenden Nebenwirkungen nehmen, und statt es abzusetzen, schlucken wir lieber noch ein weiteres Medikament, das die Nebenwirkungen lindern soll. Wir werden immer benommener.

Unser Geist schafft diese Dämpfung, indem er einen Mantel der Unbewusstheit über die quälenden Emotionen wirft. Die Intensität von Angst, Zorn und Verzweiflung scheint zu gewaltig, ja unerträglich. Unser Verstand sagt: »Diese dunklen Gefühle kann ich nicht aushalten. Sie sind unerträglich. Ich werde alles versuchen, um ihnen zu entgehen.«

Wir glauben diesen Gedanken. So beginnen wir damit, die verschiedensten Strategien zu entwickeln, um dem direkten Erleben der Basis-Emotionen auszuweichen. Wir bauen uns ein illusionäres Gebäude von beschwichtigenden Glaubensmustern auf. Alle haben dasselbe Ziel: Sie wollen die leidvollen Gefühle abmildern, umgehen oder unter Kontrolle bringen. So machen wir uns vor, unser kleines persönliches Ich hätte die Macht, das Leiden schon in den Griff zu bekommen, und unser Leben könne irgendwann glücklich sein.

Um zur Wahrheit zurückzufinden, müssen wir uns zunächst die Konzepte und Glaubensmuster des Geistes bewusst machen. Wenn wir die Mechanismen der Verleugnung und Vermeidung aufdecken, verliert sich ihre Macht, uns von der tieferen Erfahrung der Basis-Emotionen abzulenken. Wir brauchen diesen Gefühlen dann nicht mehr ausweichen, sondern entwickeln die Bereitschaft, sie unmittelbar zu erleben. Unser Bewusstsein kann durch diese starken Strömungen an der Basis der Welle hinabtauchen und in die Tiefe sinken. Hier entdecken wir die essenziellen Qualitäten des Seins wieder, und schließlich offenbart sich uns die ungeteilte Einheit von Tiefe und Oberfläche.

Das unmittelbare Erleben der Basis-Emotionen geschieht, wenn in uns die Bereitwilligkeit reift, diesen dunklen Strömungen rückhaltlos zu begegnen. Und hier kommt die Notwendigkeit und zugleich das Potenzial der Hingabe ins Spiel: Bhakti. Solange das Ego die dunklen und bedrohlichen Erfahrungen vermeiden möchte, kommt es zu keinem wirklichen Er- und Durchleben der Basis-Emotionen. Solange wir an Gedanken des Widerstandes und der Kontrolle festhalten, strampelt unser Bewusstsein an der Oberfläche und kann nicht absinken.

Bhakti bedeutet die hundertprozentige Bereitwilligkeit, alles unmittelbar zu erleben, was im Prozess der Selbsterforschung auftaucht. Diese Bereitwilligkeit unterscheidet echte Selbsterforschung von jener spirituellen Suche, die für die seligen Aspekte der Selbsterkenntnis zu haben ist, jedoch zurückscheut vor den dunklen Tiefen, die mit ihr einhergehen.

Unmittelbares Erleben –
das Brennen in der Erfahrung

Zu den Vermeidungsstrategien des Geistes gehören auch das Wünschen und das Suchen. Auf den ersten Blick scheinen beide Hinbewegungen zu sein. Schließlich zielen sie auf Glücksobjekte ab, die unser Gefühl von Mangel und Einsamkeit überwinden sollen. Doch gleichzeitig sind sie Wegbewegung und Flucht. Durch die Beschäftigung mit Wunschfantasien und Glücksvorstellungen flüchten wir vor den dunklen Erfahrungen, die an der Basis unseres sich identifizierenden Bewusstseins schlummern.

Warum fällt es uns oft schwer, für einige Minuten in Stille zu sein? Weshalb bombardieren und zerstreuen wir unseren Geist mit so vielen Eindrücken? Mit Reizen aus Fernsehen, Radio, Kino, mit Zeitschriften, Büchern, oberflächlichen Gesprächen?

Ein Moment des Innehaltens – und sei es zunächst nur äußerlich, wie im stillen meditativen Sitzen – scheint uns oft bedrohlich. Und tatsächlich kann es sich zunächst unangenehm anfühlen, wenn wir uns darauf einlassen, mit der gewohnten Zerstreuung innezuhalten. Im Zur-Ruhe-Kommen wird uns bewusst, was die ganze Zeit unter der Oberfläche der Aktivitäten verborgen blieb und ihr heimlicher Antrieb war: das Erfahren der Basis-Emotionen. Zorn, Angst, Verzweiflung werden in der Stille zunächst einmal deutlicher spürbar. Der leidvolle Charakter des emotionalen Erlebens ist intensiv und schneidend zu fühlen, sobald wir aufhören, uns abzulenken.

Die Begegnungen mit den Basis-Emotionen sind allerdings keineswegs Hindernisse oder Rückschläge für die Entdeckung wirklicher Freiheit. Tatsächlich bieten sie eine wunderbare Gelegenheit der Vertiefung. Sie stellen keine schlimmen Dämonen dar, vor denen wir flüchten müssten, sondern sind tatsächlich Eingangstore zum Raum unserer wahren Natur.

Der Zugang ist *unmittelbares Erleben*. Unmittelbar bedeutet ohne die Mittel, die unser Verstand normalerweise benutzt, um der direkten Erfahrung auszuweichen. Unmittelbares Erleben ist also keine Technik, um Erfahrungen in den Griff zu bekommen oder sie zu überwinden. Die Auflösung des Leidens geschieht von ganz alleine, wenn wir die hundertprozentige Bereitwilligkeit haben, die Emotionen zuzulassen und zu erleben. Dieses vollständige Zulassen weiß der Verstand mit seinen Strategien geschickt zu vermeiden. Einige lassen sich in unserem alltäglichen Verhalten beobachten. Übertriebene Beschäftigung mit Arbeit, Selbstbetäubung durch Zigaretten, Alkohol und andere Drogen, das übermäßige Bedürfnis nach oberflächlicher Zerstreuung. All das kann ein Ausdruck von Vermeidungsstrategien sein.

Doch der Kern der Sache liegt woanders: Es ist das zwanghafte Verfolgen unserer Gedankenketten, unserer inneren Monologe, Dialoge und Geschichten. Wir hören sie als Stimme in unserem Kopf, als inneren Kommentator, der in unserem Bewusstsein mit enormer Energie am Werk ist. Er redet unablässig. Er erinnert, analysiert, plant, dramatisiert, beruhigt, fordert, klagt an. Wie der penetrante Moderator eines Radiosenders tut er uns zwanghaft seine persönliche Meinung zu allem und jedem kund. Sind wir mit dem persönlichen Ich identifiziert, zieht uns dieses Getöse völlig in seinen Bann. Meist so sehr, dass wir das Getöse dieses inneren Kommentators nicht einmal mehr als Lärm wahrnehmen. Wir sind ja damit aufgewachsen. Er hat schon die ganze Zeit im Hintergrund getönt. Wir haben uns an ihn gewöhnt.

Dieser innere Lärm ist ein Trick des Verstandes, unser Bewusstsein an der Oberfläche friedlosen Denkens zu halten. Er verhindert das unmittelbare Erleben unserer Gefühle und sträubt sich mit heftigem Gedankenstrampeln gegen das Absinken in die Tiefe. Denn dies wäre sein Tod. In der Tiefe des Ozeans funktioniert kein Radio mehr. Der Kommentator ertrinkt.

Bei näherer Betrachtung können wir zwei Strampelbewegungen unseres Geistes entdecken. Eine besteht in *Unterdrückung*. Der Geist gaukelt uns vor, die dunklen Basis-Emotionen existierten gar nicht. Und wenn wir sie schon ansatzweise spüren, versucht er, uns zu beruhigen und die Erfahrung zu verleugnen oder zu trivialisieren. Es ist wie bei dem Mann, der nachts durch einen dunklen Wald wandern muss. Er schlottert vor Angst, doch er pfeift ein fröhliches Lied, um das Grauen nicht zu spüren. Die Gelassenheit ist alles andere als echt: »Ich sollte mich mit etwas anderem beschäftigen, dann geht es mir besser.« »Die Angst ist nicht schlimm, es wird schon nichts passieren.« »Die Verzweiflung wird schon wieder vorübergehen, in Wirklichkeit bin ich nicht hilflos.« »Es gibt eigentlich gar keinen Grund, wütend zu sein.« Solche Gedanken sind Ausdruck der Unterdrückung und Verleugnung.

Eine weitere Bewegung des Geistes führt in das *Ausagieren* der inneren Spannung der Basisemotion: Wir tun etwas damit, um uns zu erleichtern, Energie abzuführen und sie loszuwerden. Dieses Tun kann äußerlich sichtbar oder nur eine innere Bewegung des Geistes sein. Auf jeden Fall handelt es sich um eine Reaktion auf das Aufsteigen der Gefühle. Anstatt der Erfahrung reglos zu begegnen, fangen wir an zu handeln. Manchmal sieht das so aus, als würden wir die Basis-Emotionen tatsächlich fühlen. Doch meist ist dieses Fühlen nicht unmittelbar, sondern von einer inneren Geschichte des denkenden Verstandes begleitet, etwa einer Schuldzuweisung, Rechtfertigung, Dramatisierung oder Rationalisierung. Der Zweck dieser Gedankenaktivität besteht wiederum darin, der direkten Begegnung auszuweichen.

Es handelt sich um eine Flucht, allerdings um eine Flucht nach vorn – in eine Reaktion. Wir glauben, etwas tun zu müssen: »Dass ich wütend bin, liegt am anderen. Ich sollte ihm mal deutlich meine Meinung sagen.« »Diese Angst fühlt sich so bedrohlich an, ich lenk mich lieber ein wenig mit Fernsehen ab.« »Ich kann dieses Gefühl der Einsamkeit nicht ertragen, ich ruf jetzt besser eine Freundin an, um darüber zu reden.«

Der Geist ist mit ungeheurer Geschwindigkeit zur Stelle, mit Geschichten zur Beruhigung oder mit Strategien der Bewältigung. Sie scheinen wie von alleine anzuspringen und machen sogar den Eindruck, als wären sie hilfreich und könnten unser Leiden beenden. Doch auch wenn Vermeidung und Ausagieren in manchen Momenten eine relative Milderung bewirken mögen, wirkliche Befreiung bringen sie nicht. Die Angst sitzt uns immer noch im Nacken, der Groll und die Unzufriedenheit grummeln im Bauch, und die verzweifelte Bedürftigkeit bleibt ein nie zu füllendes Loch in unserer Seele.

Erst in der Bereitschaft, die Flucht zu beenden und dem, was so bedrohlich und vernichtend zu sein scheint, ganz direkt zu begegnen, liegt die Möglichkeit der Befreiung. Unmittelbares Erleben ist ein Fühlen ohne Geschichten. Wir können aufhören, Gedanken an Gedanken zu hängen. Wir entdecken stattdessen die Bereitschaft, auch das offen zu spüren, was uns zuvor unerträglich erschien.

Dieses Fühlen findet auf der körperlichen und auf der energetischen Ebene statt. Wir öffnen uns für die Empfindungen unseres Körpers. Wir nehmen die Energien der Basis-Emotionen wahr, ohne sie zum Verschwinden bringen zu wollen – und ohne in die Suche nach angenehmeren Erfahrungen abzudriften. Unmittelbares Erleben ist ein sanftes Offensein für die Erfahrung des gegenwärtigen Moments. Diese Offenheit wertet nicht, dramatisiert nicht, unterdrückt nicht, analysiert nicht.

Das direkte Erleben ist oft von ungewohnt hoher Intensität und Wildheit. Erleben wir Angst unmittelbar, fühlt sich dies weit bedrohlicher an als gedämpfte Furcht. Spüren wir Zorn ungebremst, fühlt er sich zerstörerischer an als gezähmte oder sofort ausgelebte Wut. Verzweiflung und Hoffnungslosigkeit empfinden wir schmerzhafter, wenn wir sie nicht durch Trost abmildern. Das kann sich anfühlen, als würden wir in ein vernichtendes Feuer geraten. Genau davor haben wir uns immer gescheut: »Bloß nicht so heftigen Schmerz«, »Nur nicht von der Angst überrollt werden«, »Lieber herumtoben, als die Wut in mir spüren.« In der Bereitschaft, unmittelbar zu fühlen, springen wir mitten ins Feuer der Erfahrung. Alles brennt lichterloh.

Erst in dieser rückhaltlosen Begegnung kann sich das Geschenk zeigen, das die Basis-Emotionen in sich bergen. Denn das Brennen in der Erfahrung ist in Wahrheit ein Verbrennen unserer Glaubensmuster. Was wir den Flammen übergeben, sind die Mechanismen des Leidens. Was sich in Nichts auflöst, sind die einengenden Vorstellungen von uns als begrenzter Person. Und auf einmal offenbaren sich die wilden Flammen als stilles, klares Leuchten unseres wahren Seins.

Vermeidung des Basis-Zorns: Betäubung, aggressives Ausleben, Selbsthass

Wir alle haben erlernte Strategien, mit Zorn umzugehen. Eine Methode besteht in der Abmilderung, Betäubung und Verleugnung. Wir hegen die Befürchtung, andere könnten uns ablehnen, wenn wir Zorn in uns zulassen und dies nach außen hin sichtbar wird. Vielleicht fürchten wir uns auch vor der enormen Energie des Zorns, die sich vernichtend, ja manchmal geradezu mörderisch anfühlt. Wir glauben, die Wut zu spüren, hieße, sie austoben zu müssen. Um das zu verhindern, verbergen wir die Wut – vor allem vor den anderen, manchmal aber sogar vor uns selbst. Am effektivsten klappt das, indem wir uns einlullen und in eine beruhigende Trance versetzen. Darin ist unser Geist meisterhaft. Seine Methode ist das Wiederholen von Gedanken: »Das ist ja gar nicht so schlimm.« »Die Wut wird sich schon wieder legen.« »Ich bin ein friedfertiger Mensch.«

Sind diese Strategien unbewusst, so scheint das Erleben von Zorn in uns ganz und gar zu fehlen. Das Vermeiden funktioniert dann so gut, dass wir keinen Zugang zur Wut mehr haben. Wir gehen jeglichen Konflikten aus dem Weg. Oder wir leben die Wut nur noch über passiven Widerstand aus. Vielleicht bedarf es der Betäubung durch Schlaf, Alkohol oder andere Drogen. Oder wir lenken uns durch übermäßiges Essen und Fernsehen ab.

Häufig führt das Verdrängen dazu, dass wir die wichtigen Dinge des Lebens aus den Augen verlieren. Denn die Essenz des Zornes besteht aus Kraft und Energie. Unterdrücken wir den Zorn, schneiden wir uns auch von dieser Kraft ab. Das zeigt sich zum Beispiel in unserem Verhalten. Wir schieben Entscheidungen und Handlungen auf. Wir flüchten uns in Nebensächlichkeiten, werden schläfrig, wenn es ums Wesentliche geht oder vergessen einfach das Wichtigste. Ohne die Energie des Zornes fehlen uns Mut und Klarheit – zum Beispiel, um einen Standpunkt zu beziehen, uns auf Auseinandersetzungen einzulassen oder entschieden Nein zu sagen.

Eine konträre Vermeidungsstrategie ist das rücksichtslose Ausleben. »Der bringt mich auf die Palme! Selbst schuld, wenn ich jetzt etwas ausfallend werden muss. Dann ist wenigstens wieder Ruhe im Karton.« Wir glauben uns im Recht und weisen jemanden heftig zurecht. Wir machen ihm unmissverständlich klar, dass *er* falsch liegt. Wir werden laut, schreien ihn an, im Extremfall rutscht uns die Hand aus.

Das Ausagieren mag zu einer Entladung der emotionalen Energie führen und dadurch ein wenig Entspannung schaffen. Doch die Konsequenzen sind leidvoll. Sie erzeugen Verletzung beim Gegenüber, Schuldgefühle und Furcht vor Rache bei uns. Bereits im Moment des Auslebens schaffen wir uns Leiden, denn unsere Rechthaberei verstärkt das Gefühl der Trennung zwischen uns und anderen. Wir empfinden Kälte und Distanz, Feindseligkeit und Verachtung. Wir attackieren unser Gegenüber, reden uns vielleicht ein, doch nur für den Frieden zu kämpfen. In Wahrheit sorgen wir lediglich für die Verlängerung des Krieges.

Die dritte Vermeidungsstrategie ist das zurückgehaltene Ausagieren. Dabei richtet sich die Wut gegen unsere eigene Person. Der amerikanische spirituelle Lehrer Eli Jaxon-Bear* beschreibt das als »Fahrt mit Vollgas und angezogener Handbremse«. Der Zorn tobt sich aus, doch eben nicht nach außen, sondern im Inneren unseres Körpers. Die Wut richtet sich auf unsere vermeintliche Unvollkommenheit. »Ich hasse mich dafür, dass ich immer dieselben Fehler mache«, »Ich sollte jetzt nicht wütend sein«, »Ich verabscheue mich selbst.« Meist sind solche Gedanken mit körperlicher Anspannung verbunden. Wir beißen die Zähne zusammen, raufen uns die Haare, schlagen uns selbst vor den Kopf. Wir speichern die Energie des Zorns in einer sich verhärtenden Muskelanspannung. Das psychische Leiden des autoaggressiven Musters äußert sich in extremem Perfektionismus und Selbsthass.

Bei der Betrachtung all dieser Vermeidungsstrategien geht es nicht darum, Verhaltens- oder Gedankenmuster zu verurteilen. Wir wollen nur die automatischen Gewohnheiten des Geistes aufdecken, die das Leid aufrechterhalten. Das Wissen darum kann uns die Augen für die Vergeblichkeit aller Kontrollbemühungen öffnen und in uns die Bereitschaft wecken, den Basis-Emotionen unmittelbar zu begegnen.

Die unmittelbare Explosion der Identifikationsgrenzen

Das tiefere Potenzial der Befreiung liegt darin, dem Zorn in voller Offenheit zu begegnen. Das bedeutet, die gestaute Energie, die explosive Spannung, den enormen inneren Druck in ihrer ganzen Intensität zu spüren. Es heißt auch, sich der inneren Fantasien bewusst zu sein, die mit mörderischem, vernichtendem Hass einhergehen. Und die Impulse wahrzunehmen, mit denen der Geist in die Vermeidung oder Beschwichtigung abdriften will. Sind wir uns ihrer bewusst, brauchen wir diesen Impulsen nicht zu folgen, sondern können uns auf das unmittelbare Erleben einlassen. Es ist ein stilles Erfahren der reinen Zorn-Energie, die durch unseren Körper rauscht. Den Sturm der Wut zuzulassen, ohne zu reagieren, befreit uns augenblicklich aus der Falle der Konditionierung.

Die reine Energie des Zornes ist eine enorme Explosion. Was gesprengt wird, sind die Begrenzungen der Identifikation. Sind wir bereit, diese Energie zuzulassen, dehnt sie ich immer weiter aus, über unseren ganzen Körper und schließlich über die Körpergrenzen hinaus. Die Vorstellung, wir wären ein begrenzter Organismus, wird durch diesen Sturm hinweggefegt. Plötzlich zeigt sich die essenzielle Qualität, auf die der Zorn hinweist: die machtvolle Kraft der gegenwärtigen Stille – ohne persönliche Identifizierung. Weder Zorn auf andere noch Selbsthass vermag diesen Sturm zu überleben. Jegliche Vorstellung von uns selbst als Person und einem getrennten Du geht in Schall und Rauch auf. Der innere Druck verflüchtigt sich, die aufgestaute Energie fließt. Das Bedürfnis, den anderen zu bekehren, verschwindet in der Erkenntnis der Vollkommenheit allen Seins. Das Gefühl der Gefangenschaft in den Grenzen eines Körpers macht einer anderen Dimension Platz. Wir erleben uns als die kraftvolle Weite des absoluten Gewahrseins, als die donnernde Macht der Stille, die alle Vorstellungen von Grenzen und Trennung auf einen Schlag auslöscht.

Vermeidung der Basis-Bedürftigkeit: Leistung, Helfen, Besonderheit

Sind wir vor allem mit unseren Gefühlen identifiziert, tritt die Basis-Emotion von Bedürftigkeit und Minderwertigkeit in den Vordergrund. Während der Ozean des Gewahrseins ohne jegliche Bedürfnisse in sich selbst ruht, geht diese natürliche Fülle im Prozess der Identifikation verloren. Sie wird verdeckt durch das Gefühl der Kleinheit der Welle und des Getrennt-Seins sowohl vom Ozean als auch von den anderen Wellen.

Liebe und Erfüllung werden dann nicht mehr als uns selbstverständlich innewohnendes Sein wahrgenommen, sondern als Mangelware, die anderswo gesucht werden muss. Wir sind der Überzeugung, sie müsste von außen kommen, von anderen Menschen; wie ein Handels- oder Tauschobjekt, das wir durch Gegenleistung erwerben, besser noch, geschenkt bekommen könnten. An der Wurzel dieses Mangelgefühls finden wir die abgrundtiefe Verzweiflung darüber, niemals genügen zu können und daher nicht liebenswert zu sein.

Dieser Gedanke ist nicht einmal falsch. Das persönliche Ich ist nur ein winziger Bruchteil des Seins und kann für sich genommen nie die Fülle erleben. Was auch immer wir anstellen, als einzelne Welle werden wir nie die unermessliche Größe und allumfassende Liebe des Ozeans spüren können. All unser Streben und all unsere Bemühungen, Fülle in der Welle selbst zu erleben und damit Erfüllung zu finden, sind zum Scheitern verurteilt. Wir versuchen es wieder und wieder – und schaffen es nicht. Dieses Scheitern führt uns in die Verzweiflung.

Doch zugleich vermeiden wir es, dieser Verzweiflung ins Angesicht zu sehen. Wir unternehmen alles Mögliche, um anderen zu gefallen oder sie zu beeindrucken. Wir buhlen um Zuwendung und Anerkennung. Wir fühlen uns armselig und betteln um Liebe.

Wie machen wir das? Zum Beispiel, indem wir versuchen, durch *Erfolg und Leistung* herauszuragen: »Wenn ich genug leiste, werde ich geachtet.« »Wenn ich eine gute Figur mache, mögen mich die anderen.« »Wäre ich berühmt, würde man mich verehren.« Auch hier gilt: Je unbewusster die Vorstellungen, desto größer ihr Einfluss. Wir richten unser Leben auf diese Ziele aus. Erfolg, Leistung und Status werden zu den Götzen, die wir anbeten. Wir orientieren uns an den Normen der Gesellschaft und übernehmen ihre Wertmaßstäbe. Ehrgeizig laufen wir diesen Zielen hinterher. Versagen, Mangel und Unvermögen erscheinen uns wie Fremdwörter – wir sind doch so erfolgreich und leistungsstark. Die Angst davor, das effiziente Lügengebäude könnte einstürzen, wird unter den Teppich gekehrt. Das immer noch ungestillte emotionale Loch unserer Seele wird ins Unbewusste verbannt. Es rumort im Untergrund. In manch stillem Moment macht es sich bemerkbar. Doch da bereits das nächste vielversprechende Projekt auf uns wartet, schieben wir es beiseite. So entgeht uns, dass die Freude über den Erfolg flüchtig ist und wieder vom Abgrund der Bedürftigkeit verschlungen wird. Die Konzepte der Erfolgsuche machen uns zum Sklaven von Leistungsstreben und gesellschaftlichen Idealvorstellungen.

Eine weitere Taktik, um Liebe von außen zu erhalten, ist der Versuch, *anderen zu helfen.* Damit lenken wir uns vom eigenen inneren Mangel ab. Das hat wenig mit selbstloser Zuwendung zu tun, vielmehr wird unser Handeln von heimlichen Motiven angetrieben: »Wenn ich meinen Partner nur genügend unterstütze, wird er mich lieben.« »Wenn ich eine gute Mutter bin, werden meine Kinder dankbar sein.« »Ich werde als Heiler gefeiert, wenn ich meinen Patienten helfen kann.« Wir nennen diese Hilfe gern auch »Liebe«. Doch hier geht es um einen Tauschhandel, um ein Geschäft, in das investiert wird, damit es Gewinn abwirft.

Verstehen wir Liebe so verzerrt, tragen wir eine – als Bescheidenheit getarnte – stolzgeschwellte Brust vor uns her. Heimlich bewundern wir unsere eigenen Taten und pochen innerlich auf das Recht, für diese Dienste belohnt und geliebt zu werden. Naturgemäß ist dieses Geschäft mit der Zuwendung unzuverlässig. Wir bilden uns ein, selbstlos zu geben, doch tatsächlich sind wir von unserem Gegenüber abhängig. So können wir leicht über den Tisch gezogen werden. Zahlt er den geforderten Preis nicht, gehen wir leer aus, und unsere so genannte Liebe verwandelt
 sich in Enttäuschung. »Ich habe ihm so viel gegeben, und er lässt

mich einfach im Stich!« Und selbst, wenn wir gut entlohnt werden, nagt im Inneren der Zweifel an der Echtheit der uns entgegengebrachten Zuwendung. Irgendwo wissen wir, dass wir uns auf ein zweifelhaftes Geschäft eingelassen haben.

Unser Geist ist so kreativ, dass ihm in Sachen Zuwendung und Anerkennung noch andere Schachzüge einfallen. Zum Beispiel, indem wir uns *bemühen, etwas Besonders zu sein.* Wenn wir es schaffen, uns von der Masse abzuheben, indem wir uns eine Aura von Einmaligkeit zulegen, erweckt dies Aufmerksamkeit. Wir ziehen die Blicke auf uns und damit auch – so hoffen wir inständig – die Wertschätzung anderer.

Dabei gibt es zwei grundlegende Gedankenmuster. Zum einen das der positiven Selbstüberhöhung: »Ich bin außergewöhnlich kreativ, dafür gebührt mir Bewunderung.« »Ich hebe mich von der Menge ab.« »Ich habe einen exklusiven und eigenwilligen Geschmack.« Wir versuchen dann alles, um nicht nur eine graue Ente unter Hunderten zu sein, sondern der herausragende, weiße Schwan, der die Blicke aller auf sich zieht. Zum anderen nutzen wird das Muster der Leidensüberhöhung: »Niemand musste so viel durchmachen wie ich.« »Ich bin zu sensibel und empfindsam für diese Welt.« »Ich habe es eindeutig schwerer als andere.« Hier werden Schmerz und Verzweiflung dramatisiert, um Aufmerksamkeit und Zuwendung zu bekommen – notfalls über theatralisch zur Schau gestelltes Leiden.

Auch wenn diese Strategie der Basisverzweiflung näher zu sein scheint, so handelt es sich doch keineswegs um ein echtes Zulassen der reinen Verzweiflung. Wir hoffen heimlich immer noch auf den Märchenprinzen, der uns aus dem tiefen Tal des sehnsuchtsvollen Schmerzes befreit. Wir glauben immer noch an die Wirklichkeit unseres Leidens.

Selbst wenn diese Taktik des Besonders-Seins bisweilen ihre Wirkung tut und uns emotionale Zuwendung erschleicht, so bleibt doch die unbehagliche Vermutung, in Wahrheit weder liebenswert noch besonders zu sein. Der stolze Schwan fürchtet immer noch, als graues Entlein entlarvt zu werden. An der Wurzel jedes Egos liegt die Verzweiflung darüber, einsam und verlassen, getrennt von wirklicher Liebe zu sein.

Das unmittelbare Brennen in überströmender Fülle

Wenn wir erkennen, dass unsere Versuche, der Verzweiflung zu entgehen, anstrengend und wirkungslos sind, können wir das Weglaufen beenden. Wir hören auf, uns über Erfolg, Helfen oder Besonderheit zu definieren. Wir können den Schmerz der Unzulänglichkeit, es nicht aus eigener Kraft zu schaffen, in voller Gänze spüren. Wir entdecken die Bereitschaft zu versagen, uns einsam und ungeliebt zu erleben. Das fühlt sich wie ein scharfes Brennen an, wie ein Feuer, das den ganzen emotionalen Körper ansteckt. Wir stehen in den Flammen der Verzweiflung, ohne Hoffnung auf Rettung. Die Hitze des schneidenden Schmerzes lässt unser Herz brechen – und wir lassen es zu.

Doch tatsächlich zerreißen nur die Bande unseres kleinen, sich mit einer Person identifizierenden Herzens. Was verbrennt, sind all die Vorstellungen über Liebe als etwas Begrenztes, das nur andere uns geben können. Was zerbricht, sind die Schalen dieses begrenzten Herzens, und was aufbricht, ist das *Herz des Seins:* die bedingungslose Liebe, die nichts ist, was wir haben könnten, sondern die das ist, was wir *sind.*

Und dann wird das Brennen, das vorher so bedrohlich schien, zum süßen Brennen der Glückseligkeit. Erfüllung muss nicht durch Zuwendung von außen kommen. Wir entdecken sie als natürliche, innere Quelle, die aus sich selbst heraus fließt – nicht bedürftig, sondern übersprudelnd, nicht nach Liebe dürstend, sondern in ihrer eigenen Dankbarkeit badend. Wir sind nicht mehr Bettler, die hungrig um Befriedigung bitten, sondern ruhen im satten Reichtum überfließender Seligkeit.

Vermeidung der Basis-Angst: Gespielte Heiterkeit, vorgetäuschte Stärke, Rückzug ins Wissen

Jeder Körper ist permanenter Bedrohung ausgesetzt. Niemand von uns weiß, ob er morgen noch leben wird. Vielleicht geraten wir unter die Räder eines Autos. Auf der Urlaubsreise stürzt unser Flugzeug ab. Oder in unserer Brust wächst bereits ein Tumor, von dem wir noch gar nichts wissen. Solange wir glauben, wir wären unser Körper, solange wir uns mit ihm identifizieren, ist der Tod allgegenwärtig. Doch wir wollen dieser Angst machenden Tatsache nicht ins Auge schauen.

Was bedeutet der Tod für uns? Vielleicht kommen uns Gedanken wie: »Wenn ich sterbe, verliere ich alles, was mir lieb ist. Ich falle in eine dunkle Leere, in ein schreckliches Vakuum. Alles löst sich auf.« Solche Vorstellungen zeigen, dass die Angst vor dem Tod in Wahrheit eine Angst vor der Leere ist. Wir fürchten das Verschwinden der vertrauten Erfahrungen. Wir empfinden Grauen vor dem Nichts – jedenfalls vor dem Nichts, das sich unser Verstand ausmalt. Das Bild des Verstandes stellt es als bedrohlich und trostlos dar.

Todesangst ist die Angst vor diesem Nichts. Vor der völligen Abwesenheit jeglicher Erfahrungen. Und die beste Strategie, um diese Leere zu vermeiden, besteht darin, das Geplapper des Verstandes einzuschalten, das innere Radio, den ewigen Kommentator. Solange er redet, solange die inneren Monologe tönen, brauchen wir dem Grauen der Leere nicht zu begegnen. Unser Bewusstsein ist bis zum Rand gefüllt – mit den lärmenden Gedanken, die sich schon Millionen Mal wiederholt haben.

Eine Variante dieser Ablenkung ist *gespielte Heiterkeit.* Die dunklen und erschreckenden Aspekte der Basisangst werden verdrängt, indem wir alles im Leben möglichst locker und heiter sehen. »Es läuft doch alles bestens. Auf mich warten noch jede Menge Abenteuer. Außerdem mache ich in ein paar Tagen Urlaub.« Wir übertünchen die Furcht und flüchten uns in eine Welt voller vergnüglicher Fantasien. Auch wenn die Todesangst auf diese Weise ausgeblendet wird, im Hintergrund schwingt sie immer mit. Es bleibt eine innere Nervosität, eine übertünchte Unruhe. Die Gelassenheit ist nur aufgesetzt. Mit dieser Taktik vermeiden wir emotionale Tiefe und verpassen die Gelegenheit, uns auf die Leere der Todesangst einzulassen – heute Abend gibt's ja noch diese schicke Party.

Den Starken zu spielen stellt eine weitere Spielart der Vermeidung dar. Ließen wir existenzielle Angst zu, wäre dies das Eingeständnis einer grundlegenden Schwäche. Wir würden verletzlich dastehen, dem Sturm der Vergänglichkeit schutzlos ausgesetzt –

und das wollen wir nicht. Unser Geist wird aktiv und legt über diese Nacktheit eine Schicht vermeintlicher Stärke und Angstfreiheit. »Ich weiß mich zu verteidigen«, »Mit meiner coolen Ausstrahlung werden die anderen gar nicht auf die Idee kommen mich anzugreifen«, »Wenn ich bissig genug auftrete, fühle ich mich sicher.«

Die Stärke und Unangreifbarkeit, die wir dann ausstrahlen, ist künstlich. Sie steigert unser Gefühl der Isolation und führt zu einer inneren Verhärtung. Seelische Wärme und Offenheit werden gleich mit abgetötet. Der Panzer verspricht Schutz, bildet in Wahrheit jedoch eine Gefängnismauer, die wir um uns selbst auftürmen. Vielleicht sind wir überzeugt, dass wir keine Angst vor Tod, Leere und Nichts haben. Wir haben uns so tief von Gefühlen abgeschnitten, dass sie nicht mehr zu existieren scheinen. Der Preis für diese kalte Freiheit ist hoch. Der Zugang zum inneren Frieden, der Verbundenheit und Liebe wird uns durch die Mauer unseres Gefängnisses verstellt. Wir haben uns lediglich selbst verbarrikadiert.

Eine dritte Möglichkeit, sich vor der Leere der Todesangst zu schützen, zeigt sich durch den *Rückzug ins Wissen*. Hier kommt der Verstand zu seiner vollen Blüte. Wissen und Kenntnisse sind seine Sphäre. Hier kann er sich in endlosen Abhandlungen austoben und der erschreckenden Erfahrung des Nicht-Wissens aus dem Weg gehen. Durch Nachdenken versucht unser Geist, Kontrolle über die Angst zu bekommen. Macht sie sich bemerkbar, wird sie sogleich zum Objekt des Rationalisierens: »Was hat die Angst zu bedeuten? Woher kommt sie? Das sind physiologische Reaktionen. Oder hat es mit meinem Kindheitstrauma zu tun? Was würde der Buddhismus zum Phänomen der Angst sagen? Letzten Endes ist sie eine Illusion.« Uns an Wissen festzuhalten und uns über Glaubenssysteme abzusichern ist vorübergehend eine wirksame Strategie, der Angst zu entkommen. Solange wir kopflastig nachdenken, brauchen wir nicht lebendig zu spüren.

Eine buddhistische Lehrgeschichte schildert das sehr schön. Ein Mann wird im Wald von einem vergifteten Pfeil getroffen. Er sinkt zu Boden. Ein Wanderer kommt des Weges und erkennt rasch den Ernst der Situation: »Ich muss dir diesen Pfeil sofort herausziehen, sonst stirbst du!« Er setzt schon dazu an. Doch der Verletzte wehrt sich: »Nein, nein! Ich muss erst wissen, welches Gift der Pfeil getragen hat. Schlangengift oder Pflanzengift? Wie wirkt es wohl? Und war der Bogen aus Holz oder aus Metall? Ich frage mich, wer wohl der Schütze war! Ein Räuber? Oder ein Jäger, der sein Ziel verfehlte? Und welche Haarfarbe hatte dieser Mensch wohl?« Der Mann analysiert die Ursache seiner Lage weiter – unterdessen stirbt er.

Während unser Geist sich in Analyse und Rationalisieren verliert, fühlen wir uns alles andere als lebendig. Wir sind wie der Philosoph, der in seiner staubigen Bibliothek über seinen Schriften brütet. Er verbringt sein Leben in endlosen Gedankenketten, ohne jemals die Sonnenstrahlen zu Gesicht zu bekommen. Selbst wenn wir über das umfassendste Wissen und die ausgefeiltesten Gedankenkonstrukte verfügen, würde uns das bei der Konfrontation mit dem Tod nicht im Geringsten helfen. Der Tod wird uns all das nehmen. Er vernichtet all unsere Vorstellungen, entreißt uns unsere gesammelten Erkenntnisse und schleudert uns in den Raum des Nicht-Wissens, in das schwarze Loch absoluter Gedankenleere.

All diese Strategien sind ein Weglaufen vor dem Gespenst der Todesangst. Doch wie schnell wir auch rennen, es bleibt uns auf den Fersen. Wir spüren seinen Atem im Nacken. Zuerst müssen wir uns bewusst werden, dass wir weglaufen. Dann können wir sehen, wie wir weglaufen, um schließlich festzustellen, dass die Flucht aussichtslos ist. Erst dann kann das Außergewöhnliche geschehen: Wir sind bereit anzuhalten. Wir halten inne mit der gespielten Stärke, der falschen Heiterkeit und der Flucht in Theorien. Wir bleiben stehen und drehen uns um. Wir blicken dem Gespenst des Todes direkt in die Augen.

Das Grauen des Todes erweist sich als ewige Lebendigkeit

In dem Moment, in dem wir bereit sind, die Angst direkt zu erleben, geben wir alles auf. Wir hören auf, uns zu beruhigen. Wir täuschen nicht mehr vor, stark und unverletzbar zu sein. Wir analysieren nicht mehr das »Warum« oder »Wie«, um uns gegen das Ausgelöschtwerden abzusichern. Wir öffnen uns der Erfahrung, dass nichts – absolut nichts – von dem, was für uns von Bedeutung ist, übrig bleiben wird.

Das Beben der Angst, die wir vorher verbannen wollten, wird jetzt freigesetzt. Es schwillt an, galoppiert durch unseren Körper und lässt alles erzittern. Wir lassen die Energie des Grauens sich ungehindert ausbreiten. Sie durchdringt alle Zellen und dehnt sich aus, bis sie den ganzen Raum des Bewusstseins erzittern lässt. In der Bereitschaft, diese alles verschlingende Welle ohne jegliche Gegenwehr geschehen zu lassen, offenbart sich eine ungeheure Überraschung: Das Monster des Todes, von dem wir fürchteten, dass es uns das Leben nehmen wird, stellt sich nun als die absolute Lebendigkeit selbst heraus.

Ein Pulsieren von Frische, eine Flamme von Energie, ein Quell von Kraft. Ein Fluss von Leben, der sich im Raum ausbreitet, als wären unsere Körpergrenzen in die Luft gezeichnete Rauchwolken, die sich gerade aufgelöst haben. Was sich zeigt, ist uneingeschränkte Lebendigkeit, die nicht mehr an das Bestehen von Formen und Erfahrungen gebunden ist. Es ist der *Urgrund des Lebens,* der völlig unangetastet von Kommen und Gehen in ewiger Beständigkeit ruht. Jedes »Du«, das bedrohlich sein könnte, ist wie weggefegt. Und das »Ich«, das so viel Angst hatte, ausgelöscht zu werden, wird als Spuk erkannt, der nie wirklich existiert hat.

Die Angst vor dem Tod wandelt sich in ein schallendes Gelächter über das Missverständnis der Identifikation mit etwas Sterblichem. Auf einmal braucht nichts mehr gewusst, nichts mehr erkannt, nichts mehr verstanden oder mental kontrolliert zu werden. Jetzt sind wir selbst als *absolutes Wissen* anwesend.

Die Vermeidung des Unangenehmen – das Übersehen des tieferen Geschenkes

Die Beschreibungen in den letzten Abschnitten zeigen nur einen Bruchteil der Strategien unseres Geistes, den Basis-Emotionen aus dem Weg zu gehen und die Identifikation mit dem persönlichen Ich aufrechtzuerhalten. Der Verstand ist ungeheuer einfallsreich in seinen Versuchen, sich selbst als Meister des Lebens zu inszenieren und sein eigenes Absinken in die Stille zu verhindern. Denn das wäre das Ende seiner Existenz – oder zumindest seiner Herrschaft. Er wäre nicht mehr der Despot, der glaubt, uns vorschreiben zu können, wie die Wirklichkeit aussehen sollte. Dann wäre er ein Diener der Tiefe und nur aktiv, wenn er gebraucht würde.

Die nächste Anleitung dient der Entdeckung des Potenzials unmittelbaren Erlebens. Bei ihr nutzen wir eine fantastische Fähigkeit unseres Geistes: die innere Rückschau. Damit sind wir in der Lage, uns in vergangene Ereignisse zurückzuversetzen und unser Erleben noch einmal zu betrachten. Es kann nützlich sein, uns solch einen Erinnerungsfilm in Zeitlupe anzuschauen. In der Verlangsamung bietet sich uns die Möglichkeit, die Reaktionen unseres Denkens sorgfältig zu beobachten und uns selbst zum direkten Erleben einzuladen.

Nehmen Sie sich Zeit, sich zu entspannen. Lassen Sie alle Anstrengung zur Ruhe kommen.

Erinnern Sie sich an eine unangenehme Situation aus der Vergangenheit, die starke Emotionen wie Angst, Wut, Verzweiflung oder Schmerz in Ihnen hervorgerufen hat.

Vergegenwärtigen Sie sich die Situation, lassen Sie sie noch einmal ganz lebendig werden. Sie können wie in Zeitlupe den auslösenden Beginn und das weitere Erleben nachvollziehen. Lassen Sie den Film langsam ablaufen.

Was geschah? Wie haben sich andere Personen, wie haben Sie sich in dieser Situation verhalten? Wie haben Sie die starken Gefühle in sich wahrgenommen? Welche Empfindungen im Körper haben Sie gespürt? Wo im Körper und wie zeigten sich die Gefühle? Lassen Sie sich Zeit für dieses Nachspüren.

Untersuchen Sie dann weiter:
Wie hat der Verstand diese Gefühle bezeichnet? Wie hat Ihr Denken die Situation bewertet und eingestuft? Tauchten Im-

pulse auf, die Gefühle zu verleugnen, zu verdrängen oder abzumildern? Wie sahen diese Gedanken aus?

Beobachten Sie die Reaktionen Ihres Geistes, ohne sie zu verurteilen.

Gab es Reaktionen, die das Auslösen der unangenehmen Gefühle anderen Menschen oder der äußeren Situation zuschrieben? Folgten daraus Vorwürfe oder Schuldzuweisungen an andere? Wenn ja, wie wurden die Gedanken formuliert? Oder machten Sie sich selbst Vorwürfe? Wenn ja, welche, und welche körperlichen Reaktionen gingen damit einher?

Haben Sie die Gefühle analysiert oder nach Ursachen geforscht? Haben Sie Überlegungen darüber angestellt, wie Sie die Situation zukünftig besser kontrollieren oder ganz vermeiden könnten?

Beobachten Sie die Reaktionen des denkenden Verstandes aus einer Position der entspannten, neutralen Gelassenheit, ohne zu bewerten.

War die bisherige Übung auf die Reaktionen Ihres Denkens gerichtet, so lädt Sie der nächste Abschnitt ein, dem Erleben ganz direkt und lebendig zu begegnen.

Werden Sie sich noch einmal der unmittelbaren Empfindung dieser Emotionen im Körper gewahr und der Gedanken, die der Verstand produziert: »Da kam Angst hoch.« »Da fühlte ich eine Wut im Bauch.«

Gehen Sie nun mit Ihrer inneren Aufmerksamkeit in die Körperbereiche, in denen sich das Gefühl am intensivsten widerspiegelt. Was spüren Sie? Können Sie die Empfindungen beschreiben? Vielleicht finden sich auch Bezeichnungen wie: »Es fühlt sich eng an.« Oder: »Da ist Spannung.« Schauen Sie einfach, wie sich diese unmittelbaren Empfindungen im Körper anfühlen.

Lassen Sie dann das Empfinden noch unmittelbarer werden. Jetzt brauchen Sie den Empfindungen nicht einmal mehr Namen zu geben. Der denkende Verstand kann sich ganz von jeglicher Aktivität der Benennung oder Beschreibung entspannen. Lassen Sie Ihre Aufmerksamkeit direkt im Empfinden der Emotion und des Körpers ruhen, ohne etwas verändern zu wollen, ohne analysieren oder verdrängen zu müssen.

Seien Sie einfach offen für die Empfindungen, auch wenn sie sich zunächst unangenehm anfühlen. Wenn es brennt, lassen Sie es brennen. Wenn Energie da ist, lassen Sie die Energie da sein. Wenn es bebt, lassen Sie es beben. Wenn Sie Schwere fühlen, lassen Sie die Schwere zu. Einfach so, wie es sich gerade zeigt.

Verändern sich die Empfindungen mit der Zeit? Vielleicht werden sie schwächer, oder sie lösen sich auf – dann lassen Sie es geschehen, und nehmen Sie wahr, was sich zeigt. Vielleicht intensivieren sich die Wahrnehmungen, oder sie dehnen sich aus. Und auch dem können Sie freien Lauf lassen.

Es mag sein, dass sich Gefühle wandeln und eine tiefere Schicht eines anderen Gefühls offenbar wird. Wenn das geschieht, bleiben Sie in der unmittelbaren Erfahrung, im direkten Spüren, und seien Sie offen für das, was sich Neues und anderes zeigt. Vielleicht nehmen Sie die tieferen Qualitäten von Klarheit und Offenheit wahr, die sich im Erleben auftun. Können Sie den Frieden und die Sanftheit spüren, wenn Sie Ihren Gefühlen auf diese einfache, zulassende Art begegnen? Vielleicht zeigen sich nach und nach verschiedene Schichten von Emotionen. Im direkten Erleben dessen, was auftaucht, können Sie regungslos bleiben und den Frieden und die Gelassenheit wahrnehmen, die all dieses Erleben umgibt.

Die Stille des Seins ist immer anwesend. In ihr geschieht alles, und im schlichten Zulassen der Gefühle wird sie immer deutlicher als unser natürliches Sein spürbar.

Eine solche Rückschau ist in gewisser Weise ein künstliches Wiederbeleben von Erfahrungen. Doch sie ist aus zwei Gründen nützlich. Zum einen kann sie beim Auflösen leidvoller Verhaftungen helfen, die ihren Ursprung in der Vergangenheit hatten. Haben wir diese Emotionen nicht unmittelbar erlebt, kann es sein, dass ihre Energie als belastende Spannung in unserer Psyche gespeichert wird; ihnen dann in einer Haltung von vollkommener Offenheit zu begegnen, vermag sie zu befreien.

Zum anderen soll die Anleitung neugierig machen: Wie ist es das nächste Mal, wenn wir heftige, unangenehme Gefühle erleben? Wollen wir wieder unsere altbekannten Reaktionen zelebrieren und automatisch den Gedanken folgen, die wir bereits unzählige Male durchgekaut haben? Oder wollen wir klar sehen, was der Verstand uns an mentaler Kost tatsächlich zu schlucken gibt? Ist es wohlschmeckende Medizin, wie er suggeriert? Oder handelt es sich nicht vielmehr um ein Gift, das unser Inneres aufzehrt und von dem wir lieber die Finger lassen sollten?

Es ist spannend und befreiend, das Auftauchen von Schwierigkeiten als Geschenk des Himmels zu betrachten. Eine neue Chance, um die Täuschungsmanöver des Geist-Magiers besser zu durchschauen. Dann entdecken wir die wahre Magie, den wirklichen Zauber, der in der Begegnung mit dem Unangenehmen liegt.

Wir können uns immer mehr in den natürlichen Frieden unseres wahren Seins vertiefen. Diese Vertiefung geschieht nicht, weil wir uns als persönliches Ich anstrengen, etwas zu erreichen. Nein, sie stellt ein immer klareres Erkennen und Genießen der Vollkommenheit dieses Momentes dar. Ein immer tieferes Absinken in die schon anwesende Erfüllung der Gegenwärtigkeit, in der es kein »Ich« mehr gibt.

Angst, Wut, Verzweiflung, Scham, Einsamkeit, Langeweile, Schmerz, Trauer, Unsicherheit und alle anderen so genannten negativen Gefühle sind dann keine Schreckgespenster mehr, die wir verbannen wollen und vor denen wir doch immer auf der Flucht sind. Sondern wir entdecken das Geschenk, das sie – wenn auch seltsam verpackt – mit sich bringen. Wir sehen glasklar, dass wir vor Angst keine Angst zu haben brauchen, auf Wut nicht wütend sein müssen, uns nicht verzweifelt gegen Verzweiflung wehren oder uns für Scham schämen müssten.

Auch die schrecklichsten Gefühle sind nur Wellen, emotionale Bewegungen. Manchmal sanftes Schaukeln, dann wieder heftige Brecher. Doch sie alle kommen und gehen. Was wir wirklich sind, ist der Raum des stillen Gewahrseins, der durch ihre Flut nicht ertränkt, durch ihr Feuer nicht verbrannt und durch ihren Sturm nicht verwüstet wird. Das ist die Freiheit, die wir gesucht haben und die wir jetzt immer umfassender wiederentdecken.

Die Vermeidung des Heilsamen – Zurückscheuen vor grenzenloser Freiheit

Gewöhnlich vermeiden wir das unmittelbare Erleben von unangenehmen Erfahrungen. Erstaunlicherweise tun wir genau das Gleiche auch mit angenehmen Wahrnehmungen. Das wird besonders deutlich, wenn sich unser Erleben den Qualitäten unseres wahren Seins annähert. Im Grunde entdecken wir in diesen Momenten genau jene Eigenschaften und Kräfte, nach denen wir unser Leben lang – und vielleicht schon viele Leben lang – gesucht haben: bedingungslose Liebe, ursachenlose Freude, vollkommenen inneren Frieden, einen klaren Geist, kraftvolle Gegenwärtigkeit, ruhige Gelassenheit.

Doch im Angesicht dieser Qualitäten scheint unser Geist oft kalte Füße zu bekommen. Statt sich vollständig in diese heilsamen Erfahrungen fallen zu lassen und in ihnen zu baden, macht er einen Rückzieher und kehrt zu seinem altbekannten inneren Geplapper zurück. Wovor fürchtet sich unser Geist? Die Antwort ist einfach. Auch in der direkten Begegnung mit dem Heilsamen würde er sterben. In wirklicher Liebe vergehen alle dualistischen Vorstellungen von einem Ich, Du und der Welt. In wahrhaftiger Klarheit ist jegliche erlernte Kenntnis und jedes erworbene Wissen bedeutungslos. In der Kraft der Gegenwärtigkeit werden alle Konstrukte von Vergangenheit und Zukunft zunichte.

Kurz: Alle festen Strukturen, auf die unser persönliches Ich sein scheinbar solides Heim gebaut hatte, werden als brüchig und wackelig entlarvt. Sein gesamter Gedankenpalast war auf Sand gebaut und stürzt in sich zusammen. Das macht Angst.

Diese Angst vor Vernichtung ist der Grund dafür, dass unser Geist spannungsreiche Ambivalenzen hervorbringt. Wir sehnen uns nach echter Liebe. Doch wenn sie auftaucht, laufen wir weg. Warum? Weil jede Begegnung mit Liebe das Durchscheinen der wahren Liebe des Seins aufzeigt. Diese Liebe ist unpersönlich, bedingungslos, unbegrenzt. Doch unser identifizierter Geist traut sich nicht, sich tiefer auf diese Liebe einzulassen. Sie mag sich am Anfang für unser Ego wärmend anfühlen. Aber unser Geist lebt von persönlichen Bezügen, bedingten Vorstellungen und mentalen Begrenzungen. Echte Liebe würde die hausgemachten Schranken und Grenzen hinwegschmelzen. Unser Geist könnte die Hitze der Begegnung nicht überleben.

Deutlich wird seine Furcht wieder in unseren Gedanken. Wenn wir zum Beispiel durch die Nähe zu einem anderen Menschen oder durch ein verzückendes Erlebnis in der Natur tiefe Glückseligkeit erfahren, hat unser Geist ein achtsames Auge darauf. Er überwacht den Grad unseres Wohlseins akribisch. Wird es allzu verzückend und überwältigend, weiß er rasch und rigoros einzuschreiten. Er hat seine eigene Art von rotem Stoppschild – Konzepte der Zurückhaltung: »Ich kann mich dieser Liebe nicht einfach so hingeben. Ich muss mich unter Kontrolle haben. Wer weiß, ob es morgen auch noch so harmonisch sein wird. Das ist einfach zu schön, um wahr zu sein. Mein Herz könnte vor Glück zerspringen, das halte ich nicht aus.« Folgen wir diesen Gedanken, ziehen wir uns selbst am eigenen Schopf aus dem Bad der Seligkeit.

Wir sehnen uns nach innerem Frieden. Aber wenn tatsächlich stille Momente in unserem Leben auftauchen, wird unser Geist kribbelig. Es erschreckt ihn, wenn er echter Gelassenheit gegenübersteht. Und zu Recht. Die Begegnung mit Stille ist die Bedrohung par excellence für sämtliche Machenschaften des Verstandes.

Stille ist wie ein schwarzes Loch im Weltall. Sie saugt alles um sich herum mit ungeheurer Macht ein und verschlingt es. Alle

mühevoll konstruierten Denkgebäude und Vorstellungsburgen

werden von ihr absorbiert und zermalmt. In solch einem stillen Moment wird unser Bewusstsein nach und nach von diesen umherschweifenden Vorstellungsplaneten gereinigt und immer leerer und leerer. Unser Verstand weiß nur zu gut, dass er sich dieser Kraft nicht zu entziehen vermag und restlos verschwindet, wenn er nichts unternimmt. So kämpft er um sein Überleben. Er wirft uns ein paar Angelhaken mit verlockenden Gedankenhäppchen zu: »Mein Geist wird so ruhig. Aber ich kann mich doch nicht so von dieser Stille absorbieren lassen. Ich muss doch noch überlegen, wie ich die nächste Miete bezahlen soll.« »Wenn ich mich der Abwesenheit von Gedanken hingebe, wie kann ich dann noch beurteilen, was wahr ist und was nicht? Woher weiß ich, was ich tun und was ich lassen soll?«

Wenn wir diesen Gedanken glauben, haben wir angebissen. Prompt beginnt der Verstand eifrig zu kurbeln, zieht uns aus der Absorption in Ruhe und Frieden an die hektisch bewegte Oberfläche und hat uns im Netz. Schon schwimmen wir in einem grauen Plastikeimer. Wir wundern uns, dass alles so eng und trist wirkt und dass wir uns schon wieder in den altbekannten, langweiligen Kreisen drehen.

Genauso kann es uns in der Begegnung mit der Gegenwärtigkeit des Seins gehen. Wir haben viel davon gehört und gelesen, haben es vielleicht auch selbst erfahren – das heilige »Hier und Jetzt«. Vergangenheit und Zukunft hören auf. Wir erleben nur noch den jetzigen Augenblick. Keine belastenden Erinnerungen mehr, keine anstrengenden Ziele oder Zukunftsfantasien. Wir genießen nur diesen einen Moment, in dem weder Probleme noch Mangel existieren. Hier scheint eine der essenziellen Qualitäten unseres Seins durch: zeitlose Gegenwärtigkeit.

Auch daran möchte unser Geist ein wenig nippen. Ein Schluck schmeckt gut, aber trunken von Zeitlosigkeit, das hört sich gefährlich an. Wirkliche Gegenwärtigkeit würde den Geist arbeitslos machen. Schließlich ist es sein Job, zwischen Vergangenheit und Zukunft hin und her zu jetten: »Gestern hat sie mir diese blöden Vorwürfe gemacht. Na ja, sie wird schon sehen, was sie davon hat, wenn sie morgen wieder ankommt und was von mir will.« »Der Urlaub letztes Jahr auf den Kanaren war wunderschön. Wenn ich das nächsten Herbst wieder mache, werde ich den Winter besser überstehen.« Der Lebensraum unseres Geistes sind die an Zeit gebundenen Geschichten: die Biografie unseres persönlichen Lebens, unsere gehüteten Erinnerungsschätze, unsere hoffnungsvollen Lebenspläne und Zukunftsvorstellungen. Darin wohnt, lebt und arbeitet der Verstand.

Lassen wir es zu, uns in das Flair der Gegenwart zu verlieben, wird das Terrain des zeitgebundenen Denkens restlos aufgelöst. Unser Geist ist vom Aussterben bedroht. Sein Todeskampf kann noch einmal eine Menge Energie freisetzen. Der Verstand möchte um jeden Preis überleben. Und dazu benötigt er die Zeit wieder: »Wenn ich keine Zukunftspläne mehr habe, wird mein Leben sinnlos.« »Wenn ich nicht mehr weiß, wo ich herkomme und wo ich hin will, wer bin ich dann noch?« »Ich muss doch noch Träume und Ziele haben. Nur in der Gegenwart zu leben – das kann doch nicht alles sein!«

So versucht der Verstand wieder einmal, sich günstige Umweltbedingungen zu schaffen und ein kleines, künstliches Reservat der Zeit einzurichten, in dem er weiter existieren kann. Anstatt in der lebendigen, zeitlosen Gegenwart des Seins zu versinken, leben wir wieder mit Stechuhr und Stundenplan unseres kontrollierenden Geistes.

Wir sehen, dass der identifizierte Verstand die Begegnung mit den heilsamen Aspekten des Seins nicht weniger scheut als die Konfrontation mit den negativen Emotionen. Beide Vermeidungsstrategien führen zur Verlängerung des Leidens. Mit der Bereitwilligkeit, allem direkt zu begegnen, dem Schmerzhaften wie dem Heilsamen, kommt das gewöhnliche Denken zur Ruhe und macht der reinen Weisheit des stillen Gewahrseins Platz. Wir lassen uns tiefer und tiefer in die zeitlose Gegenwart sinken und genießen das süße Ertrinken all unserer Vorstellungen über uns selbst und die Welt.

10.
Das Ende der Projektionen

Eine der hartnäckigsten Vermeidungsstrategien unseres Geistes ist die Beschäftigung mit dem Außen. Unser Geist scheint oft ganz wild darauf zu sein, sich zu zerstreuen. Am leichtesten gelingt das mit Themen, die vom persönlichen Erleben weit entfernt sind. Er begeistert sich für Formel-Eins-Rennen und Affären in Königshäusern. Eines seiner bevorzugten Hobbys ist es umherzuschweifen, um die Welt zu verbessern. Kritisch kommentiert er die Leistung von Politikern und glaubt, Patentlösungen für die wichtigsten Krisen schon in der Tasche zu haben. Er glaubt, die Zusammenhänge im Weltgeschehen zu durchschauen und genau zu wissen, was zu tun wäre, um Kriege zu verhindern.

Unser Geist hat auch die Neigung, sich in die Angelegenheiten anderer einzumischen, und er verfügt über das Talent, sich ausführlich mit nebensächlichen Dingen aufzuhalten. Die Balkonbepflanzung des Nachbarn gefällt uns nicht, erst recht nicht die Art, wie er sein Auto parkt. Er sieht auch sonderbar aus – so wie er sich anzieht. Am Haus gegenüber müsste mal was getan werden. Und das Wetter? Es regnet heute schon wieder. Immer zum Wochenende wird's schlecht. Hauptsache der Frühling kommt bald…

Unbewusst werden wir vom Strom solch belangloser Fantasien beherrscht und bemerken es nicht einmal. Wir vergessen darüber die wirklich bedeutenden Themen des Lebens. Wir verpassen das Wesentliche. Eli Jaxon-Bear nennt diesen Gedankenstrom seichter Zerstreuung »Schlachthofmusik«. So heißen die einlullenden Klänge für Kühe, damit sie nicht merken, dass sie gleich unters Messer kommen. Wir spielen dieselben alten Platten immer wieder in unserem Kopf ab und summen die alten Hits munter mit.

Was ist das für Musik? Mit welchen Texten? Was wiederholt sich da unablässig?

Es sind die Interpretationen unseres Verstandes, denen wir zuhören. Sie erzeugen ständig mentale Beschreibungen und Deutungen der Welt: Kommentare, Einschätzungen, Bewertungen, Annahmen, Beurteilungen, Voraussagen und so weiter. Sie sind vom denkenden Geist gebaute Konstruktionen, um uns ein Bild von der Welt und von uns selbst zu machen. Doch dabei vergessen wir meist: Sie alle sind nur geistige Bilder und nicht die Wirklichkeit selbst; nur Ideen und Theorien über unser Erleben und nicht das Leben selbst.

Wie stark der interpretierende Geist unsere Wahrnehmung bestimmt, wird deutlich, wenn wir zwei extreme seelische Befindlichkeiten nebeneinander stellen. Wie war das, als wir frisch verliebt waren und spazieren gingen? Wir schwebten über der Erde. Unser Körper fühlte sich leicht und gelöst an. Das Grün im Park hatte fantastische Schattierungen. Die Lichtreflexe auf dem Teich funkelten wie Diamanten. Die Vögel sangen Lieder von bezaubernder Schönheit. In der Fußgängerzone strahlte uns nur Freundlichkeit entgegen. Jedes Lächeln erwiderten wir glücklich. Schaute uns jemand grimmig an, empfanden wir Mitgefühl und waren doppelt freundlich.

Und als wir genau den gleichen Spaziergang in einer bedrückenden Lebenskrise unternahmen? Dann fielen uns die Schritte vermutlich schwer. Das Grün im Park erschien als farbloses Grau. Der Teich war schmutzig, biologisch vermutlich ohnehin tot. Und falls wir überhaupt wahrnahmen, dass die Vögel sangen, klang ihr Gesang wie Hohn. Alles vegetierte öde vor sich hin. Die Fußgängerzone war trist. Die Leute frustriert. Wenn jemand lächelte, wirkte es künstlich oder verächtlich.

Ob rosarot oder tristgrau – die Einfärbung der Interpretationsbrille unseres Geistes entscheidet, wie wir die Welt und uns selbst wahrnehmen.

Unser Geist ist wie ein Filmprojektor. Er beleuchtet ein inneres Bild und wirft es nach außen. Plötzlich wirkt die Leinwand nicht mehr weiß und still, sondern wir sehen Ereignisse und hören Töne. Alles hängt davon ab, welcher Streifen im Projektor läuft, und nicht, wie die Leinwand beschaffen ist. Wir starren fasziniert auf die Abfolge von Bildern, vergessen, dass wir nur »einen Film fahren« und halten die Bilder für real. Allerdings ist nicht nur die Wahrnehmung der Außenwelt eine Projektion, sondern auch unser eigenes Selbstbild. So als wäre im Film am unteren Rand des Bildes noch ein bleibender Schatten der Person eines Zuschauers eingeblendet.

Ramana Maharshi verwendete dieses Bild einer Filmvorführung zur Erläuterung des menschlichen Lebens. Der Schatten des Zuschauers steht für unser illusionäres, persönliches Ich. Er scheint noch das Beständigste im ganzen Film zu sein, und doch stellt er auch nur eine Projektion dar. Unser wahres Selbst ist die Leinwand. Im Film brennt es, sie bleibt unversehrt. Im Film regnet es, die Leinwand wird nicht nass. Im Film bebt die Erde, die Leinwand zittert nicht. Ist der Film zu Ende, verschwindet alles. Nur die Leinwand bleibt.

Solange wir von Projektionen in den Bann gezogen werden und sie für real halten, lenken sie uns davon ab, unser wahres Sein zu erleben. Dies wird schon spürbar, wenn wir uns im Strom banaler und nebensächlicher Kommentare und Bewertungen verlieren. Wir schneiden uns damit von der lebendigen Gegenwart ab und driften in die tote Welt grauer Theorie. Besonders deutlich aber wird das Leiden in den Projektionen, wenn sie mit den konditionierten Wunschvorstellungen verknüpft werden. Wir hängen dann an Glaubensmustern, die sich ständig mit dem Bewerten anderer Menschen beschäftigen und die uns weismachen, die Außenwelt sei verantwortlich für unsere Unzufriedenheit: »Wenn die Menschen mehr Verantwortung übernehmen würden, stünde es besser um die Welt.« »Wenn meine Mutter nicht so dominant gewesen wäre, hätte ich jetzt nicht solche Beziehungsprobleme.« »Ohne meine Ehe wäre ich frei.«

Ganz einschneidend wird uns die Kraft der Projektionen immer dann bewusst, wenn unsere Knöpfe gedrückt werden, wenn jemand uns ärgert, einschüchtert oder verletzt. Dann bricht unser Verstand in panische Betriebsamkeit aus: »Warum hat er das gemacht?« »Das hätte sie wirklich nicht tun sollen.« »Liebevolle Menschen würden so etwas nie sagen.«

Unsere Gedanken drehen sich in wilden Kreisen um Taten oder Unterlassungen anderer. Wir analysieren, spekulieren, machen Vorwürfe. Wir führen innere Dialoge von Angriff und Verteidigung, Anklage und Rechtfertigung. Wir sind in dem Glauben gefangen, der andere sei schuld an unserer Misere. Wenn diese Einstellung zu handfesten Auseinandersetzungen führt, verlaufen sie meist nicht sonderlich fruchtbar: »Immer wenn wir los müssen, verspätest du dich!« – »Wenn du nie den Müll raus bringst und alles an mir hängen bleibt!« – »Was anderes fällt dir wohl auch nicht mehr ein!« – »Wozu soll ich mir was anderes einfallen lassen, wenn du sowieso nie zuhörst?!«

Natürlich können wir unsere Verletzung, unsere Angst und unsere Wut auch verbergen. Dann bleiben innere Vorbehalte und heimlicher Groll. Wir schleppen eine offene Wunde und ein vages Misstrauen weiter mit uns herum. Im Geiste kauen wir weiter an den Vorwürfen und Rechtfertigungen, sehnen uns unerfüllt nach einer Entschuldigung vom anderen oder sinnen auf Rache. Das ist belastend – für uns selbst und den anderen. Außerdem steigern wir uns mit diesen Projektionen immer weiter in eine dualistische Wahrnehmungsweise hinein. Wir glauben fest an die undurchdringlichen Grenzen zwischen uns und anderen und spüren nicht das alles verbindende Sein, das sowohl wir selbst als auch der andere in Wahrheit sind.

Solange wir nicht untersuchen, was es mit den Projektionen auf sich hat, bleiben wir im Leiden stecken.

Die einfache Ursache der Wirkung – ein unzureichendes Erklärungsmuster

Um unsere schmerzhafte Verstrickung in das Leid der Projektionen zu lösen, ist es hilfreich, einige Grundüberzeugungen unseres denkenden Geistes näher zu untersuchen. Dazu gehört ein weit verbreitetes Glaubensmuster, das in manchen Situationen schnell in unserem Bewusstsein auftaucht. Es lautet: »Die Handlungen des anderen sind die Ursache für mein Leiden.« Dieser Glaube sitzt tief, doch kann solch eine Erklärung jemals stimmen?

Ein Wanderer spaziert bei Lawinengefahr über einen schneebedeckten Hang. Tatsächlich bricht eine heftige Lawine los, begräbt Häuser unter sich und tötet Menschen. Was ist die Ursache für die Lawine? Wer hat Schuld an diesem Unglück? Unser Verstand hat vermutlich schnell eine Antwort parat: Der fahrlässige Wanderer.

Wie allerdings steht es um die Tatsache, dass eine Lawine einer riesigen Menge Schnees bedarf? Hat der Wanderer diesen Schnee vom Himmel fallen lassen? Hat er dafür gesorgt, dass es in dieser Berglandschaft zu wenig Vegetation gibt, um eine Lawine schon in ihren Anfängen aufzuhalten? Die Wetterlage muss eine bestimmte Konstellation gehabt haben, damit Schnee und Eis sich in einer Weise strukturieren, die eine Lawine erst ermöglichen. Hat der Wanderer dafür gesorgt?

Vor ihm sind schon ein paar andere die gleiche Strecke gelaufen, ohne dass etwas geschah. Vielleicht waren es ihre heftigen Schritte, die den Schnee lockerten, und unser Wanderer ging ganz bedächtig? Wir können ihn bestenfalls als Teilauslöser für das Geschehen ausmachen. Eine einfache Ursache für ein Geschehen gibt es nicht. Niemals.

Ein Papagei sitzt auf einem Palmenzweig, an dem eine Kokosnuss hängt. Er breitet die Flügel aus und fliegt fort. Im selben Augenblick fällt die Kokosnuss herunter. Was sagt unser Verstand zu diesem Bild? Wahrscheinlich: Die Kokosnuss fiel herunter, *weil* der Vogel den Zweig zum Schwingen gebracht hat. Doch vielleicht war die Kokosnuss einfach nur reif und fiel von alleine ab?

Wir erkennen leicht, wie unzureichend es ist, solchen simplen Erklärungen unseres Verstandes Glauben zu schenken. Nur eine Ursache für ein Geschehen – das ist zu einfältig. Doch wie oft nimmt unser Denken Zuflucht zu solchen Vereinfachungen? »Ich bin heute so wütend, weil meine Frau mich kritisiert hat.« »Ich fühle mich verletzt, weil mein Freund mich nicht beachtet.« »Ich fürchte mich, weil ich es meinem Chef nie recht machen kann.« Aufbauend auf solchen vereinfachenden Interpretationen, türmen wir Geschichte um Geschichte zu einem Berg von Schuldzuweisungen auf.

Natürlich ist unser Verstand auch zu tieferen Reflexionen fähig. Besonders die Fähigkeit des logischen Denkens und der Analyse in einem Ursache-Wirkungs-Modell sind seine Stärken. Dass wir die Interpretationen des Verstandes überhaupt als unzureichend erkennen, verdanken wir schließlich keinem anderen als ihm selbst und seiner Intelligenz.

Wir können bei uns selbst beobachten, wie das rationale Denken versucht, unangenehmer Emotionen durch Erklärungen Herr zu werden. Wenn der Verstand feststellt, dass einfache Ursachen unbefriedigend sind, geht er zu einer vielfältigeren Analyse über: »Warum ist er so ärgerlich geworden?« »Weshalb reagiere ich so heftig auf solche Bemerkungen?«

Unser Geist kann Tausende von Gründen erwägen. Es existieren unendlich viele Bezugsrahmen für seine Spekulationen. Liegt es daran, dass unser Kreislauf instabil oder unser Stoffwechsel durcheinander geraten ist? Liegt es an unserer Ernährung? Melden sich Auswirkungen unserer Erziehung oder unverarbeitete Traumata? Bestimmen Einflüsse der Gesellschaft, dass wir ausgerechnet *so* reagieren? Sind die Planeten verantwortlich? Oder die karmischen Einflüsse aus vergangenen Leben?

Es ließen sich viele weitere Bezugsrahmen für Ursachen finden. Wir können endlos grübeln. Doch wo und wann endet diese Art der Analyse? Wenn wir eine oder mehrere Ursachen ausfindig gemacht haben, hört das Suchen ja keineswegs auf. Die gefundene Ursache muss die Wirkung einer anderen Ursache sein. Und auch Letztere steht nicht losgelöst für sich selbst, sondern folgt aus einer früheren Ursache.

Diese Art der Analyse führt in eine endlose Kette von bloßen Hypothesen. Selbst aus der klassisch-wissenschaftlichen Perspektive ist bekannt, dass die logischen Denkprinzipien ihre eigene Begrenzung in sich tragen.

Der Mathematiker Gödel entdeckte das »Unvollständigkeitstheorem«: Selbst die schlüssigsten logisch-mathematischen Systeme weisen in konsequenter Anwendung Bereiche auf, die sich ihrer eigenen Erkenntnis entziehen und unlösbare Widersprüche erzeugen.

Der menschliche Verstand ist schlicht zu beschränkt, um Ursachen umfassend und somit wirklich befriedigend erklären zu können. Gestehen wir uns das nicht ein, entwickelt sich die Ursachenforschung schnell zu dem Leid erzeugenden Konzept von Schuld.

Mehrfache Ursachen – der Irrtum der Schuldgefühle

Schuldzuweisung, Schuldgedanken und Schuldgefühle entstehen aus der Kombination zweier Irrvorstellungen. Die eine besteht darin, dass wir uns für ein abgetrenntes Einzelwesen halten, für ein Ich, das das Steuer seines Lebens selbst in der Hand hält. Der zweite Irrtum besteht im Glauben, unser Verstand sei in der Lage, Ursache und Wirkung von Geschehnissen zu erklären.

So glauben wir an die Wahrheit von Schuld. Schuld ist immer auf etwas gerichtet. Wir können sie auf uns selbst projizieren: »Ich habe Mist gebaut.« »Es ist mein Fehler.« »Ich bin verantwortlich für seinen Schmerz.« Oder wir projizieren sie nach außen: »Du bist hier der Schuldige.« »Die anderen tragen die Verantwortung.«

Manchmal ist unser Verstand wie besessen von diesem inneren Strafgericht: »Warum ist das passiert? Wer hat Schuld? Wer trägt die Verantwortung?« Antrieb für diese Analysen ist die Hoffnung, dass mit der Aufklärung der Gründe unsere qualvollen Schuldgefühle verschwinden mögen. Doch die Gedankenketten führen uns keineswegs zur inneren Ruhe, wir drehen uns mit ihnen nur im Kreis. Wenn wir uns selbst als schuldig einstufen, ist das Leid offensichtlich. Wir suhlen uns in Selbsthass oder Selbstmitleid.

Da scheint es entlastender, die Schuld nach außen zu projizieren und andere anzuklagen. Aber führt das wirklich zu Frieden? Oder stärkt es lediglich die Trennung in Kläger und Angeklagten, Täter und Opfer? Fühlen wir uns in der Rolle des Anklägers wohl? Oder lähmen wir uns selbst, weil wir uns in der Rolle des Opfers festschreiben? Ob wir uns oder andere beschuldigen – beides ist Leiden. Beides stärkt das Gefühl schmerzhafter Isolation.

Unser Verstand versucht mit allen Mitteln, unangenehme Gefühle in den Griff zu bekommen. Er analysiert vermeintliche Ursachen und fahndet nach Schuldigen. Doch so schlüssig die Antworten sein mögen, sie befreien uns nicht vom Leiden. Wir mögen ein brillant analysiertes Gutachten über unseren Kummer vorlegen und können eine hundertseitige Dokumentation zu Gründen und Lösungsmöglichkeiten auswendig lernen, in uns tobt immer noch die Wut, beklemmt die Angst, brennt der Schmerz. Unsere Ratio ist überfordert damit, unser Leiden aufzulösen. Sie muss sich irgendwann ihren Misserfolg eingestehen.

Echte Heilung liegt auf einer anderen Ebene. Zur Erkenntnis dieser Ebene ist unser denkender Geist nicht fähig. Er kann sich bestenfalls an seine eigenen Grenzen bringen und sich selbst ad absurdum führen. Doch damit ist er am Ende seiner Möglichkeiten. Wenn er bereit ist, sich sein Versagen einzugestehen, gibt er seine Macht auf. Er wird still. Erst dann kann sich die tiefere Weisheit des Seins offenbaren.

Wenn wir bereit sind, der Macht – dem Machen – des Verstandes zu entsagen, können wir den leidvollen Emotionen direkt begegnen. Wir verzichten darauf, uns mit Erklärungen oder der Suche nach einem Schuldigen zu beruhigen. Wir halten inne mit Anklagen, Vorwürfen und Rechtfertigungen. Wir sehen den Gefühlen von Verletzung, Wut oder Angst, die in uns brodeln, direkt ins Auge – ohne uns zu regen. Und dann ist sie auf einmal da – die nackte Konfrontation mit der Energie der Basis-Emotion. Reines Gefühl. Pures Spüren. Ungetrübtes Empfinden. Brennen. Bersten. Zittern. Wallen. Strömen.

Wie immer es sich für uns anfühlt – wir lassen es geschehen. Wir erleben die Erfahrung rückhaltlos in vollständiger Gegenwärtigkeit – ohne jegliches Eingreifen. Und das ist die Lösung.

Alles, was vorher geschehen ist, war Abwehr, um uns zu schützen. Vor allem vor der Zerstörung unseres Selbstbildes. Wenn unsere Knöpfe gedrückt werden, heißt das nichts anderes, als dass ein Bild von uns als Person angegriffen wird. Wir wollen etwas Bestimmtes sein – und etwas anderes auf keinen Fall. Wir wollen eine starke, weise, entspannte Person sein, leistungsfähig, selbstsicher und erleuchtet. Und auf keinen Fall ein unsicherer, hässlicher, nervöser Versager.

Aber dieses Ankratzen unseres Selbstbildes und das Auslösen von heftigen Emotionen ist ein wunderbares Geschenk. Es ist ein Wecker, ein schrilles Klingeln, ein wirkungsvolles Signal zum Aufwachen. Statt uns gegen die Gefühle zu wehren, können wir uns öffnen und erforschen, was gerade in unserem direkten Erleben passiert: Woran halte ich fest? Was vermeide ich? Was verteidige ich? Was erlebe ich wirklich?

Dann kann sich die Bereitschaft entfalten, dem Erleben frisch und rückhaltlos zu begegnen. Das angstvolle Festhalten an den eingeengten Selbstbildern löst sich. Der Widerstand gegen das direkte Spüren schmilzt. Wir fallen in das Feuer der direkten Erfahrung und durch es hindurch in die endlos weiten Arme der Freiheit.

Der Geist als Frankenstein und das Monster der Verallgemeinerung

Nehmen wir den Inhalt von Projektionen genauer in Augenschein, erkennen wir verschiedene Abstraktionsgrade. Eine Fähigkeit unseres Verstandes besteht darin, vom Einzelfall auf allgemeine Regeln zu schließen. Diese Fähigkeit hat ihren Nutzen. Wenn wir sie allerdings zur Vermeidung von Emotionen einsetzen, führt sie zu Leiden.

Verallgemeinerungen sind an bestimmten Formulierungen zu erkennen: »alle«, »immer«, »nie«, »ständig«, »jedes Mal«, »jeder«, »man«, »keiner«. Unser Geist macht uns glauben, mit den Verallgemeinerungen habe er die Gesetze der Realität durchschaut: »Männer wollen immer nur Sex.« »Frauen sind kompliziert.« »Alle Menschen sollten friedliebend sein.« »Keiner liebt mich.«

Verstehen wir uns als Einzelwesen, sind wir gezwungen, die Welt um uns herum in festen Kategorien und Definitionen zu beschreiben. Würden wir das nicht tun, stünde unsere eigene Identität als greifbares Ich in Frage. Für unseren denkenden Geist ist es bedrohlich, sich einzugestehen, dass es in der Welt des Denkens keine absolute Wahrheit gibt. Deshalb versucht er, als Ausgleich für seine Hilflosigkeit durch Verallgemeinerung künstliche Wahrheiten herzustellen.

Doch spüren wir dem nach, merken wir schnell: Das Festhalten an Konzepten ist unecht. Unsere Bewertungen und Urteile entstellen die tiefere Wahrheit. Wie Frankenstein versucht unser Geist, den Leichenteilen der Verallgemeinerungen Leben einzuhauchen. Doch das Einzige, was damit hergestellt wird, ist ein hässliches Ungeheuer, das an sich selbst leidet und für andere Leiden erschafft.

Mit den folgenden Fragen können wir unsere Glaubensmuster untersuchen, wenn wir merken, dass unser Geist sich in verallgemeinernder Projektion verliert.

Dabei ist es hilfreich, uns ein oder zwei für uns typische Verallgemeinerungen auszusuchen und die Fragen in den nachfolgenden Kästen auf genau diese anzuwenden. Vielleicht neigen wir zu Verallgemeinerungen wie »Jedermann sollte freundlich mit mir umgehen«, »Alle reichen Menschen sind arrogant« und »Keiner kann mir das geben, was ich wirklich will«. Oder wir kennen andere verallgemeinernde Gedanken, die ab und zu in unserem Geist auftauchen.

Ist diese Verallgemeinerung wirklich wahr? Gibt es Gegenbeispiele und Ausnahmen? Wenn ja, welche?

Mit der aufrichtigen Beantwortung dieser Fragen kommen wir schnell zum Ergebnis, dass jegliche Art der Generalisierung auf wackligen Beinen steht. Es gibt keine Einschätzungen, die *immer* wahr sind, die für *alle* gelten und *überall* stimmen. Selbst scheinbar feststehende Wahrheiten, wie zum Beispiel naturwissenschaftliche Erkenntnisse, sind nur gültig, bis sie im Laufe der Zeit verworfen oder weiterentwickelt werden. Wir können – erstaunlicherweise – gerade darin Befreiung erfahren, wenn wir uns eingestehen, dass wir mit unserer Verallgemeinerung Unrecht hatten. Vielleicht fallen wir schon mit diesem Schritt der Rücknahme der Projektion von unserem hohen Sockel der Rechthaberei in die Weite des stillen, nicht urteilenden Gewahrseins.

Wenn nicht, dann können wir hier weiterforschen. Oft stehen nämlich hinter unseren verallgemeinernden Gedankenzügen ganz konkrete Erfahrungen, die uns irgendwann einmal betroffen und berührt haben – häufig ohne dass wir uns dessen bewusst waren. Im Vordergrund steht das Bollwerk einer verallgemeinernden Aussage. Dahinter versteckt sich vielleicht eine Erfahrung der schmerzhaften Basis-Emotionen von Verletzung, Ärger oder Angst. Unser Ego möchte sich vor ihnen schützen und scheut sich, sich diese Gefühle einzugestehen. So baut es einen Schutzwall von Generalisierungen, die die Heftigkeit des unmittelbaren Erlebens dämpfen sollen. Die nächsten Fragen laden dazu ein, hinter diese Barrikaden zu blicken.

Rufen Sie sich noch einmal die typische Verallgemeinerung ins Gedächtnis. Welche ist es?

Spüren Sie ihr dann mit folgender Frage nach:

Welche Situationen und Momente in Bezug auf dieses Thema haben Sie in Ihrem persönlichen Leben intensiv berührt?

Beim Nachspüren können Erinnerungen auftauchen. Zum Beispiel an eine Situation, in der wir uns von einer uns nahe stehenden Person zutiefst gekränkt fühlten. Vielleicht wollten wir ihr nah sein, und sie hat uns rüde zurückgewiesen. Vielleicht war es auch nur eine kleine Kritik in einem Nebensatz, die uns plötzlich bis ins Mark getroffen hat. Gleichgültig, wodurch es ausgelöst wurde, wenn wir ein Gefühl der seelischen Verletzung erleben, ist unser Geist schnell mit Verallgemeinerungen zur Hand: »Er ist immer so abweisend zu mir.« »Nie kann sie mich so akzeptieren, wie ich bin.« »Ewig nörgelt er an mir herum.« »Nie kann ich es ihr recht machen.« Beharren wir auf der Wahrheit dieser Aussagen, werden wir uns in endlosen Gedankenkreisläufen verlieren und unser Leiden dadurch aufrechterhalten. Sind wir bereit, diese Projektion tiefer zu erforschen, können wir innehalten. Wir können den absoluten Wahrheitsanspruch der Verallgemeinerung als Täuschung erkennen und zu der konkreten Situation zurückkommen, in der die Handlung des anderen etwas in uns ausgelöst hat. Wir hören auf mit dem schwammigen »Nie-Immer-Überall« und kommen zum greifbaren »zu dieser Zeit, an diesem Ort, mit diesem Geschehen.« Das ist ein erster Schritt zur Rücknahme der Projektion.

Die Rücknahme der Projektionen – von »Was du getan hast« zu »Was ich fühle«

Rücknahme der Projektion bedeutet, dass wir uns von der nach außen gerichteten Bewegung unseres Denkens entspannen und unsere Aufmerksamkeit wieder zurück auf unser eigenes Erleben richten. Ein erstes Resultat dieser Rücknahme ist die Konkretisierung. Wir kommen der Wahrnehmung unseres inneren Erfahrungsstromes ein Stück weit näher. Doch auch an dieser Stelle neigt unser Geist immer noch dazu, sich in der Beschäftigung mit dem Außen zu verlieren. Erkennen können wir dies in den Formulierungen, die sich vorwurfsvoll mit der zweiten oder dritten Person beschäftigen. Den Projektionsgedanken, die ein »Du!«, »er!« oder »die anderen!« enthalten, liegt meist eine Schuldzuweisung zugrunde: »Du bist für diesen Schlamassel verantwortlich!« Ob wir das offen aussprechen oder innerlich an diesem Gedanken festhängen, ist zweitrangig. Wir selbst und der andere spüren die Verkrampfung dieser Anklage: »Weil du mir nicht zuhörst, fühle ich mich nicht geliebt.« »Ich bin so genervt, weil du mich nicht in Ruhe lässt.« »Weil du mich kritisiert hast, geht es mir so mies.« Unser Ich lastet die Verantwortung damit einem Du auf. Es besteht darauf, Recht zu bekommen und hofft insgeheim, dadurch von seinem Leiden erlöst zu werden. Doch solange wir das Geringste vom anderen verlangen, machen wir uns zum Sklaven dieses Verlangens.

Unsere Projektion weiter zurückzunehmen und die gesamte Aufmerksamkeit den eigenen Empfindungen zuzuwenden erfordert einen radikalen Verzicht darauf, etwas vom anderen zu wollen. Wir entziehen den Gedankenketten der Erwartungen und Hoffnungen ganz natürlich die Gefolgschaft, wenn uns klar wird, dass sie nur Leiden bringen. Wenn uns bewusst wird, dass wir mit dem Beharren auf einem Wunsch keineswegs einen Schatz, sondern eine glühende Kohle in der Faust halten, geschieht Loslassen von ganz alleine. Und so kann es auch an diesem Punkt der Rücknahme schon zu einer Spontanheilung kommen: Unser Projektionsgebäude löst sich unvermittelt in nichts auf. Wir finden uns in der Sonne wunschlosen Friedens wieder.

Sollte dies nicht geschehen, befinden wir uns immer noch im Geisterhaus der Projektionen. Dann lohnt es sich, die Treppe weiter nach unten zu steigen: Kontakt aufzunehmen mit den schwelenden Gefühlen. Von der abstrakten Generalisierung »Er ist immer so abweisend zu mir« oder »Nie kann sie mich so akzeptieren, wie ich bin« bewegen wir uns zu einer konkreten Situation: »Gestern Abend wollte ich Zärtlichkeit, und er hat sich einfach umgedreht.« Oder: »Heute Morgen hat sie schon wieder bemäkelt, dass ich zu dick geworden bin.« Diese konkreten Gedanken enthalten immer noch Ursachenzuweisungen und den Beigeschmack einer Forderung, doch wir können in ihnen bereits die mitschwingende emotionale Erfahrung erahnen. Die folgenden Fragen dienen dazu, unsere Aufmerksamkeit noch direkter dem konkreten Erleben zuzuwenden. Wir gehen nach innen, auf den Spuren der Gefühle.

Rufen Sie sich eine konkrete Situation ins Gedächtnis, in der Sie starke Projektionen erlebt haben.

Was löste das Geschehen, die Handlung oder das Verhalten des anderen in Ihnen aus? Welche Gefühle und Empfindungen spürten Sie?

Mit der Ausrichtung dieser Fragen lassen wir das Projizieren auf das Außen nun ganz hinter uns und tauchen in ein geerdetes Spüren unseres eigenen Organismus ein. Dort wird uns klar: »Das Verhalten des anderen hat bei mir ein Gefühl starker Verletzung und Kränkung ausgelöst … hat rasende Wut in mir hochgebracht … hat mich sehr verängstigt.« Indem wir diese Gefühle zulassen, spüren wir die Empfindungen unseres Körpers viel lebendiger als zuvor: Ein Brennen in der Brust, zurückgehaltene Tränen, ein Grummeln im Bauch, ein Zittern in den Armen, ein energetisches Vibrieren. Wie immer es sich auch gerade anfühlt, wir lassen unsere Aufmerksamkeit in die unmittelbare Erfahrung hineinsinken, ohne durch weitere Projektionen vor ihr wegzulaufen.

Von »Was ich fühle« zu »Was ICH BIN« – das Verlassen des Geisterhauses

Wir haben aufgehört, Geschichten über den anderen zu wiederholen. Wir spüren, dass sich eine Woge von Energie in unserem Organismus bewegt – und dass wir ihr begegnen können. Unser Geist wird das zunächst noch kommentieren. Jetzt sind seine Aussagen aber bereits nah am unmittelbaren Erleben: »Ich bin verletzt.« »Ich bin wütend.« »Ich bin erschrocken.« Welche Erfahrungen auch auftauchen, wir fühlen sie in unserem Körper vibrieren. Wir geben ihnen Raum. Wir können ihnen ein sanftes »Willkommen« zurufen und schauen, was geschieht.

Möglich, dass unserem Geist diese bodenständige Aufmerksamkeit nicht gefällt. Er ahnt: Noch ein Schritt weiter, und wir verlassen seinen Herrschaftsbereich vollständig. Das will er verhindern. Deshalb wird er in dieser Phase besonders hektisch. Schließlich will er seinen einzigen Mieter nicht verlieren. Also setzt er alles daran, uns in die oberen Etagen zurückzukatapultieren, indem er uns wieder in die Erwartungen an ein Gegenüber verwickelt. Oder indem er uns dazu verführt, wieder in die Welt der Verallgemeinerungen abzuschweifen. Es mag sein, dass wir an diesen Ködern noch einmal anbeißen und wieder nach oben gezogen werden.

Solche Rückfälle sind keine Katastrophe. Ein paar schlichte Fragen vermögen uns von den erneut aufblühenden Projektionen zu heilen: »Ist das, was meine Gedanken sagen, wirklich wahr?

Bringen mir die Erwartungen, was sie versprechen? Wie fühlt sich die direkte Erfahrung in meinem Körper an?« Je mehr wir uns mit dem Urgrund des Seins vertraut machen, desto größer wird unsere Fähigkeit, die Verlockungen des Verstandes früh zu entlarven. Dann reicht ein entschiedenes Nein, das wir unserem konditionierten Geist entgegenhalten, wie ein Stoppschild.

Natürlich handelt es sich auch bei den Gedanken, die sich um unsere eigene innere Erfahrung drehen, noch immer um Geschichten. Nur dass sie nicht mehr von einem Außen handeln, sondern vom so genannten »Innen«, unseren körperlichen, seelischen und geistigen Erfahrungen. Wir sind im Erdgeschoss angekommen, doch die Unterscheidung in Innen und Außen existiert noch immer. Noch befinden wir uns innerhalb des Geisterhauses. Ein Vorteil des Erdgeschosses besteht darin, dass unser Geist nicht mehr in abstrakten Höhen herumstreunt. Wir haben den Ich-Gedanken klar vor Augen und sind im lebendigen Kontakt zu den Basis-Emotionen. Doch um wirklich frei zu sein, müssen wir aus dem Haus heraustreten.

Es gibt mehrere Türen, die nach draußen führen. Über einer steht das Wort Jnana (Weisheit). Sie sieht aus wie ein schwarzes Loch, das alles in sich einsaugt. Wir erkennen: Die letzten Gedanken, die wir bis hierhin mitgebracht haben – »Ich bin traurig«, »Ich habe Angst«, »Ich fühle mich verletzt« – sie alle enthalten diesen zentralen Ich-Gedanken, der auf unser wahres Sein hinweist. Wenn wir uns darauf einlassen, diese Spur zu ihrer Quelle zurückzuverfolgen, wird sich unsere ganze Aufmerksamkeit auf das stille ICH BIN ausrichten, das allen begrenzten Definitionen über unsere Person zugrunde liegt. Alle leidvollen Gedanken lösen sich in dieser gewaltigen Stille auf. Sie lässt nichts übrig außer reinem Gewahrsein.

Über einer anderen Tür steht Bhakti (Hingabe). In ihrem Rahmen brennt Feuer. Uns ist klar: Wir können durch sie hindurchgehen, und unsere leidvollen Begrenzungen werden in den Flammen der unmittelbaren Erfahrung von Schmerz, Angst oder Wut rückstandsfrei verbrennen.

Wir sehen noch andere Türen: »vollkommene Gegenwärtigkeit«, »aufrichtiges Gebet«, »der Gesang eines Vogels«, »das Klatschen einer Hand«, »göttlicher Witz«, »der Blick in die Augen des Lehrers«, »nur ein Atemzug«, »ein Lächeln«, »Dankbarkeit«. Keine ist verschlossen. Wir gehen auf die Tür zu, die uns am meisten anzieht. Wir öffnen sie und schreiten hindurch. Die Tür, das Haus, die anderen, die Außenwelt und unsere eigene Person – alles ist schlagartig verschwunden. Was bleibt, ist die endlos weite Ebene des Seins.

Gütemerkmale der Projektionsfreiheit – Zufriedenheit, Gelassenheit und ein stiller Geist

Das Bild über das Verlassen des Projektionshauses stellt die innere Essenz dessen dar, was wir entdecken, wenn wir uns von den Schleiern des trennenden Geistes befreien. Wie sich das im Leben eines jeden von uns anfühlt und ausformt, bleibt offen. In erster Linie ist es ein inwendiger Prozess, dem wir selbst nachspüren können. Unser äußeres Verhalten ist dabei zunächst nicht von Belang. Vielleicht werden wir manchmal mit anderen über das sprechen, was sich in uns abspielt. Es mag aber auch sein, dass diese Erforschung ausschließlich in unserem Inneren abläuft und niemand etwas davon mitbekommt.

Wenn wir uns aus den Fesseln der Projektionen befreien, ändert sich unsere Wahrnehmung radikal. Im Kontrast zu der Bedürftigkeit, dem Gezerre und der Unruhe der Erwartungen und Forderungen, finden wir nun die zutiefst heilsamen und gütigen Qualitäten unseres wahren Seins wieder.

Eines dieser »Gütemerkmale« echter Projektionsfreiheit ist die Erfahrung einer Seligkeit, die von keinem äußeren Objekt abhängig ist. Wir nehmen ein Bad in ursachenloser Erfüllung und fühlen uns darin so wohlig zufrieden, dass wir vom Außen absolut nichts mehr brauchen. Wir ruhen derart in uns selbst, dass es schlicht nicht mehr notwendig ist, nach außen zu schauen und dort irgendetwas oder irgendjemanden zu verändern. Wenn wir dem anderen – von dem wir uns nun nicht mehr getrennt fühlen – begegnen, sehen wir ihn in einem ganz anderen

Licht. Vielleicht fallen uns die vorher kritisch beäugten Unvollkommenheiten nicht einmal mehr auf. Oder das, was uns zuvor so gestört hat, ist plötzlich zu einer liebenswerten Eigenart geworden. Wir betteln nicht mehr um Zuwendung und kämpfen nicht mehr darum, den anderen umzuformen. Im Gegenteil – wir sind ihm dankbar dafür, dass er unsere Knöpfe gedrückt hat. Denn so konnten wir versteckte Identifikationen und Glaubensmuster ausfindig machen und uns eine umfassendere Freiheit erschließen. Jetzt fühlen wir uns reich beschenkt und können wertschätzend und weitherzig auf den anderen eingehen. Unsere Wahrnehmung hat sich von fordernder Bedürftigkeit in bedingungslose Liebe gewandelt.

Hier eröffnet sich uns auch die lebendige Erfahrung einer weiteren gütigen Qualität unserer wahren Natur. Wir spüren tief greifendes Urvertrauen. Wir wissen ohne jeden Zweifel: »Alles ist gut – genau so, wie es gerade ist.« Wir brauchen nichts und niemanden mehr, um eine vermeintliche Sicherheit herzustellen. Wir müssen uns nicht mehr auf äußere Dinge fixieren oder die Freiheit anderer beschneiden, um unsere Furcht zu beschwichtigen. Echten Halt entdecken wir paradoxerweise, indem wir den Einsturz aller Selbstbilder ohne Gegenwehr geschehen lassen. Mit ihrem Auslöschen verflüchtigt sich unser ängstlich kontrollierendes Ego, und was bleibt, ist die frische Luft reiner Gelassenheit.

Echte Zufriedenheit, ein stiller Geist und vertrauensvolle Gelassenheit leuchten auf, wenn unsere Projektionen zur Ruhe kommen. Scheinen diese natürlichen Qualitäten weit entfernt, lohnt es sich, genauer hinzusehen, ob unser Bewusstsein sich nicht gerade in der Oberflächlichkeit ferner Projektionswelten verliert.

Teil drei

Die Herausforderung der Wahrheit

11.
Wege der spirituellen Reifung

Durch die unmittelbare Erforschung des Bewusstseins erwacht in uns häufig die natürliche Sehnsucht, unser gesamtes Leben von dieser tiefgründigen Wahrheit durchdringen zu lassen – nicht nur als theoretisches Wissen, sondern als lebendige Erfahrung. Für manche von uns eröffnet sich dieser Zugang zum Absoluten, zur stillen Gegenwärtigkeit sofort und unwiderruflich. Dann brauchen wir nichts anderes mehr, als unserer eigenen Natur innerlich treu zu bleiben. Andere werden sich zu einem so genannten spirituellen Weg hingezogen fühlen. Dann suchen wir nach weiterer Unterstützung und Orientierung auf der relativen Ebene. Die folgenden Kapitel weisen auf solche hilfreichen Aspekte für die Selbsterforschung sowie auf deren Schattenseiten hin. Sie warnen vor Fallstricken und möchten nicht zuletzt Mut machen, allen Herausforderungen auf diesem »weglosen Weg« offen zu begegnen.

Erwachen – plötzliche Erkenntnis oder allmähliche Vertiefung

Hört oder liest man Berichte über spirituelles Erwachen, so handelt es sich oft um Schilderungen, denen etwas sehr Spektakuläres anhaftet. In einem plötzlichen, schockartigen Erleben geschieht etwas im Inneren einer Person und eröffnet die Dimension einer allumfassenden Freiheit. In solchen Darstellungen erscheint es, als ob alle konditionierten Begrenzungen, alle leidvollen Glaubensmuster mit einem Schlag ausradiert würden. Es macht den Eindruck, der Bewusstseinsschwerpunkt dieses Menschen werde mit einem ungeheuren Sog in die Tiefe des Seins gezogen und verweile dort, ohne je wieder die Oberfläche des Leidens zu berühren.

Solche Berichte sind aus vermutlich zweierlei Gründen so weit verbreitet: Der eine besteht darin, dass es tatsächlich Menschen gibt, die das Erwachen und das vollständige Absinken in die Tiefe des stillen Gewahrseins derart blitzartig und rückhaltlos erleben. Bei ihnen tauchen nach einer ersten Erkenntnis ihrer wahren Natur keinerlei Zweifel, keinerlei Impulse der leidvollen Identifikation mehr auf. Solch ein jähes Erwachen scheint in der gesamten Menschheitsgeschichte extrem selten vorzukommen. Aber gerade durch seine Außergewöhnlichkeit findet es besondere Beachtung.

Der andere Grund für die Favorisierung des »plötzlichen Erwachens« liegt in der Natur der Sache selbst: Auch nur ein kurzer Einblick in die Wahrheit jenseits aller Identifikationen und Vorstellungen führt uns in einen fundamentalen Wechsel der Zeitwahrnehmung. Wir erkennen unmittelbar, dass jedes Konzept von uns als Person, von Raum, von Zeit und damit auch von der Entwicklung einer Person in der Zeit pure Illusion ist. Wenn wir die Stille unserer wahren Natur erleben, erweist sie sich als vollkommene Gegenwärtigkeit. In ihr verschwindet jede Idee von Vergangenheit und Zukunft. Diese Einsicht braucht keine Zeit, weil sie das Aufblitzen des Zeitlosen selbst darstellt. In diesem Sinne ist jegliche Erkenntnis unserer wahren Natur urplötzlich – oder besser: außerhalb der Zeit. Und diese Jähheit muss in jedem Bericht des Erwachens auftauchen – das ist unumgänglich.

In der heutigen Zeit scheint sich bei einer relativ großen Anzahl von Menschen solch eine spirituelle Reife heranzubilden. Sie ermöglicht es, relativ einfach und unvorbereitet einen echten Einblick in Tiefe des Seins zu erhalten. Dies geschieht vielleicht in Folge einer spirituellen Praxis, durch die Begegnung mit einem Lehrer oder auch spontan. Doch solch ein Einblick führt in den meisten Fällen nicht zu einem sofortigen und unumkehrbaren Ertrinken im Ozean des Seins. Das Identifikationszentrum, der Punkt, von dem aus alles wahrgenommen wird, sinkt für kurze

Zeit ab. Doch kann es auch sehr schnell wieder an die Oberfläche steigen. Wenn dies geschieht, bleibt der Einblick in die Tiefe nichts als eine schnell verblassende Erinnerung der Welle an eine überwältigende, ozeanische Erfahrung, während sie sich wieder in der horizontalen Suche an der Oberfläche verliert.

Ist die spirituelle Reife in uns dagegen noch weiter fortgeschritten, geben wir uns nicht mit kurzen Einblicken in die Tiefe zufrieden. In uns brennt eine große Sehnsucht nach wirklicher Freiheit. Wir wollen mehr als alles andere echten Frieden finden. Und dieses Brennen stellt uns eine ungeheure Energie und Entschiedenheit für die Selbsterforschung zur Verfügung. Dann können wir die auftreibenden Kräfte der Identifikation untersuche, ihre Mechanismen entlarven und ihnen so die Macht entziehen. So kann es zu einem immer tieferen Absinken kommen. Dies mag uns für eine Weile wie ein allmählicher Prozess der Befreiung vorkommen. Doch es ist keine horizontale Bewegung in der Zeit, sondern ein vertikales Fallen in die Zeitlosigkeit des gegenwärtigen Augenblicks. Es handelt sich nicht um die Entwicklung eines individuellen Ich hin zu einem veränderten, anderen Ich, sondern um die immer gründlichere Auflösung des persönlichen Ich in das alles durchdringende Sein des ICH BIN.

Irgendwann entdecken wir schließlich, dass sowohl das scheinbar plötzliche Erwachen als auch die vermeintlich allmählich voranschreitende Vertiefung von Freiheit in genau demselben ewigen Augenblick geschehen, der wir sind. Damit lösen sich alle Widersprüche zwischen verschiedenen Erscheinungsformen der Befreiung auf.

Die Radikalität der Selbsterforschung

Wenn wir beginnen, unser wahres Sein zu entdecken, erleben wir diese Öffnung häufig im Spannungsfeld einer typischen Polarität. Zum einen gibt es Momente, in denen wirkliche Erfüllung einfach und leicht scheint, oft in einem geschützten Raum, im Zusammensein mit einem spirituellen Freund oder Lehrer, in Phasen äußerer Zurückgezogenheit, auf einem Retreat* oder in der Natur. Im Kontrast dazu stehen die Momente, in denen Frieden und Erfüllung wieder verloren oder ferner denn je scheinen. Gerade diese dunklen Augenblicke und herausfordernden Momente bergen einen großen Wert.

Wenn wir den Wunsch nach Freiheit spüren, wenn alle anderen Wünsche in diesen einen Wunsch münden, spüren wir ein inneres Feuer. Es ist das Feuer der Sehnsucht nach Wahrheit. Und es ist die Fackel, mit der wir die verborgenen, finsteren Ecken unseres Lebens ausleuchten können: die Fackel der Selbsterforschung.

Mit ihr erleben wir auftauchende Herausforderungen nicht mehr als Störung oder lästige Bürden, die wir überwinden oder loswerden müssen. Vielmehr erkennen wir sie als ein weiteres Herausfordern der absoluten Wahrheit in der Welt der Erscheinungen. Gleichgültig, was an Schwierigkeiten auftaucht, jeder Moment stellt einen Test dar, der an uns herangetragen wird, um unsere Erkenntnis von Freiheit noch weiter auszudehnen.

Ist es möglich, den Frieden des Seins, in den wir in besonderen Momenten Einblick erhalten haben, tatsächlich auch jetzt zu entdecken – in einem völlig gewöhnlichen Augenblick? Auch dann, wenn unser inneres Erleben alles andere als friedlich zu sein scheint? Können wir unsere Essenz als leidfreies Gewahrsein erkennen, auch im Angesicht von vermeintlichem Leiden – nicht als Theorie oder erinnerte Erfahrung, sondern als anwesende Lebendigkeit? Es ist das Leben selbst als Lehrer, das uns in der Sprache der konkreten Situation diese Fragen stellt und zu tieferer Selbsterkenntnis einlädt.

Die drei Juwelen der Unterstützung

Was kann uns unterstützen, unsere Freiheit immer klarer zu erkennen? Die absolute Antwort lautet: nichts. Denn wir sind schon das, was wir suchen. Wir selbst sind Freiheit. Wir müssen nichts tun, auch nicht uns selbst erforschen, um irgendwie anders zu werden oder irgendwo hinzukommen. Falls eine äußere Unterstützung möglich oder nötig wäre, würde das sogar bedeuten, Freiheit wäre von irgendeinem Objekt – in diesem Fall der

Unterstützung – abhängig. Und das widerspricht der Wahrheit. Unsere Essenz ist ohne Ursache und bedingungslos.

Doch es gibt noch eine zweite absolute Antwort. Und sie lautet: alles. Alles kann uns helfen. Denn wenn das stille Gewahrsein die Quelle und Substanz aller Erscheinungen ist, dann spiegelt auch jede Erscheinung die Wahrheit des Seins wider und weist auf sie zurück.

Für den Verstand ist dieser Widerspruch nicht zu klären. Doch wenn wir mit dem Herzen lesen, werden wir sehen, wie sich dieses Paradox zwischen absolutem Nichts und allem im Prozess endloser Selbstvertiefung auflöst.

Drei Formen der Unterstützung benannte der Buddha vor 2500 Jahren. Er sprach von Buddha, Dharma* und Sangha*, den »drei Juwelen der Existenz«. Sie repräsentieren Formen der Unterstützung, die über den Buddhismus und andere religiöse Systeme hinaus allgemein gültig sind. Die Beschäftigung mit ihnen ist keine Notwendigkeit für ein erwachtes Leben. Doch sie sind Aspekte der Wahrheit und laden uns ein, ihre Strahlen zum stillen, formlosen Gewahrsein zurückzuverfolgen.

Buddha – Liebe oder Abhängigkeit

Mit dem Buddha als Form der Unterstützung ist die Begegnung und das Zusammensein mit einem Menschen gemeint, in dessen Leben tief greifende Selbsterkenntnis stattgefunden hat. Buddha bedeutet »der Erwachte«: ein Mensch, der zu seiner wahren Natur erwacht ist und dessen ganzes Leben von dieser Erkenntnis durchdrungen ist. Der Begriff »Erwachter« ist in sich paradox. Was in einem solchen Menschen stattgefunden hat, ist das Absinken des Bewusstseinsschwerpunktes von der Oberfläche der Personenbezogenheit in die Tiefe des nicht personengebundenen Gewahrseins. Alle Definitionen von »Ich bin ein Einzelwesen, das von anderen getrennt ist und sich von ihnen unterscheidet« sind als unwirklich erkannt worden. Bezeichnungen wie »Erleuchteter«, »Erwachte«, »Befreiter«, »Weise«, die den Eindruck einer besonderen Person vermitteln, sind also irreführend.

Dennoch gibt es Menschen, die die Rolle eines spirituellen

Lehrers einnehmen und die – so scheint es zumindest – andere in der Erkenntnis von Freiheit unterstützen können. Ihre Funktion können wir als Hinweisschilder auf die Wahrheit verstehen. Ein Schild, das den Weg in die Innenstadt anzeigt, ist nicht die Innenstadt selbst, es zeigt nur einen Weg und Zugang auf. Noch treffender ist der Vergleich mit einem Ortsschild im Zentrum der Stadt. Darauf steht »Freiheit hier und jetzt!«. Es lädt die Betrachter ein, ihre Suche zu beenden und zu erkennen, dass sie bereits genau dort sind, wo sie hin wollten. Sie haben sich nur eingebildet, sie müssten anderswohin.

In der Esoterik-Szene gibt es eine unüberschaubare Vielfalt von spirituellen Lehrern und Lehrerinnen. Nicht bei allen handelt es sich um Vertreter einer tief greifenden Spiritualität. Oft sind es Menschen, die ein relatives Maß an Heilung gefunden haben und dies auch anderen vermitteln können, die aber die Kernursachen des Leidens nicht durchschaut haben. Doch abgesehen von einer esoterischen Mischung aus Einsichten, kindlich-magischem Denken und Sendungsbedürfnis gibt es eine steigende Anzahl von Menschen, die echte Erfahrungen des Erwachens und der Befreiung erleben, die darüber sprechen und ihre Erkenntnisse teilen.

In den letzten fünfzehn Jahren sind zum Beispiel LehrerInnen recht bekannt geworden, die sich auf die Inspiration von indischen Weisen der Advaita-Tradition beziehen, wie Ramana Maharshi, Poonjaji, Nisargadatta oder deren SchülerInnen. Sie bieten Begegnungen unter dem Begriff Satsang* an. Auch darunter finden sich Licht und Schatten. Einige Lehrer verkörpern eine tiefe Erfahrung von wirklicher Freiheit und besitzen die Fähigkeit, Selbsterforschung auf kraftvolle Art zu vermitteln. Vereinzelt findet man Lehrerfiguren, die zwar Freiheit verkörpern, aber ihre Rolle zu eigennützigen Interessen in Bezug auf Geld, Macht oder Sex missbrauchen. Ebenso trifft man Menschen, die nach oberflächlichen Einblicken frühreif die Lehrerrolle einnehmen. Und natürlich gibt es auch diejenigen, die Begriffe wie »Satsang« und »Erwachen« lediglich als Werbeslogan benutzen.

Wenn wir das Glück haben, einem authentischen Lehrer oder einer Lehrerin zu begegnen, kann sich ein großartiges Geschenk offenbaren: die Frische der unmittelbaren Vermittlung des Seins. Ramana Maharshi bezeichnete die Gesellschaft eines solchen Menschen als die machtvollste Hilfe zur Selbsterforschung. Das Zusammensein reißt uns aus Identifizierungen und Glaubensmustern. Unsere konditionierten Wahrheiten und spirituellen Glaubensgebäude überstehen ein solches Zusammentreffen nicht. Der Lehrer stellt uns auf die Beine unserer eigenen Erfahrung. Im Mittelpunkt steht einzig die Erforschung des Seins. Alles dreht sich um die lebendige Erfahrung von Wahrheit im gegenwärtigen Augenblick.

Die Unterstützung durch die Gegenwart eines Lehrers ist eine untergründige mysteriöse Kraft. Die lebendige Erkenntnis dieses Menschen wirkt wie ein schwarzes Loch. Es absorbiert geistige Unruhe und Rastlosigkeit und lässt den Geist still werden. Das Energiefeld eines solchen Menschen strahlt Frieden, Klarheit und innere Erfüllung aus. Und diese Ausstrahlung erleichtert den Zugang zu einem Bewusstseinszustand, der die Erkenntnis der Wahrheit viel leichter eröffnet als das Alltagsbewusstsein. Dabei scheint es zweitrangig, ob der Lehrer Techniken oder Methoden vermittelt und auf welche Weise er sich ausdrückt. In erster Linie wirkt das Einlassen auf seine Gegenwart.

Von einem absoluten Standpunkt aus betrachtet, ist das Energiefeld, das ein Lehrer ausstrahlt, nicht getrennt von der Energie, die im Suchenden gegenwärtig ist. Es ist dieselbe Kraft der Stille, dieselbe friedvolle Liebe – die wahre Essenz jedes Wesens. Doch solange Suchende sich von dieser Stille getrennt fühlen, kann es eine große Unterstützung sein, sich der Ausstrahlung eines solchen Energiefeldes auszusetzen.

Aus dieser Perspektive trägt die Schüler-Lehrer-Beziehung ein Paradoxon in sich. Da die Trennung in Schüler und Lehrer, in Suchenden und Erwachten, nur eine Illusion ist, da beide das eine, ungeteilte Selbst sind, besteht die Besonderheit der echten Schüler-Lehrer-Beziehung darin, dass sie dazu dient, den Glauben an ihre eigene Realität aufzulösen. Immerhin – dafür können wir sie nutzen.

Wenn wir uns auf eine solche Begegnung einlassen, müssen wir in vielerlei Hinsicht mit großer Intensität rechnen. Es kann geschehen, dass wir für unsere Lehrerin oder unseren Lehrer starke Gefühle von Zuneigung entwickeln. Vielleicht verlieben wir uns regelrecht. Die Innigkeit mit einem spirituellen Lehrer kann sich tiefer anfühlen als alles, was wir zuvor – selbst in den intimsten Beziehungen – erlebt haben. Doch die Offenheit und die Herzensnähe, die sich auftut, hat nichts mit der persönlichen Liebe von Individuum zu Individuum zu tun. Sie ist Liebe von Selbst zu Selbst. Liebe als reiner Ausdruck des einen Selbst.

Das Erleben dieser Liebe kann nicht künstlich hergestellt werden. Doch wenn es geschieht, wenn wir unserem Herzenslehrer begegnen und wenn ein Feuer der Begeisterung und Hingabe für sie oder ihn entfacht wird, kann dies ein machtvolles Eingangstor bilden. Im Hindurchgehen verbrennen sämtliche Konzepte von Trennung. Die Scheidewand zwischen uns und dem Lehrer zerfällt. Wir erfahren uns als die grenzenlose und bedingungslose Liebe des Seins.

Es ist möglich, dass wir schon in den ersten Begegnungen einen Vorgeschmack von der Kraft dieser Liebe spüren. Das geschieht ähnlich wie in einer normalen Liebesaffäre: Zunächst erleben wir eine Phase der Verliebtheit. Wir sind begeistert von der Ausstrahlung des Lehrers. Fasziniert folgen wir seinen Ausführungen. Bereitwillig lassen wir uns auf seine Hinweise ein. Wir fühlen uns durch seine Vermittlung zutiefst inspiriert und schmelzen in seiner Herzlichkeit dahin. Wenn wir uns, einmal angelockt, noch näher auf die Begegnung einlassen, kommt es zu einer weiteren Vertiefung. Die sieht allerdings weniger rosig aus. Denn eine solche Beziehung beschränkt sich nicht auf angenehme Offenbarungen. Sie dient dazu, die Hindernisse aufzulösen, die dem Erkennen des wahren Selbst im Wege stehen. Verborgene Identifikationsmuster kommen in der Dynamik dieser Beziehung ans Licht: Verletzlichkeit, Enttäuschung, Eifersucht, Klammern, Wut, Angst, Scham. Sind wir bereit, uns testen zu lassen? Können wir den negativ erscheinenden Erlebnissen im Geist echter Selbsterforschung begegnen? Sind wir reif genug, uns dem Feuer der Liebe – hier in Form unseres Lehrers – sowohl mit seinen wärmenden als auch mit seinen sengenden Flammen auszusetzen?

Wird ein ernsthaftes Interesse an der Unterstützung durch eine Lehrer-Schüler-Beziehung wach, taucht zunächst die Frage auf, wie wir den richtigen Lehrer finden. Eine überraschende Antwort darauf rief Poonjaji jemandem zu, der ihm diese Frage stellte. »Mach dir keine Sorgen«, sagte er, »Du brauchst deinen Lehrer nicht zu suchen, er wird dich finden.« Zum genau richtigen Zeitpunkt taucht in unserem Leben auf, was benötigt wird.

Ramana Maharshi riet: »Wenn du einem Menschen begegnest, dem gegenüber du tiefen Respekt empfindest, wenn du bemerkst, dass dein Geist in seiner Gegenwart wie von alleine zur Ruhe kommt und du tiefen Frieden fühlst, dann kann dieser Mensch ein Lehrer für dich sein.«

Für die Einschätzung von Tiefe, Aufrichtigkeit und Unbestechlichkeit einer Person mögen ein paar Fragen hilfreich sein: Ist die Vermittlung von Selbsterforschung unmittelbar und frisch? Basiert sie auf eigener Erfahrung oder auf gelerntem Wissen? Weisen Lehrer oder Lehrerin auf das Potenzial der Suchenden hin, selbst zu erkennen, oder sollen vorgegebene Sichtweisen übernommen werden? Wird auf die unmittelbare Entdeckung von Freiheit im gegenwärtigen Moment hingewiesen, oder wird die befreiende Erkenntnis in eine ferne Zukunft verschoben, als Folge langwieriger Disziplin und moralischer Verdienste? Vermittelt der Lehrer das Gefühl einer starren Hierarchie, in der er höher steht, oder verweist er auf die fundamentale Einheit aller Wesen? Beinhaltet die Lehre eine Komponente von Ausschließlichkeit, die nur die eigene Art der Vermittlung und nur den eigenen Lehrer als Autorität gelten lässt? Oder finden wir eine geistige Weite, in der auch andere Zugänge, andere Lehren und Lehrer anerkannt werden?

Diese Fragen können dazu beitragen, authentische Selbsterforschung von spiritueller Scharlatanerie zu unterscheiden. Doch in jedem Falle landen wir auf unserem Weg genau dort, wo wir sein sollen. Und wir werden genau die Erfahrungen machen, die uns tiefer bringen. »Egal ob du an einen echten oder falschen Lehrer gerätst«, erklärt Gangaji*, »wenn du aufrichtig an Selbsterforschung interessiert bist, werden beide Situationen dich einladen, innere Freiheit zu entdecken.«

Die steigende Anzahl erwachter Lehrer, die wir im westlichen Kulturkreis beobachten, hat große Vorteile mit sich gebracht. Während man noch vor zwei Jahrzehnten lange nach einer lebendigen Vermittlung von Selbsterforschung suchen musste, finden wir sie heute manchmal einen Häuserblock weiter. Verschiedenartige Ausdrucksweisen der essenziellen Wahrheit zu erleben kann uns davor schützen, in spirituelle Rigidität zu verfallen, die uns nur an »den Lehrer« und »die Methode« glauben lassen und in eine neue Engstirnigkeit sowie in spirituellen Fundamentalismus führen.

Es gibt aber auch nachteilige Aspekte der Lehrer-Vielfalt. Eine ist das Guru*-Hopping: Spirituelle Sucher wandern von Lehrerin zu Lehrer, ohne sich tief greifend auf Selbsterforschung einzulassen. Häufig scheint es verlockend, die »Verliebtheitsphase« mit einem Lehrer auszukosten – und weiter zu ziehen, sobald es ungemütlich wird. Solange der Reiz des Neuen überwiegt und uns der Lehrer positiv zugewandt scheint, genießen wir es. Wir schwärmen von »unserem Meister«. Doch sobald derselbe Meister uns weniger oder gar nicht mehr beachtet, vielleicht sogar kritisiert oder herausfordert, scheint es uns attraktiver, zum nächsten zu wechseln.

Natürlich ist es sinnvoll, sich einen Überblick zu verschaffen. Wollen wir uns jedoch wirklich auf etwas einlassen, müssen wir irgendwann eine Entscheidung treffen. Springen wir ständig von Satsang zu Satsang, verpassen wir die Vertiefung von Selbsterforschung, wie sie in der echten Schüler-Lehrer-Beziehung möglich ist.

Natürlich gibt es Verzerrung auch in der entgegengesetzten Richtung: Hörigkeit. Aus dem Einlassen auf einen Lehrer kann eine abhängige Bindung entstehen. Oft ist solch eine Verzerrung daran zu erkennen, dass die Aufmerksamkeit des Schülers sich zunehmend um Äußerlichkeiten und immer weniger um die eigene innere Erfahrung dreht. Auf einmal ist es wichtig, zum inneren Kreis der Menschen zu gehören, die dem Lehrer nahe stehen. Äußerlichkeiten wie Kleidung, Sprache und Benehmen des Lehrers werden imitiert. Es mag sogar sein, dass es zu einer engen finanziellen, emotionalen oder sogar sexuellen Abhängigkeit vom

Lehrer kommt. Wenn die Motive eines Lehrers ichbezogen sind, mag eine solche ungesunde Dynamik vom Lehrer beabsichtigt sein. Vielleicht existiert sie aber nur auf Seiten des Schülers, der den Lehrer in seiner Fantasie zum Gott idealisiert, sich selbst klein macht und so den tieferen Zweck der Beziehung, die Erfahrung des ungeteilten Seins, verfehlt.

Von außen ist die innere Dynamik einer spirituellen Schüler-Lehrer-Beziehung schwer zu beurteilen. Wir können nur aufrichtig in uns selbst hineinhorchen. Hören wir die ewige Schallplatte von »Ich brauche niemanden, ich schaffe es alleine«, dann kann das ein Hinweis sein, dass wir uns in einem Konzept von Eigenständigkeit und Unabhängigkeit verloren haben. Hören wir »Ohne meinen Lehrer sinkt meine Schwingungsfrequenz, ohne ihn kann ich keine innere Stille erfahren«, dann befinden wir uns in den Fängen der Abhängigkeit.

Sind wir frei davon und haben wir das Glück, einem Lehrer unser Herz schenken zu können, leuchtet das Wunder einer sich immer weiter vertiefenden spirituellen Beziehung auf: das Strahlen der unpersönlichen Liebe.

Sangha – Freundschaft oder Ausgrenzung

Das zweite Juwel der Unterstützung bezeichnete der Buddha als »Sangha«. Das bedeutet die Gemeinschaft von Menschen mit dem gleichen Interesse an Selbsterforschung. Die tiefe Sehnsucht nach wirklicher Freiheit und das radikale Hinterfragen aller verdeckenden Konzepte findet keineswegs breite gesellschaftliche Unterstützung. Im Gegenteil, die Masse der Gesellschaft und die meisten ihrer Institutionen leben verstrickt in die Trance der persönlichen Identifikation und setzen alles daran, sie aufrechtzuerhalten.

Häufig stehen wir deshalb als spirituelle Sucher allein da, insbesondere, wenn unsere Erkenntnisse und Erfahrungen tiefer gehen. Daher ist es unterstützend, mit Menschen in Kontakt zu sein, für die spirituelle Erfahrungen nicht fremd sind und bei denen nicht gleich Sektenangst aufkommt, wenn sie Worte wie »Erleuchtung« oder gar »Guru« hören. Vielleicht begegnen wir

Menschen, die sich zu einem ähnlichen Weg oder demselben Lehrer hingezogen fühlen. So ein Zusammensein erzeugt ein Energiefeld, das – ähnlich dem Energiefeld in Gegenwart eines spirituellen Lehrers – sehr unterstützend wirken kann.

Im besten Fall entsteht hier ein Kreis von wahren Freunden. Dies sind Freundschaften, die eine vollkommen andere Grundlage haben, als wir sie normalerweise gewohnt sind. Gewöhnlich gehen wir Beziehungen mit Menschen ein, wenn uns Ähnlichkeiten auf einer persönlichen Ebene verbinden: gleiche Hobbys, ähnliche Einstellungen, Wertvorstellungen und Ziele, harmonierende emotionale Bedürfnisse, erotische Anziehung. Im Zentrum der Beziehung stehen Bedürfnisse und Wünsche zweier Ich, des eigenen und das des Gegenübers.

Anders bei der spirituellen Freundschaft: Hier sind nicht die persönlichen Bezüge die Basis, sondern die gegenseitige Unterstützung zur befreienden Selbsterforschung, die über die Identifikation mit dem persönlichen Ich hinausgeht. Wenn wir uns auf solch eine »unpersönliche« Begegnung in einem Sangha einlassen, sehen wir die anderen aus einer Haltung natürlicher Stille, tiefer Wertschätzung und des Nicht-Beurteilens. Die Schönheit, die wir sehen, ist das Strahlen des unpersönlichen Gewahrseins durch die Form der Person. Wir können staunen über die essenziellen Qualitäten von Frieden, Güte und Offenheit, die durch unser Gegenüber hindurchleuchten.

Die Kehrseite dieses Themas sind deren destruktive Extreme. Ein solcher Schattenaspekt ist auch in diesem Fall die Abhängigkeit, diesmal von der Gruppe. Zum Beispiel, wenn wir uns nur noch in den Schoß einer gleich gesinnten Gemeinschaft flüchten und die Begegnung mit »Nicht-Gleichgesinnten« und die damit verbundenen Herausforderungen vermeiden. Zum anderen kann es in einem Sangha zu einem rigiden Festhalten an den eigenen Vorstellungen von Spiritualität kommen. Im Extremfall zeigt sich eine solche Erstarrung durch eine starke Isolation.

Im echten Tiefgang der Selbsterforschung werden beide Gelegenheiten, die Begegnungen in einem unterstützenden Sangha und die Begegnungen mit Menschen aus anderen Zusammenhängen, als gleichwertige Chancen der Vertiefung erkannt. Uns wird bewusst, dass auch die Unterscheidung zwischen spirituellen Freunden und Nicht-Freunden nur eine Unterscheidung des Verstandes ist.

Wir entdecken, dass die Schönheit und Tiefe, die wir zunächst nur mit den spirituellen Freunden entdecken konnten, sich mehr und mehr auch auf die Begegnung mit anderen Personen ausweitet, selbst auf jene, die keinerlei Interesse an spiritueller Selbsterforschung haben – ja solchen Dingen sogar abweisend gegenüberstehen. Auf mysteriöse Art wird uns offenbar, dass der echte Sangha alle Menschen, alle fühlenden Wesen, ja selbst die scheinbar unbelebte Materie umfasst.

Dharma – frische Erfahrung oder Imitation

Das dritte Juwel der Unterstützung nannte der Buddha den Dharma. Dharma bedeutet »Lehre«. Zu Zeiten des Buddha bezeichnete dieser Begriff die mündlich weitergegebenen Texte und Lehrreden. Der Dharma ist der Versuch, die unmittelbare Erfahrung von Wahrheit – die jenseits von Worten liegt – in Sprache auszudrücken. Der sprachliche Ausdruck lädt zur direkten Erfahrung ein und inspiriert zur Selbsterforschung.

Heute wirkt der Dharma neben der persönlichen Vermittlung auch durch Bücher, Audio- und Videoaufnahmen. Von vielen bekannten spirituellen LehrerInnen gibt es CDs, Videos, DVDs. Häufig handelt es sich um Aufzeichnungen von Dialogen mit Menschen, die spirituelle Unterweisung suchen oder von eigenen Erfahrungen berichten. Solche Aufzeichnungen können uns tief berühren und zu lebendiger Selbsterkenntnis inspirieren.

Bei der Vermittlung des Dharma handelt es sich allerdings nicht um Lernen im herkömmlichen Sinne – auch wenn in spirituellen Kreisen oft von einer Lehre die Rede sein mag. Es geht nicht um die gedankliche Beschäftigung, um das Speichern oder Verinnerlichen neuer spiritueller Konzepte. Das wäre totes Wissen, das kein Potenzial zu wahrhaftiger Befreiung in sich trägt. Ebenso wenig geht es um das Aneignen von Fähigkeiten oder das Erreichen von Zielen. Auch das wäre nur die alte Masche des Egos, das glaubt, besondere Ideale anstreben zu müssen.

In der lebendigen Vermittlung des Dharma, wie sie beispielsweise im authentischen Satsang geschieht, handelt es sich vielmehr um ein Hinweisen auf das jedem Menschen innewohnende Potenzial zur Selbsterkenntnis im gegenwärtigen Moment. Ob wir ein Buch lesen oder dem Vortrag einer Lehrerin lauschen, wenn wir uns dadurch zu dem Abenteuer direkter Selbsterforschung anstecken lassen, dann tut der Dharma seine Wirkung.

Natürlich gibt es auch hier wieder die Möglichkeit des Missverständnisses oder der Verzerrung. Wenn in einem Text die Erwachenserfahrung eines Menschen beschrieben wird, kann uns das einen Geschmack dieser Freiheit geben. Oder unser Verstand speichert lediglich die äußeren Aspekte einer solchen Erfahrung ab. Damit kann er eine neue Art des Leidens schaffen. Entweder macht er uns glauben, wir selbst müssten die beschriebene Erfahrung genauso machen und begibt sich in eine sehnsüchtige Erwartungshaltung. Oder er versucht, die abgespeicherte Erfahrung heimlich zu kopieren, innerlich zu imitieren und willentlich zu produzieren – was eine enorme Anstrengung und Unechtheit mit sich bringt.

Eine weitere Verzerrung des Dharma ist es, wenn wir den sprachlichen Ausdruck spiritueller Einsichten lediglich als Begriffe und Formeln auswendig lernen, statt sie als Hinweise auf die innere Erfahrung zu begreifen. Dann laufen wir mit spirituellen Worthülsen herum und missbrauchen sie, um einem lebendigen Spüren direkter Erfahrung auszuweichen oder andere sendungsbewusst von unserer »eigenen spirituellen Wahrheit« zu überzeugen.

Wenn der Dharma wirklich tiefgründig verstanden wird, kann das Lesen eines einzigen Satzes in uns eine Resonanz mit der Wahrheit jenseits jeglicher Konzepte auslösen. Wir lassen uns berühren. Wir werden inspiriert, nach innen zu tauchen. Und dann wird uns klar: Der wirkliche Dharma ist weder eine Sammlung von Glaubenssätzen noch das Gedankengebäude einer Weltanschauung. Er ist die Ausstrahlung des stillen Gewahrseins, das jeder von uns selbst ist.

Das Geschenk der dunklen Nacht der Seele

Die drei Juwelen der Existenz kann man als heilsame Medizin bezeichnen. In bestimmten Phasen unseres Lebens vermögen sie Wunder zu bewirken. Dennoch werden wir Zeiten erleben, in denen all diese Heilmittel unwirksam werden. Ihre unterstützende Kraft schwindet oder lässt uns ganz im Stich. Dieser Prozess ist kein Unglück. Vielmehr liegt ihm eine tiefere Perfektion zugrunde. Würden wir ständig den wohltuenden Einfluss unterstützender Umstände genießen, blieben wir im Glauben gefangen, das Erkennen der Freiheit wäre von der Zuwendung eines Lehrers, der Zugehörigkeit zu einer Gruppe oder von der Inspiration durch Texte und Bilder abhängig. Der universelle Lehrer, das Sein selbst, hat als Gegengift für diese Tendenzen ein radikales Mittel parat: die dunkle Nacht der Seele.

Dieser in der spirituellen Literatur geläufige Begriff bezeichnet das Gefühl des absoluten auf sich selbst Zurückgeworfenseins und ist nicht minder ein Geschenk als die anderen hell strahlenden Kräfte Buddha, Dharma und Sangha. Im Grunde ist die dunkle Nacht Teil jeder der drei Juwelen. In einer wahrhaftigen Lehrer-Schüler-Beziehung kommt es fast unumgänglich zu einem Punkt, an dem die wohlwollende Unterstützung durch den Lehrer wegfällt – so zumindest scheint es dem Schüler.

Plötzlich schaut uns der Lehrer nicht mehr freundlich und liebevoll an, sondern kritisch fragend oder gar provozierend. Vielleicht beachtet er uns gar nicht mehr. Unsere Fragen und Berichte, die er bisher mit Begeisterung erwidert hatte, scheinen ihm nun keinen Sinn mehr zu machen. Vielleicht verliert er vollkommen das Interesse an uns. Wir fühlen uns missachtet. So fühlt es sich an, wenn der Punkt gekommen ist, an dem wir auf uns selbst zurückgeworfen werden.

Dasselbe Phänomen kann auch im Sangha auftreten. Was sich bisher wie ein schützendes Nest und eine Geborgenheit spendende Gruppe anfühlte, kann sich plötzlich auflösen. Wir stehen allein da.

Auch der Dharma kann seine Zauberkraft verlieren. Die Bücher, die Bilder von Heiligen und Weisen, die aufgenommenen

Vorträge, all die Schätze unserer spirituellen Medienbibliothek, die uns inspiriert und zu tiefen Einblicken geführt haben, lösen jetzt nichts mehr aus. Sie langweilen uns. Sie erscheinen uns wie tote Predigten.

Die dunkle Nacht der Seele bricht an, wenn uns die Stützen weggezogen werden und wir weder Halt noch Trost finden. Wir fallen in die Schwärze des vollkommenen Alleinseins. Wir haben die Mechanismen der Identifikation zu durchschauen begonnen. Wir haben die Trance der Wunschvorstellungen als hohl erkannt. Unsere Ablenkungsmanöver greifen nicht länger. Die gewohnte Zerstreuung wirkt nicht, die bewährte Beruhigung des Leidens funktioniert nicht mehr. Sogar die spirituellen Konzepte und die Versprechungen auf Befreiung, die wir bisher noch als Trost empfunden haben, erkennen wir als Täuschung. Doch auch die befreiende Begegnung mit der Tiefe des Seins hat noch nicht nachhaltig stattgefunden. So befinden wir uns in einem äußerst unangenehmen Zwischenzustand, in dem das fundamentale Leiden des Ich bewusster ist als je zuvor, ohne dass die Seligkeit des Selbst durchscheint.

Keiner weiß, in welcher Intensität, unter welchen Umständen, wie lange, wie oft und ob überhaupt wir eine solche dunkle Nacht durchleben müssen. Doch wenn sie auftaucht, ist sie kein Dämon, sondern ein Geschenk. Sie bietet uns die Gelegenheit zu erforschen, was in der direkten Begegnung mit der Enttäuschung, dem Verlassensein und der Verzweiflung offenbar wird.

Was zeigt sich, wenn wir der Dunkelheit rückhaltlos begegnen, ohne an der Hoffnung auf Licht festzuhalten? Was offenbart sich, wenn wir uns der Schutzlosigkeit überlassen und keinerlei Energie mehr darauf verwenden, einen Panzer aufrechtzuerhalten? Was erleben wir im absoluten Alleinsein, wenn uns die Hoffnung auf Rettung und Erlösung abhanden kommt?

Das Potenzial ist immens. Sind wir bereit, die Dunkelheit vollständig da sein zu lassen, tauchen wir in sie ein und durch sie hindurch. Was von ihr verschlungen wird, sind lediglich die Muster unserer Identifikation. Unser Bewusstseinschwerpunkt taucht ab in den Urgrund des stillen Gewahrseins, das allen Erscheinungen zugrunde liegt, den hellen wie den düsteren, und das vollkommen unberührt von Licht und Schatten in sich selbst ruht.

Sind wir bereit, uns – ohne jegliche äußere Unterstützung – durch das Dunkel in die Tiefe fallen zu lassen, entdecken wir, dass es keines äußeren Buddha bedarf, keines unterstützenden Sangha und keines inspirierenden Dharma, um zu sein, was wir bereits sind. Wir als unpersönliches Sein selbst sind die Wachheit des Buddha, die Liebe des Sangha und die Weisheit des Dharma.

Es gibt viele Formen der Unterstützung von Selbsterkenntnis. Das Advaita kennt den Begriff »Satguru«. Er bedeutet »wahrer Lehrer«. Damit ist keine Person gemeint, sondern die Gesamtheit aller Aspekte des Seins, die das sich identifizierende Bewusstsein wieder auf seinen Ursprung zurückverweisen. Der Satguru kann die Form eines spirituellen Lehrers annehmen. Doch in Wirklichkeit kann alles unser Lehrer sein. Ein Berg, ein Kind, ein Tier, ein Unfall, ein Gewinn, ein Verlust, eine Verliebtheit, eine Krankheit, eine flüchtige Begegnung, ein Geräusch, ein Kunstwerk, eine Fernsehsendung, ein Gedanke, ein Witz, eine Beleidigung. Der wahre Lehrer wohnt jeder Erscheinung inne. Dennoch sei hier noch ein Aspekt der Unterstützung hervorgehoben: die äußere Stille.

Stille als Lehrer

Die Buddhisten kennen die Tradition der Retreats. Über einen Zeitraum von wenigen Tagen bis zu Wochen, Monaten oder Jahren zieht man sich von den gewohnten Aktivitäten zurück. Das bedeutet Verzicht auf gewohnte Arbeiten, Gespräche und Ablenkungen wie Lesen oder Fernsehen. Die Tagesstruktur wird durch stilles Sitzen bestimmt. Wie lange die Einheiten sind und welche Meditationstechniken angewandt werden, ist nicht wesentlich. Entscheidend ist, dass das stille Sitzen in Kombination mit dem Mangel an Ablenkungen das Potenzial der Klärung besitzt.

Wenn wir ein Glas mit Wasser und Sand schütteln, entsteht eine trübe, undurchsichtige Brühe. Stellen wir das Glas ab, sinken die Sandkörner zu Boden. Das Wasser wird klar. Das Suchen nach Glück jagt einen Strom von Fantasien und Gedanken durch unseren inneren Raum. Erinnerungen, Wünsche, Träume, Sympathien, Antipathien, Analysen, Projektionen, Klatsch, Meinungen, Spekulationen formieren sich zu einer kaum unterbrochenen Kette von Gedanken. Sie trüben den Blick, doch wir sind süchtig danach. Zwanghaft richten wir unsere Aufmerksamkeit auf diese Gedankenaktivität. Wir geben ihr Bedeutung und reihen immer neue Vorstellungen aneinander.

Das ist das eigentliche Leiden. Ein starker Kettenraucher raucht 100 Zigaretten am Tag – fast ununterbrochen. Geht die eine zu Ende, zündet er daran die nächste an. Wie stark raucht unser Kopf? Kaum ist der eine Gedanke verschwunden, springen wir zum nächsten. Noch eine Fantasie, noch ein Kommentar zu dem Menschen im Bus, noch ein Erinnerungsfetzen, noch eine Wunschvorstellung, noch eine Bemerkung zum Wetter und so fort. Wie der Raucher Sklave seiner Zigaretten ist, ist das sich identifizierende Bewusstsein Gefangener der Gedanken. Die Geister, die es rief, um die Welt zu verstehen, wird es nicht wieder los.

Die Gelegenheit des stillen Sitzens, bei dem wir uns Zeit nehmen, ohne ablenkende Aktivitäten einfach gegenwärtig zu sein, macht diese unruhigen Schwebeteilchen zunächst einmal bewusst.

Wenn wir weder Radio hören noch fernsehen, wenn wir uns weder unterhalten noch arbeiten, wenn wir auf alle äußeren Aktivitäten für eine gewisse Zeit verzichten, können wir den »Affengeist« in uns wahrnehmen. So bezeichnen die Buddhisten das von Assoziation zu Assoziation springende Denken. Wenn ein Affe im Urwald sich von Baum zu Baum hangelt, lässt er die eine Liane erst los, wenn er die nächste bereits zu fassen hat. Unsere Gedanken sind die Lianen des Ich.

Lassen wir uns auf äußere Ruhe ein, wird die innere Unruhe offensichtlich. Stilles Sitzen wirkt wie ein Mikroskop. Womit beschäftigt sich der Verstand? Welche Gefühle und Empfindungen wandern durch den Raum des Bewusstseins? Wie vermeidet unser Denken die unmittelbare Erfahrung? Welche Selbstbilder und inneren Filme wiederholen wir unablässig? Welchen Wünschen rennen wir hinterher? Welcher innere Kampf findet statt?

Da wir die Zerstreuung oft benutzt haben, um tiefere Schichten von Leiden ruhig zu stellen oder zu verdrängen, ist das Einlassen auf äußere Stille nicht immer angenehm. Mit dem meditativen Sitzen wird die dämpfende Glocke der Verdrängung gelüftet. Die innere Rastlosigkeit und Anspannung, die zugrunde liegenden leidvollen Gefühle und Glaubensmuster nehmen wir erst jetzt wirklich wahr. Wir spüren bisher unbewusstes Leiden auf einmal sehr intensiv.

Gleichzeitig eröffnet sich das Potenzial der Befreiung. Wenn uns bewusst wird, wie quälend und überflüssig das ewige Abspulen von Gedankenketten ist, kann unser Denken sich entspannen. Wir können uns der Stille unserer wahren Natur gewahr werden. Unsere Aufmerksamkeit kann zur Quelle zurücksinken, weg vom Greifen nach dem nächsten Gedanken hin zur natürlichen Ruhe des Seins.

Was ist wirklich hier, in diesem Moment, wenn wir den Gedanken nicht folgen? Wer oder was ist sich der Bewegung des Geistes bewusst? Was entdecken wir in der Pause zwischen zwei Gedanken? Was zeigt sich in der unmittelbaren Erfahrung des Moments? Was leuchtet auf, wenn sich der Geist von seiner Beschäftigung mit Kommentaren, Urteilen und Projektionen entspannt? Mit diesen Fragen wenden wir uns der Essenz von Meditation zu. Wir laden uns selbst ein, als das zu verweilen, was wir in Wahrheit sind: in sich selbst ruhendes, friedvolles Gewahrsein.

Natürlich ist Selbsterkenntnis keineswegs auf Zeiten solcher Meditation begrenzt. Sie kann und muss sich in jeder Situation, in jedem Moment, an jedem Ort offenbaren. Anders gesagt: In wirklicher Selbsterkenntnis wird uns klar, dass die Stille des Selbst die allem zugrunde liegende Gegenwärtigkeit ist. In ihr tauchen alle Situationen, alle Momente und alle Orte auf und verschwinden wieder, ohne dass sie selbst jemals davon berührt wäre.

Ob und wie wir eine Form des stillen Sitzens nutzen möchten, wird individuell unterschiedlich sein. Das können ein paar Augenblicke während unseres Arbeitsalltags sein, in denen wir die Augen schließen und bewusst die Stille spüren, die alles umgibt. Oder wir setzen uns während eines Spaziergangs einige Minuten auf eine Parkbank und halten inne. Vielleicht fühlen wir uns zu einer regelmäßigen Meditation morgens oder abends hingezogen. Oder wir verbringen einen ganzen Tag in bewusster Stille irgendwo in der Natur, ganz für uns alleine. Es mag aber auch sein, dass wir an einem Stille-Retreat teilnehmen. Wofür auch immer wir uns entscheiden, jede Sekunde des stillen Verweilens ist überaus kostbar.

12.
Blinde Flecken der Selbsterkenntnis

Ernsthafte Selbsterforschung führt zur Auflösung aller Vorstellungen und Bewertungen und schließlich zur Auflösung der Identifikation mit dem persönlichen Ich. Doch es gibt Regionen unserer Glaubenssysteme, die sich als hartnäckig erweisen. An diesen Stellen scheint es besonders schwer, die einengenden Überzeugungen auszumachen, sie als Konstrukte des Geistes zu durchschauen und ihre Auflösung geschehen zu lassen. Es sind blinde Flecken der Selbsterforschung. Wir neigen dazu, diese Glaubensmuster zu übersehen und sie im Unbewussten schlummern zu lassen.

Spiritualität vs. Alltag

Eines der hartnäckigen Muster ist der Glaube an die Trennung zwischen dem »Gewöhnlichen« und dem »Besonderen«. Das Gewöhnliche ist das, was wir glauben, tun zu müssen. Unser Geist stempelt eine Situation oder Tätigkeit als lästige Pflicht ab und macht sie zu zum notwendigen Übel. Dem gegenüber steht, was wir aus freien Stücken zu tun glauben. »Das macht Spaß«, kommentiert der Geist. Oder: »Das bringt mich weiter.«

Wir meditieren, statt ins Kino zu gehen, machen Hatha-Yoga und verachten Fitness-Studios, stufen Tai Chi höher ein als Standardtanz, spielen Didgeridoo und Sitar, weil uns jemand erzählt hat, das bringe reinere Energie als Klavier und Gitarre. Theatervorstellungen sind für gewöhnliche Leute, wir gehören zu den wenigen, denen Workshops mit spirituellen Lehrern vorbehalten sind. Wir lesen keine Romane oder gar Thriller, sondern heilige Schriften. In unserem Urlaub gehen wir auf Retreats und besuchen heilige Orte, statt uns banal an den Strand zu legen oder auf ein Motivationstraining hereinzufallen.

Was geblieben ist, ist der schwer zu erschütternde Glaube daran, dass es eine Trennung zwischen dem Gewöhnlichen und dem Besonderen gibt. Doch authentische Spiritualität muss zu einer Tiefe vordringen, in der sich auch diese Trennung auflöst. Sonst bleibt es beim esoterischen Geplänkel mit zeitweiligem Aufblitzen so genannter spiritueller Erfahrungen.

In Wirklichkeit gibt es keinen Alltag. Das Gewöhnliche gibt es nicht – außer unser Geist benennt es so und glaubt an sein Konzept. So wie der Gedanke »Baum« nur ein mentales Abbild der direkten Erfahrung ist, so verhält es sich mit dem Begriff »Alltag«. Die Assoziationen, die mit diesem Konzept verbunden sind, sind nicht selten ein Sammelsurium negativer Bewertungen: »Geschirrspülen muss leider sein.« »Computerarbeit stört die feineren Schwingungen.« »Toilettenputzen ist eklig.«

Solange wir diese Gedanken für wahr halten, bleiben sie sich selbst erfüllende Prophezeiungen. Wir machen den Abwasch und wiederholen uns: »Das macht keinen Spaß, das mochte ich noch nie.« Oder: »Je schneller ich damit fertig bin, desto länger kann ich meditieren.« Mit diesem inneren Getöse waschen wir ab und wundern uns, dass sich das alltägliche Leben so sehr von unserer Meditation oder der Begegnung mit spirituellen Lehrern unterscheidet.

Das Leiden im Gewöhnlichen ist nicht dramatisch, aber schleichend. Wir denken vielleicht, »es muss wohl so sein«, und finden uns damit ab. Doch im genaueren Erspüren der alltäglichen Verdrossenheit wird deutlich, dass auch sie echtes Leiden bedeutet. Es ist anstrengend, wenn wir im Widerstand gegen die gewöhnlichen Erfahrungen des Alltags feststecken. Es ist unbefriedigend, ständig auf der Jagd nach dem Besonderen und nach der Intensität außergewöhnlicher Erfahrungen zu sein. Hinzu kommt, dass wir in dieser Verstrickung die tiefere Dimension des Seins übersehen.

Wie wäre es, wenn wir den Abwasch erledigen würden, ohne

dass der Gedanke »wie lästig« Gewicht hätte? Wenn wir im Supermarkt einkauften, ohne uns im Strom von Plänen zu verlieren? Wenn wir beim Gehen auf der Straße nur spürten, wie sich ein Fuß vor den anderen setzt, ohne dass unser Geist Kommentare abgibt? Wie wäre es, wenn unser Verstand mit seinen Schnellurteilen wie »das ist banal, primitiv, langweilig, kenne ich schon« innehält? Wenn wir all das, was er für gewöhnlich, alltäglich, lästig hält, mit ganz neuen Augen sehen könnten?

Dann würde offenbar, dass die Unterscheidung zwischen Gewöhnlichem und Spirituellem eine künstliche Trennlinie ist. Mit dem Zur-Ruhe-Kommen unserer Gedanken löst auch diese Grenze sich auf, und wir machen eine erstaunliche Entdeckung: Wir erfahren die Einfachheit wirklicher Spiritualität. Spirituelle Tiefe wird uns in der gewöhnlichsten Erfahrung offenbar.

In der Tradition des Advaita wird dieser Aspekt im Begriff des *Karma-Yoga* erläutert. Karma-Yoga ist der Zugang zu spiritueller Freiheit über das Handeln in der Welt. Es bezeichnet eine Qualität des Handelns, die nicht an Erfolg oder Misserfolg, nicht an das Erreichen von Zielen gebunden ist. Dieses Handeln ist selbstlos in dem Sinne, dass es nicht durch die Zu- und Abneigungen eines persönlichen Selbst beherrscht wird. Ein Tun, das von allein geschieht, bei dem kein Ich mit seinen eigenen Ansprüchen einzugreifen versucht. Dieses Handeln ist gegründet im Raum des stillen Gewahrseins, frei vom Kampf gegen das, was als Ausdruck des Seins ohnehin geschieht, und daher in vollkommenem Einklang mit dem Strom jeglicher Aktivität.

Die Sucht nach Seligkeit

Es kommt vor, dass wir Erfahrungen intensiver Versenkungs- oder Glückszustände machen. Sie können spontan eintreten oder durch Meditationstechniken hervorgerufen werden. Ihr Wert liegt darin, dass unsere herkömmliche Geistesaktivität dadurch zur Ruhe kommt. Das eröffnet eine große Klarheit des Bewusstseins, ohne die bestimmte Aspekte von Selbsterforschung überhaupt nicht möglich wären.

Die Seligkeit ist eine natürliche Qualität des Seins und öffnet sich in Momenten der Erfüllung spontan auch für das sich mit der Person identifizierende Bewusstsein. Doch erst in der Versenkung wird sie in ihrer vollen Intensität, ihrer ursprünglichen Reinheit und Süße erlebt.

Solche Erfahrungen sind attraktiv. Oft stellen sie Durchbrüche von stiller Freiheit in einem Leben dar, das vorher von Unruhe beherrscht wurde. Doch schnell macht der Verstand das Halten oder Wiedererlangen eines solchen Versenkungszustandes zum höchsten Ziel. So nahe liegend dieser Wunsch sein mag – er führt uns wieder in die Begrenzung. Dann bleiben wir im Irrtum befangen, die Stille und die Seligkeit, die wir in der Versenkung erfahren, seien daran gebunden, dass die Oberfläche ruhig ist. Dann driften wir ab in eine Sucht nach Versenkung, die sich als genauso leidvoll erweisen wird wie alles andere Suchen, mag sie auch spirituell verpackt sein.

Das Auftauchen des denkenden Geistes und der Welt der Erscheinungen ist weder ein Hindernis noch ein Problem. Vielmehr ist die Vielfalt und Unterschiedlichkeit ein faszinierender Aspekt des Seins. Die Freiheit besteht darin, dass wir uns nicht mit einem Teil der Vielfalt – der individuellen Existenz – identifizieren, sondern uns als alles einschließendes Ganzes erfahren. Diese Freiheit braucht keine Unterteilung – auch nicht diejenige in Erscheinung und Nicht-Erscheinung. Sie ist das allumarmende Wesen des stillen Gewahrseins.

Wir müssen Versenkungserfahrungen weder meiden noch festhalten – schließlich handelt es sich nur um wandelbare Zustände. Die tiefere Versenkung besteht im natürlichen Ruhen des Seins in sich selbst als ungestörte Gelassenheit – was auch immer an Zuständen kommt und geht.

Doch wir können das Auftauchen der Suche nach Seligkeit auch als Signal verstehen, wach zu bleiben: Wie ist es, wenn wir dem Gedanken, der vorgibt, etwas fehle oder müsse anders sein, nicht folgen? Ist denn dieser Moment wirklich mangelbehaftet? Sind die Seligkeit und der Frieden des Seins tatsächlich nicht da? Was zeigt sich, wenn wir der nichtseligen Erfahrung im Augenblick ihres Auftauchens rückhaltlos begegnen? Ist diese Erfahrung wirklich abgeschnitten von der Erfüllung? Oder trägt sie in ihrem Kern eine tiefere Offenbarung? Wer ist es, der nach Seligkeit sucht? Gibt es dieses Ich wirklich, das sich von etwas getrennt fühlt und deshalb nach etwas anderem sucht? Was entdecken wir in der Hinwendung zur Quelle der Wahrnehmung?

Der Advaita benutzt eine Beschreibung von Selbsterkenntnis, die mit dem Bild von Hüllen (Sanskrit: Koshas) arbeitet. Demnach ist unser wahres Selbst immer gegenwärtig, nur wird es von Hüllen der Anhaftung umgeben und deshalb nicht erkannt. Die äußeren drei Hüllen stehen in Beziehung mit den körperlichen, psychischen und geistigen Aspekten unseres individuellen Seins. Wenn wir an den Glaubensmustern dieser Schichten festhalten, können wir die Essenz von Freiheit nicht erkennen. Die vierte Hülle der Verschleierung wird in diesem System als Ananda-Kosha bezeichnet. Ananda* bedeutet Glückseligkeit. Die Ananda-Kosha stellt die feinste, schönste und zugleich verlockendste Hülle des wahren Selbst dar. Erleben wir ihre Energie, fühlt sich das wunderbar wohlig an. Uns können herrliche, zutiefst selige Zustände und höchste Verzückung offenbart werden. Und doch ist auch dies nur eine Hülle!

Die Entschleierung der inneren Essenz ist ein unaufhörliches Wegfallen aller Hüllen, Schalen, Verdeckungen, weiter und weiter, bis nichts mehr bleibt, mit dem ein Ich sich bedeckt halten könnte. Und dann stellen wir staunend fest, dass unter diesen Hüllen, einer Zwiebel ähnlich, kein fester Kern zu finden ist. Hier gibt es nichts außer dem leeren Raum selbst, der jetzt – frei von einengenden Identifikationen – als die sich unendlich dehnende Weite des Gewahrseins erscheint.

Die spirituelle Tarnkappe des Über-Ich

Unsere Vorstellung, ein persönliches Ich zu sein, engt nicht nur die Wahrnehmung ein. Sie bringt auch die Annahme mit sich, wir müssten uns als Person verändern und verbessern. Die Vorschläge dazu kommen von unserem »Über-Ich« – einem Komplex verinnerlichter Regeln, die vorschreiben, was richtig und falsch, erlaubt und verboten ist. In der psychologischen Entwicklung beziehen sich solche Gebote zunächst auf das Erleben sexueller und aggressiver Gefühle. Später weiten sie sich auch auf andere gesellschaftlich definierte Verhaltensnormen aus.

Die Urteile der Instanz Über-Ich sind streng, die Strafen drastisch: »Meine Aggression zeigt, dass ich einen miesen Charakter habe.« »Es ist entsetzlich, dass ich immer wieder dieselben Fehler mache.« Wir verurteilen uns als minderwertig, ungenügend, als Versager und stricken gleichzeitig an unserem Selbstverbesserungsprogramm. In Wirklichkeit sind solche Gedanken nur ein weiterer Aspekt des sich identifizierenden Geistes. Mit dem Zuckerbrot der Idealvorstellungen und der Peitsche der Selbstverurteilung treibt er uns in das frustrierende Streben nach Vollkommenheit der Person.

Auch bei der spirituellen Suche wird das Über-Ich wirksam. Wenn sich die Identifikation löst, klingen die Neigungen des Bewertens und Verurteilens ab, und dem Über-Ich wird seine Grundlage entzogen. Es verschwindet schließlich ganz. Doch in der Annäherung an seine Auflösung versucht das Ich auf subtile Weise, sich selbst am Leben zu erhalten: Es verlagert die Struktur des Über-Ich auf den Bereich spiritueller Erfahrungen und täuscht vor, im Dienste der Freiheitsliebe zu stehen: »Ich bin nicht achtsam genug. Immer wieder vergesse ich die Selbsterforschung.« »Dass ich keinen Frieden empfinde, liegt an meinem ewigen Widerstand.« »Meine Angst zeigt leider, dass ich spirituell immer noch nichts kapiert habe.«

In diesen Gedanken erscheint das Über-Ich unter der spirituelle Tarnkappe. Das führt zu einer erstaunlichen Verzerrung der Wahrnehmung. Selbst authentische Hinweise auf die Wahrheit werden entstellt. Die Vermittlung spiritueller Freiheit deutet immer direkt auf das Loslassen von Identifikationsmustern, auf das Beenden der Suche und aller damit verbundenen Anstrengungen. Durch die Brille der spirituellen Idealbilder missverstehen wir die lebendige Vermittlung von Wahrheit und deuten sie als dogmatische Lehre. Oder wir glauben, Stille, Seligkeit und Freiheit könnten durch persönliches Bemühen erreicht und kontrolliert werden. Dann wird die Unmittelbarkeit wacher Selbsterforschung durch Muster des Machens und Festhaltens überschattet. Wir übersehen, dass die Qualitäten des Seins von Natur aus durchscheinen, wenn wir uns von jedem Erreichen-Wollen entspannen.

Doch noch die trickreichsten Kapriolen der Irreführung sind eine spannende Herausforderung. Sie vertiefen die Selbsterkenntnis. Wir müssen nur erkennen, wann und wie das Über-Ich eingreift: »Ich sollte stiller sein.« »Ich darf mich nicht identifizieren.« »Ich bin noch nicht klar genug.« »Ich müsste mehr Hingabe an den Tag legen.« Solche Gedanken wollen uns weismachen, wir könnten als Person spirituelle Vollkommenheit erreichen. Wenn wir uns der Anstrengung bewusst werden, die hinter einem solchen Anspruch steckt, entziehen wir jedem weiteren Gedanken unseres spirituellen Gewissens die Energie.

Das Über-Ich symbolisiert unseren Irrglauben an das Konzept von Perfektion. Wir sind der Überzeugung, es gäbe Idealzustände dessen, was wir empfinden, fühlen, denken oder tun sollten. Wir beschäftigen uns damit, was es bedeutet, »vollkommen in Frieden«, »absolut still«, »endgültig frei« oder »vollständig erwacht« zu sein. Doch jede Idee über Erleuchtung ist *nur eine Idee.* Auch die höchsten spirituellen Ideale sind allenfalls eine Widerspiegelung der Oberfläche. Das tatsächliche innere Erleben, den authentischen Ausdruck eines zur Freiheit erwachten Lebens können sie nicht darstellen. Erwachen ist ja gerade durch die Freiheit von jeglichen Konzepten gekennzeichnet. Die Erfahrung des Wachseins ist immer unbekannt, das Handeln immer spontan und ungeplant. Deshalb gibt es auch keine geprüfte Methode oder durch Tradition beglaubigte Technik, die zu wahrer Selbsterkenntnis führen könnte. Was in Selbsterkenntnis aufleuchtet, erfordert kein Tun, kein Handeln und kein Bemühen. Das wahre Sein ist ohne jegliche Aktivität – genau das, was es immer war und immer sein wird. Frei von allem, was erreicht oder verloren werden könnte. Frei von jeder Idee, dass etwas verändert oder festgehalten werden müsste. Jedes Verfahren, jeder Weg, der sich auf ein Ziel richtet, ist deshalb nutzlos, ja widersinnig, weil er Erfüllung erst in einer entfernten Zukunft verspricht.

Dennoch scheint es so, als ob zuweilen eine Methode das Erleben echter Freiheit eröffnet. Das geschieht allerdings nur dann, wenn sie die Einladung in sich birgt, alles Tun und alle Anstrengung des Denkens loszulassen. Und in jedem Fall müssen wir selbst bereit sein, diese Einladung anzunehmen. Ist es uns möglich, uns mit rückhaltloser Wahrheitsliebe einzulassen, dann funktioniert jede Methode, jede Technik, jeder Hinweis. Dann wird alles zum Zugang. Und schließlich löst sich sogar die Methode selbst auf. Was bleibt, ist die anstrengungslose Natürlichkeit des Seins.

Bekanntlich schreibt sich das Ich jeden Erfolg – auch den der unpersönlichen Offenbarung – gern selbst zu: »Ich habe es richtig gemacht.« Das Über-Ich folgt auf dem Fuße: »Lass mich das noch mal überprüfen, ob es auch wirklich perfekt war, damit ich es das nächste Mal noch besser hinkriege.« Der Verstand versucht, aus dem Augenblick unschuldiger Frische eine Technik zur Instant-Erleuchtung zu basteln. So eine Methode verspräche dem Ich nichts Geringeres als die Macht, Ichlosigkeit in eigener Regie herzustellen. Die Kehrseite zeigt sich schnell: Was unser Ich als spirituelle Technik in Händen zu halten glaubt, verliert rasch seinen Zauber und seine Kraft. Denn alles, was von einem Ich bewerkstelligt wird, ist anstrengend und unnatürlich. Die Methode wird zur Bürde mühsamer Disziplinierung. Der unmittelbare Zugang wandelt sich zum beschwerlichen Weg.

Wird Selbsterforschung mühevoll, ist das ein Zeichen dafür, dass sich die Instanz des Ich oder Über-Ich eingeschlichen hat. Wahrhaftige Selbsterforschung ist keine Pflichtübung, die ein Ich tun müsste oder könnte, um etwas – und sei es noch so hehr – zu erreichen. Wirkliche Selbsterforschung ist das wache Ruhen in müheloser Ichlosigkeit.

Erleuchtung – die letzte Versuchung

Beginnt die Sehnsucht nach echter Freiheit aufzuflammen, wenden wir uns der Spiritualität zu. Wir ahnen, dass wirkliche Erfüllung keine abstrakte Philosophie, sondern konkret erfahrbar ist. Begegnen wir erwachten Menschen, können wir hautnah die tief greifende Befreiung spüren, die sie erleben und verkörpern. »Erleuchtung« und »Erwachen« verlieren den Beigeschmack einer abgehobenen Sphäre. Unser ureigenes Potenzial scheint durch.

Zunächst interpretieren wir diese Begriffe noch durch den Filter unseres Denkens. Wir bleiben der Vorstellung eines persönlichen Ich, das auf der Suche nach einem beglückenden Zustand ist, verhaftet – jetzt also nach dem Zustand der Erleuchtung: »Irgendwann erlebe ich eine spirituelle Erfahrung, die mich fundamental verändert.« »Wenn ich erwacht bin, werde ich alles Leiden hinter mir gelassen haben.« Das hoffen wir. Wir glauben, Erleuchtung sei in der Zukunft erreichbar, während sie jetzt und hier noch nicht zugänglich ist. Wir setzen uns noch mit dem Gefühl der spirituellen Unzulänglichkeit gleich. Wir sind überzeugt, nicht erleuchtet zu sein.

Sobald wir jedoch einen lebendigen Einblick in die Wahrheit von Erleuchtung bekommen, werden all diese Ideen ad absurdum geführt. Die Suche nach einer zukünftigen Erfahrung von Erleuchtung erscheint uns nun als kosmischer Witz. Gerade die Jagd nach Zuständen ist es ja, die die Erkenntnis des immer anwesenden Friedens – der Erleuchtung – verdeckt haben.

Die Begriffe Erleuchtung und Erwachen bekommen nun eine völlig andere Bedeutung. Sie verweisen nicht länger auf eine erleuchtete Person samt erstrebenswerter Eigenschaften, sondern sie sind Hinweise auf das unpersönliche Gewahrsein, das allen Erscheinungen zugrunde liegt. Die Begrenztheit des Ich-Empfindens löst sich in die Weite des transpersonalen* Bewusstseins auf. Die Zuschreibung von persönlichen Eigenschaften wird als Fiktion durchschaut. Jedes Ich – gleichgültig, ob es sich für erleuchtet oder unerleuchtet hält – ist nur Teil einer Scheinwelt. Die einzig bleibende Realität ist der eigenschaftslose Bewusstseinsraum. Er umschließt und durchdringt alle Erscheinungen und macht ihre innerste Substanz aus.

Das ist eine wahrhaft befreiende Einsicht. Und es kann sein, dass wir nun zu wissen glauben, was Erleuchtung ist: »Jetzt habe ich den Zugang gefunden! Ich bin frei! Ich bin erleuchtet!« Das sind normale Begleiterscheinungen eines authentischen Erwachens. Sie drücken die Begeisterung über das Fallen in den gedankenfreien Raum aus. Wir sollten uns lediglich darüber klar sein, dass der Gedanke »Ich bin frei« nur ein weiterer Gedanke ist. Und jeder Gedanke, den wir festhalten wollen, ist ein Schritt in die Welt des dualistischen Geistes. Folgen wir der Idee »Ich bin nicht frei«, führt sie uns auf direktem Wege in Mangel und Bedürftigkeit. Glauben wir dem Gedanken »Ich bin frei«, verstricken wir uns in spirituelle Arroganz. »Ja, das ist die Wahrheit!«, ist noch der unschuldige Versuch, der Entdeckung von Freiheit einen Ausdruck zu verleihen. »Ich bin erleuchtet«, ist schon das Ausschlagen des Identifikations-Pendels zur gegenüberliegenden Seite. Das Gefühl des Erfolgs, der Überlegenheit und der Macht, die die erleuchtete Identifikation mit sich bringt, wirkt sehr verführerisch. Uns als »befreite Person«, als »erwachter Schüler« oder als »erleuchtete Lehrerin« zu definieren mag vorübergehend das Gefühl des Minderwerts aufheben. Doch wenn dieser Gedanke zum Identifikationsmuster wird, lassen wir uns nicht wirklich in die Freiheit fallen. Wir bleiben im Gefühl eines persönlichen Selbst – nur hat es jetzt einen wohlklingenderen Namen. Wir haben unser Ich mit Freiheitsluft aufgeblasen und nennen es nun »erleuchtet«.

Diese spirituelle Identifikation mag glänzen; mit Erleuchtung hat sie nichts zu tun. Sie führt keineswegs zur Aufhebung der dualistischen Wahrnehmung. Denn immer noch glauben wir an die Trennung von »Ich« und »Du« – jetzt zwischen einem »erleuchteten Ich« und einem »nicht-erleuchteten Du«. Und so sehr wir auch an die eigene Erleuchtung glauben, so lauert doch die Angst, wieder von diesem Thron zu stürzen. Immer noch verlieren wir uns im Zorn auf die Unvollkommenheit der Welt. Und der Hunger nach Anerkennung kommt in neuem Gewand daher. Jetzt meinen wir, unsere persönliche Erleuchtung müsse auch von anderen gesehen und respektiert werden. Dieses selbsternannte erleuchtete Ich ist nicht frei. Die Gefängniszelle, in der es noch immer sitzt, hat jetzt lediglich goldene Wände.

Im Rahmen tief greifender Selbsterforschung ist das Auftauchen einer solchen Identifikation zu erwarten. Sie ist eine raffinierte List unseres identifizierten Geistes, der sich seiner Entmachtung entziehen will. Durchschauen wir diesen letzten Trick unseres Egos, eröffnet sich die Möglichkeit eines rückhaltlosen Falls in unser wahres Sein. Wir begreifen, dass wir besser daran tun, den Gedanken »Ich bin erleuchtet« und seine Variationen nicht anzufassen – wir verbrennen uns die Finger an der alten, schmerzhaften Arroganz des begrenzten Ich.

Die wirkliche Erkenntnis von Erleuchtung zeigt sich uns in der lebendigen Einsicht, dass jede Identifikation, jeder Gedanke mit dem Inhalt »Ich bin dieses oder jenes« nur eine illusorische Erscheinung ist. Der wirkliche Urgrund des Seins ist die unfassbare und doch alles umfassende Stille. Sie ist sich ihrer selbst ohne jeden Gedanken bewusst. In der Hingabe an sie löst sich jede unserer Identifikationen auf. Die Entdeckung von Freiheit offenbart unsere Essenz als die Reglosigkeit des unwandelbaren Seins.

Gleichzeitig vertieft sich diese Erkenntnis als unendlicher Fall in die Leere dieses grenzenlosen Bewusstseinsraumes. Hier gibt es keine Haltegriffe oder Landebahnen. Nichts, woran wir uns mit einer Definition unserer selbst als Person festklammern könnten. Nichts, wovon wir sagen könnten, »das bin ich«, und nichts, wovon wir sagen müssten, »das bin ich nicht«. Während des Sturzes in die Freiheit zerstäuben unsere Konzepte von uns selbst und der Welt. Immer deutlicher erfahren wir uns als der endlos weite Raum der Freiheit, der niemals von irgendeiner Vorstellung eingeschränkt wurde. Erleuchtung bedeutet das lebendige Erspüren unserer Identität mit der Bewusstseinsweite, in der alle Erscheinungen kommen und gehen. Sie ist die Erfahrung dessen, was alles erfährt – ohne dass dieses Erkennen einer Person zuzuordnen wäre und ohne dass sie in einem neuen Konzept als mentales Wissen begriffen werden könnte.

Alles, was in diesem Buch geschrieben wurde, dient dem Durchtrennen der Sicherheitsleinen des sich identifizierenden Geistes und der Unterstützung des freien Falls in die bewusste Erkenntnis des einen Seins, das zugleich vollkommen leer – Nichts – und doch selig erfüllt Alles ist.

Om shanti, shanti, shanti.*

Epilog: Die unspektakuläre Geschichte eines Erwachens

Als ich mich in einem Sommer Anfang der 90er-Jahre zu einem Schweige-Retreat anmeldete, hatte ich die Geschichte einer gewöhnlichen Suche hinter mir. Ich hatte in der Pubertät über den Sinn des Lebens gegrübelt, hatte Antworten in der Naturwissenschaft gesucht, hatte am Computer zu programmieren begonnen in der Hoffnung, auch der Mensch sei ein entschlüsselbares Programm. Schließlich suchte ich in der Philosophie nach Antworten.

Ich hatte das Leiden kennen gelernt – persönlich in Minderwertigkeitsgefühlen und unglücklichen Beziehungen – und bei anderen, als ich im Zivildienst den untersten sozialen Schichten begegnete und Obdachlose betreute; sowie später, als ich in der Altenpflege arbeitete und mit Krankheit und Tod konfrontiert wurde. Schließlich begann ich, nach den Gründen des Leidens zu forschen und nach Heilung zu suchen: in chinesischer Medizin, Yoga, Shiatsu, Tai Chi. Ich studierte Medizin, stieg um und wurde Heilpraktiker. Ich erfuhr Linderung und tieferes Verständnis. Doch all das reichte nicht.

Als ich von der buddhistischen Meditationsform »Vipassana«* hörte, meldete ich mich für ein vierwöchiges Retreat an. Die ersten Wochen waren die Hölle. Der Tagesablauf bestand aus einem Wechsel von 45-minütigen Sitz- und Gehmeditationen. Abends vermittelte der Kursleiter die Grundzüge der buddhistischen Lehre. Doch der wirksamste Lehrer war die Stille. Zum ersten Mal wurde mir bewusst, wo die Unruhe herkam, der ich zu entkommen suchte. Es waren die Gedankenstimmen in meinem Kopf, die diesen Höllenlärm machten. Ein Strom von inneren Kommentaren, Bewertungen, Hoffnungen, Widerständen, Erinnerungen, Plänen, Fantasien wälzte sich durch mein Bewusstsein und ließ mir keine Ruhe. »Wenn ich jemand Besonderes bin, werde ich endlich zur Ruhe kommen.« Dieser Antrieb, erkannte ich nun, hatte sich in unendlichen Variationen durch mein Leben gezogen. Ich wollte stark sein, leistungsfähig, attraktiv, intelligent, witzig, männlich, charismatisch, liebenswert.

Auch der Bereich der spirituellen Erfahrungen wurde von diesem Bedürfnis vereinnahmt. Ich trachtete danach, heilen zu können, Gedanken zu lesen, feinstoffliche Energien zu beherrschen. Ich wollte außersinnliche Fähigkeiten erwerben und als Krönung die Erleuchtung erlangen. Ich sah, dass mein gesamter Denkapparat sich krampfhaft abmühte, diesen Ansprüchen zu genügen. Wütend und verzweifelt versuchte er, die ersehnten Erfahrungen durch eigene Leistung zustande zu bringen. Er rang darum, ein wertvolles Ich aufzubauen und es zu verteidigen. Nun wurde diese Anstrengung unerträglich.

Zugleich spürte ich ungeheure Angst. Was wäre, wenn alles umsonst gewesen sein sollte? Wenn mein Bemühen um ein selbstbewusstes Ich nutzlos war? Wenn ich in Wahrheit nichts wäre? Keine Person? Niemand? Was würde bleiben? Der Tod! Im Laufe des Retreats steigerte sich die Verzweiflung. Ich kämpfte. Ich hatte Angst. Immer hektischer wirbelte mein Verstand im Bestreben, eine Lösung zu erreichen. Die Frustration führte zu noch verbissenerem Ehrgeiz. Über viele Tage schaukelte sich dieser Prozess immer weiter auf, bis er zu einem Höhepunkt gelangte. In mir hatte sich so viel Anspannung und Druck aufgebaut, dass ich zu explodieren glaubte. Es war, als würde ich zerrissen.

Im Moment des Zerreißens erwachte etwas anderes. Es war, als riefe eine Stimme mit Macht: »Genug jetzt! Schluss mit der Suche!« Zugleich erschien die Bereitschaft innezuhalten. Was immer in diesem Moment auftauchen mochte, Anspannung, Verzweiflung, Angst vor dem Ende – ich wollte den Mechanismen der Verdrängung und der Jagd keine Aufmerksamkeit mehr schenken. Ich wollte nicht mehr weiter. Ich konnte nicht mehr weiter. Es war kein Entschluss des Verstandes. Keine Entscheidung meiner Person. Vielmehr geschah ein natürliches Abfallen aller Anstrengung in dem Moment, in dem ich sie am intensivsten gespürt hatte.

Im Augenblick dieses Innehaltens öffnete sich alles. Angst und Verzweiflung lösten sich auf. Die Anspannung wandelte sich in wohlige Gelassenheit. Ich spürte einen tiefen Frieden, der in meinem Körper zu vibrieren schien. Dann merkte ich, dass dieser Frieden überall um mich herum präsent war. Es gab keine Grenzen. Ich erkannte diesen Frieden als Essenz allen Seins. »Ich bin zu Hause«, das war der einzige Gedanke, der in meinem Bewusstsein als Widerhall dieses Friedens erklang. Doch es war kein gewöhnlicher Gedanke. Das »Ich« darin war keine Person und das »Zuhause« kein Ort. »Zuhause« war ein Begriff, der diesen immensen Frieden und das Gefühl der Glückseligkeit wiedergab. Und »Ich« stand für den innersten Wesenskern, der sich nun grenzenlos anfühlte. Der Gedanke stand wie eine mathematische Formel im Raum: »ICH = ZUHAUSE«. Die Erfahrung war unbezweifelbar.

Zu jenem Zeitpunkt hätte ich diese Erfahrung in Worten nicht ausdrücken können. Mein Verstand war zu langsam oder zu begrenzt, um das direkte Erleben nachzuvollziehen, geschweige denn, es einordnen zu können. Was ich formulieren konnte, war das Gefühl des absoluten Zuhauseseins. Und noch etwas wusste ich: Alles Leiden, das mir jemals geschehen zu sein schien, alle Verletzungen, Unglückssituationen, alle schmerzlichen Empfindungen und Gefühlstiefen waren nicht real gewesen. Der Frieden, den ich jetzt erfuhr, war immer von jeglichem Leiden unberührt gewesen, war es jetzt und würde es immer sein.

Die folgenden Tage des Retreats fühlten sich an wie ein Leben im Paradies. Das stille Sitzen war reiner Genuss. Der Gedanke, irgendetwas erreichen zu müssen, war verschwunden. So stellten sich von selbst tiefe Versenkungszustände von höchster Seligkeit ein. Um mich herum staunte ich über eine Schönheit, die ich vorher nie bemerkt hatte. Selbst die unscheinbarsten Dinge zeigten sich im Glanz der Vollkommenheit. Ein Blatt, ein Käfer, ein Stein – alles war Ausstrahlung des unbeschreiblichen Friedens. Auch die Menschen, die am Retreat teilnahmen, sah ich in ganz anderem Licht. Wo zuvor Bewertungen, ja, verächtliche Verurteilungen gewesen waren, sah ich nun, da mein Geist still war, die göttliche Freundlichkeit, die durch jeden strahlte. Ich empfand mich aufs Innigste mit allen verbunden. Mein Inneres fühlte sich an wie ein Fass, das vor Erfüllung und Liebe überquoll. Die Außenwelt war eine perfekte Reflexion des inneren Friedens.

Diesen Tag bezeichne ich heute als Umkehrpunkt. Bis dahin war mein Leben eine leidvolle Suche gewesen. Mit dem Durchbruch von Freiheit wusste ich, dass Erfüllung meine wahre Natur ist. Nun begann eine stetig sich vertiefende Entdeckung der bedingungslosen Freiheit.

Nicht, dass mein körperliches und seelisches Empfinden jetzt ständig reiner Genuss war. Tatsächlich erlebte ich immer wieder Attacken von Leid ebenso wie Impulse, in die Suche nach besonderen Erfahrungen zu driften, also wieder ein abgesondertes Ich sein zu wollen. In meiner Psyche schienen noch eine Menge Glaubensmuster zu bestehen, die die Offenbarung von Freiheit anzuzweifeln und zu verdecken suchten. Doch ein fundamentaler Einschnitt war geschehen; er kam einem Schnitt an der Wurzel des Leidens gleich. Das Leiden des Ich war ein Baum, dessen Wurzel man unter der Erdoberfläche durchtrennt hatte: In der ersten Zeit ist dem Baum nichts anzusehen. Knospen können noch aufgehen und Äste ein Stück wachsen. Doch ist es nur eine Frage der Zeit, bis das Schicksal des Baumes sichtbar wird. Er vertrocknet und stürzt um.

Ein weiterer Meilenstein war die Begegnung mit spirituellen Lehrern. Ich hatte den Schnitt der Befreiung erlebt. Er war lebendig. Doch meinem Verstand war es unmöglich, die Erfahrung zu formulieren und ihre Bedeutung zu ermessen. Als ich eine Aufnahme von Gangaji hörte, wusste ich: Sie sprach direkt aus der Erfahrung der absoluten Freiheit. Und sie verkörperte diese Freiheit in unbestechlicher Klarheit.

Ich lernte weitere spirituelle Lehrer kennen: Isaac Shapiro, Sri Poonjaji, Mira, Eli Jaxon-Bear. Allen bin ich dankbar. Den machtvollsten Strom der Unterstützung spürte ich jedoch von Gangaji und dem verstorbenen Ramana Maharshi. Auf sichtbaren und unsichtbaren Ebenen boten sie mir Beistand und die Ermutigung, allen noch bestehenden Verdeckungen der Freiheit auf den Grund zu gehen und sie aufzulösen. Diese Vertiefung fand in vielen Spielarten statt. Die Themen dieses Buches sind ein Ausdruck davon.

Ein Kreis schloss sich, als ich Gangaji zum ersten Mal persönlich begegnete. Mittlerweile waren einige Jahre vergangen. Die Offenbarung von Freiheit war bis zu diesem Zeitpunkt ein inwendiges Geschehen geblieben. Meine äußere Lebenssituation hatte sich kaum geändert. Ich arbeitete, machte Ausbildungen, lebte in Beziehungen. Die wenigsten Menschen bekamen den Wandel mit, der sich in meinem Inneren vollzog. Manchmal sprach ich über meine Erfahrung von Stille und Frieden, doch meist verstanden die anderen nicht, wovon ich redete, oder sie fühlten sich durch meine Schilderung bedroht. Während eines Besuches in den USA forderte Gangaji mich auf, meine Erfahrung von Freiheit öffentlich mit anderen zu teilen. Und so geschah es.

Seit einigen Jahren stehe ich für Satsang zur Verfügung. Hier begegne ich Menschen, die wie ich ein tiefes Interesse an Freiheit und Selbsterforschung haben. In unserem Zusammensein geschehen Offenbarungen dieser Freiheit. Glaubensmuster fallen ab. Die Neigung, sich mit einem getrennten Einzelwesen zu identifizieren, kommt zur Ruhe. Der essenzielle Frieden leuchtet auf.

Dieses Buch spiegelt die Zugänge zur Selbsterkenntnis, wie sie sich im Satsang zeigen. Es basiert ebenso auf meinen wie auf den Erfahrungen spirituell Suchender. Gegenüber Gangaji habe ich eine Art freiwilliges Gelübde abgegeben: Ich werde alles dafür tun, um die Vermittlung von Wahrheit so direkt und unverfälscht wie möglich geschehen zu lassen. Das gilt auch für dieses Buch.

So wie das gesprochene Wort im Satsang, versucht auch das geschriebene Wort, über sich selbst hinauszudeuten auf die wortlose Stille. Wir könnten auf ewig schweigen, nie wieder etwas schreiben und darauf verzichten, je wieder ein Buch in die Hand zu nehmen. Manchmal glaube ich, das wäre die direkteste Vermittlung von Wahrheit. Und doch schreibe ich diese Zeilen, und Sie lesen sie. Lassen Sie sie uns als Hinweise nehmen und uns immer klarer dessen bewusst sein, was jenseits der Gedanken schon hier ist: die friedvolle Stille des Seins.

Anhang

Danksagung

Nichts von der Klarheit und Inspiration, die dieses Buch vielleicht den Leserinnen und Lesern zu vermitteln vermag, wäre ohne die Begegnung mit Gangaji und ihrer unsagbaren Unterstützung möglich gewesen. Es ist ihre Klarheit und rückhaltlose Vermittlung der tiefsten Wahrheit, die mir die Augen dafür öffnete, dass ein Leben in vollständiger Hingabe an die Erkenntnis von Freiheit möglich ist.

Meine tiefe Dankbarkeit möchte ich hier auch anderen Lehrern aus der Linie von Sri Ramana Maharshi für ihre Unterstützung der kompromisslosen Selbsterforschung zum Ausdruck bringen. Meine Begegnungen mit Isaac Shapiro waren von unschätzbarem Wert, Sri Poonjaji in Indien zu erleben ein so großes Geschenk. Die Begegnungen mit Mira (Ganga) und Eli Jaxon-Bear haben mich ebenso tief beeindruckt. Sie alle verstehe ich als eine Ausstrahlung der ungeheuren spirituellen Kraft namens Sri Ramana Maharshi, dem mein Herz gehört.

Ebenso fließt meine Dankbarkeit jenen Menschen zu, denen ich im Satsang begegnen durfte. Ihre Offenheit und Bereitwilligkeit zur Selbsterforschung eröffnete immer tiefere Ebenen der Erkenntnis, ein immer klareres Durchschauen verdeckender Tendenzen des Geistes und eine immer weitere Offenbarung des essenziellen Seins, das wir alle sind.

Bedanken möchte ich mich auch bei meiner Lebenspartnerin Padma Wolff, die mir immer mit großer Klarheit für inhaltliche Reflexionen und Anregungen zur Verfügung stand.

Ganz konkret gilt mein großer Dank den Mitwirkenden an diesem Buch: Dietmar Bittrich, Martina Amann und Birgit Förster. Erst durch ihre sorgfältige, kritische und inspirierende Unterstützung wurde der Text in seiner jetzigen Form möglich.

Glossar

Advaita-Philosophie oder auch Advaita-Vedanta (Skt.) »Nicht-Zweiheit«, »Nicht-Dualität«. Name von Shankaras* nichtdualistischer Philosophie, die auf die Natur der höchsten Realität hinweist, welche ohne relative Zweiheit ist. Die Erfahrung von Advaita ist mit dem Verstand nicht erfassbar, weil das ich-gebundene Denken nicht aus der Dualität der Subjekt-Objekt-Beziehungen herauszutreten vermag.

Ananda (Skt.) »Glückseligkeit«. Nach der Lehre des Advaita eine der drei wesentlichen Charakteristika des Absoluten. Die anderen beiden sind Sat (»Sein«) und Chitta (»Bewusstsein«).

Apokryphen (von griechisch αποκρμφος »verborgen«) Christliche Texte, die im Entstehungsprozess der Bibel nicht in diese aufgenommen wurden; meist aus inhaltlichen Gründen oder weil sie damals nicht allgemein bekannt waren.

Bhakti (Skt.) Begriff aus dem Hinduismus: »Liebende Hingabe an das Göttliche« – der Erkenntnisweg der Liebe.

Buddha (Skt.) »Der Erwachte«. Ursprünglich Bezeichnung für Buddha Shakyamuni, den Stifter des Buddhismus (geb. ca. 560 v. Chr.). Im Zusammenhang dieses Buches allgemein für: »zum wahren Selbst Erwachter« (einem Jnani* vergleichbar).

Dharma (Skt.) »Wahrheit«, »Weg«, »Ordnung«. Im Buddhismus Bezeichnung für die spirituelle Lehre im Sinne der Weitergabe von wahrer Erkenntnis.

Eli Jaxon-Bear 1947 in New York geboren, Schüler von Sri H. W. L. Poonjaji*; Vertreter einer modernen Synthese (Leela-Therapy) der indischen Advaita-Lehre und des Enneagramms, Ehemann von Gangaji.

Gangaji 1942 in Texas geboren, Schülerin von Sri H. W. L. Poonjaji* und von diesem als Botschafterin in den Westen gesandt, um die Einladung zur radikalen Selbsterforschung weiterzugeben. Lehrerin des Autors.

Guru (Skt.) »Entferner von Dunkelheit«. Bezeichnung für einen spirituellen Lehrer beziehungsweise eine spirituelle Lehrerin.

Herz-Sutra Einer der bedeutendsten Texte des Mahayana-Buddhismus, in dem die Einheit von Leerheit und Form herausgestellt wird.

Jnana (Skt.) »Erkenntnis«, Wissen um das Absolute. Jnana-Yoga: Der Weg der Verwirklichung durch Erkenntnis – die unmittelbarste Umsetzung der Lehre des Advaita.

Jnani (Skt.) »Weiser«, Wissender um das Absolute. Ein Mensch, der um die Wahrheit seiner selbst weiß und in Erkenntnis der Einheit lebt.

Mulla Nasrudin Fiktive Gestalt eines närrischen Weisen, die in vielen Lehrgeschichten des Sufismus auftaucht.

Nisargadatta Maharaj (1897–1981) Zigarettenverkäufer in Bombay, der von vielen als Erleuchteter und spiritueller Meister angesehen wurde. Seine Lehre basiert auf dem Advaita-Vedanta*.

No-Mind Natürlicher Zustand der Meditation ohne einen Ich-Gedanken, reine gegenwärtige Intelligenz.

Om shanti (Skt.) Om (auch Aum) ist eine Silbe, die den Hindus als heilig gilt. Der Klang steht für den transzendenten Urklang, aus dessen Vibrationen nach hinduistischem Verständnis das gesamte Universum entstand. Om bezeichnet die höchste Gottesvorstellung, das formlose Brahman, die unpersönliche Weltseele. Shanti bedeutet Frieden. Zusammen werden diese Silben auch zum Abschluss eines Satsangs* gesprochen.

Retreat Vor allem im Buddhismus empfohlene (zeitlich begrenzte) Form einer Lebensführung, die der Selbsterforschung dient. Für einen Zeitraum von wenigen Tagen bis hin zu Monaten, Jahren oder das ganze Leben verzichtet man bewusst auf gewohnte Aktivitäten und einen Großteil der sprachlichen Kommunikation. Ein Retreat beinhaltet Zeiten formeller Meditation und die Unterstützung durch spirituelle Lehrer.

Sahaja-Samadhi (Skt.) Sahaja (»natürliche«) Samadhi* (»Versenkung«) bezeichnet ein Verweilen im natürlichen Zustand reinen Bewusstseins, der im Innern stets gegenwärtig ist.

Samadhi (Skt.) Sam-a-dha (»fest-zusammengefügt-sein«). Versenkung, Sammlung, Einheitserfahrung, reines Bewusstsein. In spirituellen Kreisen wird der Begriff heute meist mit Betonung des Aspektes der Versenkung im beglückenden No-Mind*-Zustand verwandt. Unterschiedliche Zusatzbezeichnungen wie sahaja-samadhi* verweisen auf verschiedene Qualitäten und Tiefen von Samadhi.

Sangha (Skt.) Ursprünglich Bezeichnung für die Gemeinschaft der praktizierenden Buddhisten. Heute allgemein für spirituelle Gruppe oder Gemeinschaft.

Satguru (Skt.) »Wahrheits-Lehrer«. Dieser Begriff betont, dass der wahre Lehrer das absolute Sein (Sat) selbst ist, das sich in einer menschlichen Form (Guru*) manifestiert, um den Schüler auf seine eigene Natur hinzuweisen.

Satsang (Skt.) Sat (»Wahrheit«), sang (»Gemeinschaft«). Zusammensein von Menschen, die durch gemeinsames Reflektieren und Versenkung nach höchster Einsicht streben. Gemeinschaft mit einem Erleuchteten oder innerer Kontakt mit dem Selbst.

Shankara (Adi Shankara etwa 788-820) Religiöser Lehrer und Philosoph des Hinduismus. Er systematisierte die Philosophie des Advaita-Vedanta*. Eine zentrale Stellung in seiner Lehre nimmt die Unterscheidung zwischen Wirklichkeit und Nicht-Wirklichkeit ein: »Richtige

Unterscheidung lässt uns das wahre Wesens eines Seils erkennen und vertreibt die quälende Angst, die unsere irrtümliche Annahme, es sei eine Schlange, hervorruft.«

Sri H. W. L. Poonjaji (1910–1998, auch Papaji genannt) Schüler von Sri Ramana Maharshi*, Lehrer vieler zeitgenössischer westlicher Advaita-LehrerInnen.

Sri Ramana Maharshi (1879–1950) Indischer Weiser (Jnani*) der Neuzeit, der nach seinem Erwachen am Berg Arunachala lebte. Im Vordergrund seiner Vermittlung stand die Methode der Selbsterforschung mit der Frage »Wer bin Ich?«.

Transpersonal Vor allem durch die »Transpersonale Psychologie« geprägter Begriff, der auf eine Bewusstseinsebene hinweist, die präpersonales – vorpersonales – und personales Bewusstsein übersteigt.

Vasanas (Skt.) Unterschwellige Tendenzen des denkenden Geistes, die durch frühere Handlungen, Gedanken und Wünsche geformt wurden; der Einfluss von allem, was im Geist unbewusst geblieben ist und dadurch die Neigung zu Fehlidentifikationen darstellt.

Vipassana (Skt.) »Einsichts-Meditation«. Eine buddhistische Meditationsform, bei der vor allem eine intensive Praxis der Aufmerksamkeitsschulung im Vordergrund steht. In der Vipassana-Meditation geht es um ein bewertungsfreies und auf die unmittelbare Gegenwart ausgerichtetes Wahrnehmen von Empfindungen, Gefühlen und mentalen Inhalten. Dabei wird das Erkennen der vergänglichen Aspekte jeglicher Wahrnehmung betont und die Auflösung der Identifikation mit den Inhalten aller Wahrnehmungen angestrebt. Häufig wird Vipassana in der Form von Retreats* praktiziert.

Zeugenbewusstsein Bewusstseinszustand, bei dem Sinnesempfindungen, Gedanken und Gefühle mit einer Haltung der Nicht-Reaktion wahrgenommen – bezeugt – werden. Ein solcher Bewusstseinszustand ist Ziel vieler meditativer Praktiken. Im Advaita-Vedanta wird betont, dass das Zeugenbewusstsein letztendlich unpersönlich und ohne individuelle Einheit eines Bezeugenden ist. Dort wird es nicht als ein vergänglicher Zustand, sondern vielmehr als der natürliche transpersonale* Wesenskern des Menschen verstanden.

Literaturempfehlungen

Balsekar, Ramesh S.: *Pointers*, J. Kamphausen Verlag, Bielefeld, 1999

Bittrich, Dietmar: *Die Erleuchteten kommen*, Goldmann Verlag, München, 2002

Ebert, Gabriele: *Ramana Maharshi*, Lüchow Verlag, Berlin, 2003

Gangaji: *Du bist Das.* Satsang mit Gangaji, Band I und II, Lüchow Verlag, Berlin, 1997/1998

Gangaji: *Freiheit und Entschlossenheit*, Lüchow Verlag, Berlin, 2002

Godman, David: *Leben nach den Worten Sri Ramana Maharshis – Die spirituelle Biographie des Sri Annamalai Swami*, Lüchow, Berlin, 2002

Jaxon-Bear, Eli: *Das spirituelle Enneagramm*, Goldmann Verlag, München, 2003

Jaxon-Bear, Eli: *Lied der Freiheit*, Lüchow, Berlin, 1999

Katie, Byron: *Lieben was ist*, Goldmann Verlag, München, 2002

Poonja, H. W. L.: *Der Gesang des Seins*, Hugendubel, 1997

Poonja, H. W. L.: *Sei still*, J. Kamphausen Verlag, Bielefeld, 2002

Poonja, H. W. L.: *Wach auf, Du bist frei*, J. Kamphausen Verlag, Bielefeld, 1993

Porep, Rüdiger: *Nan Yar? – Wer bin Ich? – Ramana Maharshi*, Kamphausen Verlag, Bielefeld, 2002

Ramana Maharshi: *Die Botschaft des Ramana Maharshi. Antworten von Sri Ramana Maharshi an seine Schüler*, gebundene Ausgabe, Lüchow Verlag, Berlin, 2003

Ramana Maharshi: *Sei, was du bist*, O. W. Barth bei Scherz, München, 1990

Salvesen, Christian: *Advaita – Philosophie und Praxis einer universellen spirituellen Lehre*, O. W. Barth bei Scherz, München, 2003

Satyamayi, Mata: *Über das Selbst – Ramana Maharshi*, Kamphausen Verlag, 2002

Shapiro, Isaac: *Es geschieht ganz von selbst*, Lüchow, Berlin, 2001

Shapiro, Isaac: *Wellen des Friedens*, Lüchow, Berlin, 2000

Sri Nisargadatta Maharaj: *ICH BIN*, Teil 1 und Teil 2, J. Kamphausen Verlag, Bielefeld, 2002

Tolle, Eckhard: *Jetzt – Die Kraft der Gegenwart*, J. Kamphausen Verlag, Bielefeld, 2003

Tolle, Eckhard: *Leben im Jetzt*, Goldmann Verlag, München, 2002

Wolinsky, Stephen: *Ich bin dieses Eine*, VAK Verlags GmbH, Bielefeld, 2002

Zimmer, Heinrich: *Der Weg zum Selbst*, Diederichs Gelbe Reihe, Düsseldorf, 2001

Web-Links

www.satsang-mit-torsten.de Website des Autors mit Übersicht zu Veranstaltungen von Satsangs und Lesungen
www.gangaji.org Informationen zur amerikanischen Lehrerin Gangaji
www.leela.org Informationen zur Eli Jaxon-Bear und seiner Leela-Therapy
www.ramana-maharshi.org Informationen zum indischen Weisen Sri Ramana Maharshi
www.isaacshapiro.de Informationen zu Isaac Shapiro
www.thework.com Informationen zu der spirituellen Lehrerin Byron Katie und ihrer Art der Selbsterforschung
www.wunschlosgluecklich.eu Informationen zum Buch und zu Torsten Brügge

Über den Autor

Torsten Brügge ist staatlich anerkannter Heilpraktiker, Körpertherapeut und Betreuer im sozial-psychiatrischen Arbeitsfeld. Vor etwa fünfzehn Jahren erlebte er eine intensive spirituelle Erwachens-Erfahrung. Seit über sieben Jahren ist er als spiritueller Lehrer aktiv und leitet regelmäßig Satsangs.